守望乡土记忆

贵阳市非物质文化遗产代表性传承人实录·二

贵阳市非物质文化遗产保护中心／编著

吉林出版集团股份有限公司

图书在版编目（CIP）数据

守望乡土记忆：贵阳市非物质文化遗产代表性传承人实录·二/贵阳市非物质文化遗产保护中心编著.—长春：吉林出版集团股份有限公司，2022.9

ISBN 978-7-5731-1953-7

Ⅰ.①守… Ⅱ.①贵… Ⅲ.①非物质文化遗产—民间艺人—介绍—贵阳 Ⅳ.①K825.7

中国版本图书馆CIP数据核字（2022）第144736号

守望乡土记忆：贵阳市非物质文化遗产代表性传承人实录·二

编　　著	贵阳市非物质文化遗产保护中心
责任编辑	王　平
封面设计	中尚图
开　　本	710mm × 1000mm　1/16
字　　数	300千
印　　张	21
版　　次	2022年9月第1版
印　　次	2022年9月第1次印刷
出版发行	吉林出版集团股份有限公司
电　　话	总编办：010-63109269
	发行部：010-63109269
印　　刷	天津中印联印务有限公司

ISBN 978-7-5731-1953-7　　定价：89.00元

编委会

出版说明

为了充分挖掘贵阳市非物质文化遗产珍贵而丰厚的历史人文资源，贵阳市非物质文化遗产保护中心组织和策划了贵阳市非遗传承人口述史系列丛书。

本书采用口述史的研究方法，采访了20位贵阳市非物质文化遗产代表性传承人，他们均为各个行当里的代表性人物。书中既有对事实的回顾，也有口述者心路历程的呈现。由于口语表述不同于书面表述，本书尽量保持口语资料原貌，以尊重口述者及口述历史，为口述资料使用者提供生动鲜活的读本。

序

多年前欣赏中国古代名画《清明上河图》时，被画中许多细节所吸引。那是一幅车水马龙、人流如织的城市生活场景图，仔细看，其中有茶楼、戏台、铺面、工坊、医馆、学堂等。各色人物更是数不胜数，有说书的、唱戏的、裁缝、瓦匠、练武的、算命的、挑担卖食的、买卖瓷器的，等等，展现了城市和乡间生活的各种行当。

每种行当都是从生活中创造出来的，与生活密不可分。生活的需求性、丰富性和多样性是由无数行当支撑。每种行当都是一种文化，源远流长。在时间洪流中，每种行当又有自己兴起、发展、消亡的轨迹。

俗话说，三百六十行，行行出状元。意思是说，每种行当中都会有精于此道的高手、大家。他们是自己行当里的领军人物，行当文化的流传离不开他们的付出——这样的人物便是行当文化的代表性传承人。

贵阳的城市发展史悠久深远。从最初规模不大的陬邑，发展成人烟稠密、规模宏大的现代城市，少说也有千百年的时间了。

城市生活形态的一个重要特征，便是分工细密。前面讲到的行当，便是分工的产物。

作为贵州省的省会城市贵阳，从历史上看，是多次移民形成的城市；从文化上看，又是一个多民族聚居地。城乡的区别、民族的差异，使得贵阳在总体的文化图景上呈现出多元一体的面貌。

今天，人们生活在一个快速发展的世界里，许多传统的生活方式逐渐被遗忘，有的甚至已经消亡。一些古老的传统行当在现代科技的影响下，传统技术、手艺逐渐被新的科技所替代，这意味着一些文化濒临消亡。

面对这种情况，一个新的历史课题产生了。那就是我们是否应该将一些仍然有价值的习俗、艺术、医术等保留或保护起来。今天，人们努力在做的非物质文化遗产保护工作，便是因这个新历史课题而产生的。

为什么要保护这些传统的文化遗产呢？它的意义是什么？关于这样的问题已经有了大量的讨论，这里就不展开论述了。简单来说，自然界生生不息的活力得益于它的多样性。植物、动物等各种生物的界面越多样，它们之间相互形成的结构就越稳定、越安全。如果各种生命体的多样化的界面在缩小，即物种在消亡，世界同质化和单质化速度就越快，这个世界的危险性就越大。其实，文化也是一种特殊的生命体。每种文化都是在长期的社会生活中形成的，文化的多样性也是社会活力的一种表征。人类的需要是多样化的，人类创造多样的文化，就是为了满足人的这种天然需要。

非物质文化遗产保护工作类似于人们保护自然界生物多样性的工作，人们为非物质文化遗产建立详尽的记录档案，尽可能将已纳入保护范围的非遗文化的各种相关信息保留下来。在某种意义上，这也是一种文化基因保护工程。

这些年来，贵阳市非物质文化遗产保护工作发展很快，成绩斐然。在中国共产党贵阳市委员会与贵阳市人民政府的指导和支持下，贵阳市文化和旅游局专设了下属机构，即贵阳市非物质文化遗产保护中心（简称“非遗中心”）。

即将出版的贵阳市非遗传承人的口述史系列丛书，便是贵阳市非物质文化遗产保护中心组织和策划的一套非常具有文献价值的书籍。

入选这本口述史的非遗传承人有著名的艺术家、医生、手艺人、民间习俗专家、民间口头文学传承人等，共20位。这些传承人是贵阳各个行当里的代表性人物，他们在互联网中都赫赫有名。

通过他们的口述，读者可以了解贵阳这个多元文化区域各种文化现象的历史面目以及当下鲜活的状况。从口述人生动的话语中，读者可以了解非遗文化传承者传承的文化、贵阳人的生活与这些非遗文化的关系。

我国有“一方水土养一方人”的说法，其实，一方文化也滋润一方水土。一方水土、一方人、一方文化是相得益彰的。在今天，让更多人知道、了解文化保护的意义也是非常必要的。

这套书的策划者的初衷大概就是这样的吧。

最后补充一点，这本书中的非遗代表性传承人有真本事，也很有趣。读者通过他们的口述，接近这些传承人的同时，也是在走近一种文化。

王良范

目录

守望乡土记忆

贵阳市非物质文化遗产代表性传承人实录·二

罗守全

代代相守古法艺，叠叠香纸祈福心

传承人：罗守全

采访时间：2021年12月

采访地点：贵州省贵阳市乌当区新堡布依族乡

采 访 人：杨红、何俊旺、吴红燕、张贵容、梅世素、丰兴康

文章整理、撰写：杨红、丰兴康

※ 人物小传

罗守全，男，布依族，贵州省贵阳市乌当区新堡布依族乡人，生于1942年。自从出生后，罗守全就生活在香纸沟（原名湘子沟），十五六岁开始造纸，20岁在上龙角生产队造纸，随后当了15年的生产队长，负责管理造纸工作。1960年，国家不准生产香纸，只能生产卫生纸（实际上也在生产香纸）。1978年，国家改革开放，香纸沟不再生产卫生纸，专产香纸。2003年，香纸沟遭遇水灾，造纸碾房损失惨重，罗守全率领众人抢修，使其得到了一定修复。2007年，罗守全被评选为国家级非物质文化遗产代表性项目代表性传承人。2010年左右，他和文化机构合作，在香纸沟兴起了“农家乐”旅游热潮。

我叫罗守全，从十几岁开始造纸到现在，已有60余年。岁月如梭，只有古法造纸[①]依旧如初。

在距今6000余年的半坡遗址中，墓葬里便有明器性质的随葬品。进入奴隶社会时期，殉葬的物品更为丰富。天然贝壳作为当时的货币，广泛分布于各类墓葬中。

硬质冥币演化为软质地的纸冥币，原因主要有两个：一是物质因素。纸张自东汉被改进推广之后，其成本低廉、加工简便的特点充分显现出来，魏晋时期生产规模日益扩大，逐渐取代费工耗资的硬质冥币。二是宗

---

① 新堡香纸沟土法造纸技艺，也称“皮纸制作技艺”，是明代“调北征南”的湘籍屯民为纪念自己先祖以及征战死亡的将士，利用当地盛产的竹木和丰富的水资源自己制作的“香纸”，香纸沟也因此得名。

教信仰及其相应意识观念的改变。东汉以后，随着佛教由印度传入，佛教思想及古印度的社会习俗也传入中国。佛教主张“四大皆空”，信徒死后尸体被焚化，以求化度，灵魂转入极乐世界。在古代，随着佛教在中国的广泛流行，“焚化”这种充满佛教色彩、由“现界”转入“冥界”作用的新观念，逐步被人们接受。这对包括冥币在内的明器变革，起到了极大的促进作用。在东汉，人们相信由硬质冥币脱胎衍化而来的纸质冥币，通过神圣的焚烧，能从形式上满足人们的心理需求，在亲人心目中转化为死者可以享用的钱财。

古法造纸要经过72道工序，工序的完成程度由造纸工人经验来感知。在这个地方做香纸，每个村寨做完一个部分，就传去下一个地方，分工明确，人人都在做。香纸沟土地贫瘠，不宜种植粮食，在山地种植竹子、香叶却得天独厚，清澈的溪水，碧绿的群山，孕育了这里的造纸行业。这里一年四季经营造纸，就算天寒地冻，家家户户也都在家造纸。

600年前，我们的先辈定居在山里，交通不便，香纸做好就用背篓背出去，送往开阳或者贵阳。得到的报酬用来补贴家用，那时候香纸价格低廉，五角钱一斤。世居在这里的每家人，家中老老小小都会造纸。我跟我大哥学习造纸，只用了两三个月就学会了，16岁时造的纸就可以卖钱。学古法造纸慢的需要半年，我学习造纸，进度快，还可以教别人怎么造纸。造纸技艺①是从祖辈那里传下来的，口口相传，到我这一代最少有六代传人，工具保留得也很齐全。然而，现在做的人越来越少，年轻人都跑出去打工了，不愿学习造纸。造纸是要持之以恒的，忙忙碌碌一整年，72道工序，每一道都不能马虎，做差了别人不会买账。现在的生活富裕了，早些年很艰苦，但造纸生意由我父亲经营，也算顺风顺水。小时候，我想知道大人怎样进行造纸，就拿东西垫在脚下，爬到池子的前面；太矮了，什

① 造纸技艺所用原材料为纯天然竹子，经取竹、蒸煮、碾压、抄纸、压榨、擀纸、晾纸、裁纸八大工序七十二道小序，制作成钱纸。此技艺和古法蔡伦造纸术一脉相承，是原始保存至今的造纸术活化石。

么也看不见。我家有五个兄弟，我是最小的一个，老五。我的哥哥们在八九十岁的时候相继去世了。这里的每户人家都会这门技艺，每一个男性都会操作。造纸是生存的技能。距离城市路途遥远，那时候我们无法出去打工，从小到大待在家里。我从学校出来，就在生产队专攻造纸技艺。

我的妻子叫花乙琴，她也是布依族。我们第一次见面是在1959年的一次集会上，通过亲戚朋友介绍，我们正式认识。我们两家距离不远，相处了两三年的时间，在大家的见证下，我们结婚了。婚后有快乐，也少不了吵闹，我们发生争吵的时候，也总会有一方先妥协，因为心里都有对方。那时候，一个家庭最主要的工作就是造纸，我妻子是一个贤惠的人，白天她在家里面牵纸，晚上还得加班，把纸加工好。现在她已经离开了两三年，我还是很想念她。

香纸沟的造纸工作由我来领导，这个地区以前的经济结构是一半农业一半副业，副业就是造纸。在计划经济时代，造纸行业的工钱很低，一个人一个工日，只有两角五分钱——这都是每天起早贪黑，拿的辛苦钱。在家里，我老婆负责牵纸，把材料一点儿一点儿做出来，晒干了再进行裁纸，非常细心。每天做出的材料，隔天隔夜拿回，做成杆状捆在一起，抄完后全部晒起来，如果光照不够充足，竹子就会变坏。

我的造纸技艺是跟我大哥学的。他教我的时候，我就注意观察，学习两三个月，才入了门。造纸看似很简单，实则很复杂，每一道工序都要花功夫。以前有游客尝试造纸，后期都需要我们的帮助。在做香纸时，首先要把新鲜的竹子锤烂，将其与石灰掺水混合，在锅里煮上半个多月，等到竹子变得非常软烂之后，再进一步加工。在选竹子时，首先看竹子能否被打破，然后再将其晒干收拢捆在一起，放下来是浆，过后要把竹子里面的核洗干净，转到下个地方浸泡20天，才能上碾坊。

我们的造纸工坊靠近小河，可以借助水流的推力，驱动巨大的磨盘。将先前点好的竹子做进一步的加工，也就是造香纸的第二步——碾。“哗哗”的河水被分流后，冲击巨大的水车，水车转动带动上面的磨盘。经过

11～12小时的碾压，竹子被彻底碾成泥状。造纸工序繁多，只有掌握它的诀窍，质量才有保证。

如果有人来问如何造纸，只要是我能教的东西，就不会藏着掖着。我在村里徒弟很多。坚持做造纸很困难，连填饱肚子都成问题，所以有肯学、上心的人来求指教，我是很高兴的；徒弟学会了，也会感恩。古法造纸技术在古代传男不传女的一个原因是，抄纸、搬运竹子都是体力活，更适合男性。香纸沟一年到头都在造纸，我现在主要负责管理，造纸的部分由其他村民来做。造纸这项技艺对我们至关重要，在这个地区，再难学都要想办法，无论花多长时间，只有学会才能生存。

之前造的纸卖两块五角一斤，更往前才四五角钱。虽然现在市场上卖的纸才两块钱一斤，但是这种纸大多是机器做的。我们这里的人工纸需要八块钱一斤，不过有时还寻不到卖家，因为人工纸主要都是客人来定做，

罗守全教孙子土法造纸技艺

所以很快就销售完了。香纸沟的品牌已经传承了几百年，做的就是专购，我们以这个行业为生。现在来找我定做香纸，不管是哪个地方，我都会给他制作。

1960年粮食短缺，连板面也没有了。1961—1962年，大家都饥不择食，上山挖蕨菜，挖了后根连着草吃。即便生活如此艰难，大家也没有放弃造纸。因为仍然有人来买香纸，一些年长的人要人工香纸——这是我们唯一的收入了。

在生活困难的时期，我们靠着造纸的看家本领，过得还不错，少受了很多苦。

没有汽车的时候，我们把钱纸一条条编好，用扁担放在马背上驮着出去卖。从这里到贵阳有五六个小时的路程，我们卖纸都是一两百斤地卖，也有人几百斤几百斤地卖。把一年做的纸卖完后，到了春天，又得砍竹子开始做了。其实，每年到初冬时节，我们就开始砍竹子了，砍完竹子刮好整理好，放在池子里煮一个月，再把它们放上来装好，接着又要砍竹子。一年我们要做三四个池子，五六个人负责造纸。夏天做的竹子，冬天就做好了。夏天气候最适宜，光照强、气温高、能把纸晒干。一年一个池子要煮两三万斤竹子，煮的时候要把它们晒干除湿，家里的老少都要一起做。

最开始学习造纸，要先跟师父学碾，每天专学碾竹子。首先要明白碾到什么程度，再到另一个地方打一天，遵循这个流程。等稍微长大一点儿，师父会喊去学习抄纸，慢慢学，每天做一点儿，只有完全学会抄纸，才能够造纸。抄纸包括很多琐碎的工作，比如要先把“竹子泥”和水按照一桶比二十桶的大致比例勾兑，稀稠程度全靠技师的经验判断；之后还要把起“润滑”“分层”作用的桦叶捣碎倒入；抄好的香纸必须经过压缩，把大量的水分挤压出去才干得更快等。一切准备工作做好之后，最费体力的工作就是“抄纸”，劳作成果就是身边那一米多高的纸垛。我16岁以后就可以自己做了，香纸沟每个人都要自己做。今天做一部分，第二天继续往后做。虽然在坡顶上有一些土地，但是土地贫瘠，没有人去种粮食；造纸带来的收入已足够生活。

每家都是这个样子，除了造纸，没有别的事情。我小时候，每天要记得送茶，去做农活儿。大哥是最早结婚的，十五六岁就结了婚；我最小，结得最晚。我从学校出来就在造纸，现在来这里采访的人，都是我带去看造纸工艺，平时我自己也去。现在我没在生产的队伍里，已经不做造纸了，主要负责接待外面来的人，给他们展示造纸这门技艺。

20世纪80年代是香纸最热销的时候，在那之前，香纸几毛钱一斤都没有人买。那段时间，物资不足，条件很苦，需要向别人借钱买米。那时候我年轻，一顿就要吃七八碗饭，总是吃不饱。不像现在这个时代，人人都能吃饱饭，还总是浪费粮食。

一九七几年家里最热闹，所有孩子都在家，女儿也没有外嫁，都在家里帮忙造纸。在家里，我教两个儿子造纸，女儿学牵纸。孩子们全都要做事情，各自分工，都是砍竹子、晾晒之类的小事。孩子们也都听话。安排好家里人，我就开始准备工作。

在我们这个地方，如果家里没有男孩子，会请人造纸。平时也有人请

抄纸

我去帮忙，给我报酬。造纸技艺的前景不容乐观，很少见到年轻人做这个。现在造纸的人多是四五十岁的，自己在家做。如果年轻人想做，又苦于没有造纸的条件，来我这里学也是可以的。我很担心造纸技术会失传。

用古法造纸要耗费大量的时间和精力。竹子在山里，要进山挑选。去陡峭的山上砍竹子，砍到好一点儿的竹子集中拉回来后，把竹子打破晒干，打成浆下池子煮一个月，再把它们翻出来一个月。香纸沟每家的造纸技艺都与蔡伦技艺别无差异。悠悠岁月里，清静的山野、涌动的小溪、密布的竹林，和一张张香纸共同构成了香纸沟。

香纸沟公路修通之后变化很大，许多人萌生了外出闯荡的想法，尤其是年轻人，都想外出打工。其实要是真按工钱来算，造纸要比打工收入高。现在手工香纸是非常畅销的，贵阳岁数大的人，都不会要机器做的纸，直接开车来香纸沟定做；订单有一两千斤的，量非常大；大部分香纸都送往贵阳，不愁销路。只是我们每一天都在忙碌，都需要早出晚归，天还没亮就到山里去，下午五点钟才回来。造纸人的生活就是两点一线，除了造纸坊就是家里，能习惯这种平淡生活的年轻人很少。我们那时候走不远，也找不到其他稳定的工作，所以整天在香纸沟造纸。现在有汽车了，天南海北都可以去。

现在的年轻人外出之后，手工造纸的人就变少了，山上的竹子都长得很茂密。我记得造纸行情较好的那几年，我们三四个池子，两个池子最少装两万多斤，每个池子能多装就多装。山上假如没有新种植竹子，砍完需要两年恢复期。当时我们这边的竹子都不够用，都被砍完了。我们还曾经去遵义桐梓娄山关那儿砍过竹子，买了很多次竹子来造纸；用大车托运回来。

古法造纸用的原料是竹子，只要是竹子都可以用于造纸。选竹子只需要注意是什么时候的竹子，生的也可以用，因为煮的池子里没有东西，就要多装些竹子。山里的竹子，肯定要选不潮湿的——竹子生长时间的长短也影响质量。时间太短，成色不行；时间太长，竹子就成了黄黑色。纸张成品是黄色的，质量就好，成黄黑色的，就会滞销。现在有造纸的工具，可以人工操作，一年到头就在造纸，每家池子里都做的有两三万斤。在制作过程中，把煮的池子、大池子和一些小池子里装满水，煮一个月，白天黑夜不停地煮，一个月以后翻出来看，拿出来洗完才煮得熟。

1956年后，我一直负责管理我们这里的造纸生产。当时是上龙角生产队，主要任务是农业，一天12工分[①]，2分为一次，12分为一个工分。从学校回来，我当了15年的生产队长，负责管理造纸；除造纸之外，还要管一些农业上的事情。一年的工资是50块；管理非常困难，天刚亮就要出门，挨个安排工作，还要提前定好今天和明天要做的事情。每天晚上要亲自去参加评工分，按劳动情况给工分；给别人的工分要公平。任何一个人不认可你的工作，都做不成事情。单算农民一个人的工分，看农民挣的钱有多少，做出来的粮食要给国家交公粮，按每一天12分为一个工，核对一家有多少劳动力，结算多少工分，按工会分两次算满10个分。一家有八九个人要吃饭，做到最后要倒补款，补完之后才称谷子。那个时候，一年分下来的两千斤粮食八九个人吃，父母凭自己辛苦的劳动养活孩子。生产队的粮食是整体的，别人揭不开锅的时候找到队长，队长要想办法借到粮食。香纸沟和其他地方一起做农业，其他时间制作香纸，以前一年算下来得到的钱，全部按工分来结，年终的工分就比其他地方的高，有钱来买其他东西。

当生产队队长，一年统一有50块的工资，村干部也才有几百块钱，全国当时做完生产，经济上是欠缺的，不管是队长还是别人，都差钱，不是一个人缺钱，如果队长不带头想办法把钱拿来给他们，就是不称职的，其他事情也都累积到队长那里，所以管理非常不容易。20世纪90年代以后，我就没有再当生产队长了。

---

① 生产队工分制度。工分制又称“劳动日制”，以劳动工分作为计量劳动和分配个人消费品尺度的制度。人民公社时期，农业生产一般由生产队组织，社员以生产队为劳动单位进行劳动并取得报酬。

有段时间造纸用途发生了改变，以前是造钱纸，在1958—1959年改做卫生纸。而且，当时处处受限，不准做钱纸，八几年又开始造钱纸，一直到2000年后。造卫生纸的那几年，我担惊受怕地造香纸，夹杂着做一些钱纸，要是被查到就把卫生纸拿出去；当时拿纸去卖的过程中，都不敢面朝着检查的人。我把香纸运出去的时候，会悄悄往他们的反方向走，跟买的人换粮食。

碾房

当时是造卫生纸，但是偷偷摸摸要造点儿钱纸好换粮食，没人注意的时候挑那个钱纸去卖，把钱纸放在箱子里不容易被发现，用钉好的专用箱子，拿给人家换苞谷，装盒子的苞谷卖40块钱一斤，包得好了25块钱一斤。有米饭的时候都很开心，家庭里9个人吃饭，粮食不够分。我们去换苞谷来，煮苞谷饭吃。那段日子苦得要命，饭不够还要在几个人里面分，顿顿都要想着节约。那时候用卫生纸和钱纸换粮食真的很不容易。

和我们对接的那个人说可以牵纸，做成钱纸；交易的时候他把苞谷先放好，由他来引导，检查的时候把箱子拉进去，不敢拿出来怕被别人看见。一斤香纸可以换一些东西，质量差就换不到了。采购香纸的时候，先到乡村的一个采购站，在站里收购是25块钱一袋——要人挑起这个袋子，钱纸也是硬的。要香纸的人也不敢明摆着拿出去让别人看，一捆放在一起，满满当当的。

放开造纸是在一九七几年土地到户的时候。土地一到户，香纸沟的土

砍竹

地被分给了个人。来过香纸沟的人就会发现，山坡上栽的都是竹子，不管哪座山上，都是竹子。而且每一家都造有香纸，由相关部门分配池子，哪一家没有得到这个地方，是要重新想办法的。

那时候走过的路，看起来好像很曲折，但事实并非如此。做人如果能够抛弃浮躁，安定内心，锤炼自己，为他人贡献自己的一份力量，就不怕无人知晓。努力耕耘自己的一片天地，会影响到身边的人。今天再大的事，到了明天就是小事；今年再大的事，到了明年就是故事；今生再大的事，到了来世就是传说。生活中遇到不顺的事，对自己说，今天会过去，明天又是新的开始，一切从头再来。

从1950年到1960年，发生了很多事。父亲在1950年以前就去世了，那时候我才几岁，不记得父亲的样子。母亲过了几年也去世了。那个时候父亲抽大烟，家里大哥二哥都没读书，没有文化，二哥性格不好；长辈讲道理，他们听不进去就跑出去了，又没本事，还抢过人东西，然后写了悔过书；好不容易解决了这件事，辛苦了一些日子，又去当了兵。

父亲抽大烟，家里十几年没有人管，能换点儿钱的东西都没有。抽大烟抽不干净，只有我大哥在管理这个家。我们老房子就是这个小坝子，这个房子的地，一家人分了就更少了，把房子让给五兄弟，给我一间房子；房子打好了，就和母亲住在这里。房子就是这样建成的，母亲就在这里含辛茹苦地把我们抚养长大。

大哥、二哥先学会造纸技艺，然后来教我们。那时候我五六岁，什么也不认识。1961年我从家里搬出来，开始修房子，三哥在下边帮着做。大哥在1959年就去世了——在造纸的时候，每天下午都要把东西砸干，没注意到，打到了胸口。用非常大的钢丝绳捆住，没有救回来——古法造纸工艺要处处用心。我有五个女儿、两个儿子。孩子中有两个在河北，有一个在新农场子，有一个在四川，还有在外面打工的。女儿都远嫁了，两个儿子的距离近。现在大儿子一个人住，我和我家老二、两三个孙孙，一共五六个人在家。

我家五个兄弟当中，只有我读了书，其他都没有读书。1950年，响应国家号召，二哥就去当兵了，是志愿军，他所在的部队参加过抗美援朝；现在一家在江苏，偶尔也会回来看看。三哥在福建国营单位，负责产品的包装，七年前已经走了。1957年，四哥和我一起在做农业，所以只有我和四哥对造纸熟悉一点儿。我被国家评选为非遗传承人后，每年有8000元的补助费，后来补助1万，最近是2万，成为国家级非遗传承人时，大家都分外开心，村里的每家每户都来看望。政府会请我去参加活动，一个人的活动我都很乐意参加。但我还要更加努力，抓紧时间把碾房修好，把年轻人留住，让年轻人不出去打工，在家做造纸也能过得很好。

现在造纸由和我们对接的艺术老师来设计，我们来制作。艺术产品的材料都选用我们的纸，带动这里的人一起造纸。它也可以带来经济收益，如设计一些新体验，让小孩子来游玩，游客开心，我们也开心。村里的人去向有关部门申请，如果有了资金就可以完成这件事情。把造纸的人发动起来，修好碾坊，用香纸制作艺术产品；我们供应要用的材料。艺术老师负责产品的销售，价格也按800块钱100斤来算；做的是十二生肖，现在还有新的方式。比如，有人交50块钱，就在这里自己做，我提供场地还有材料。

对于从任何地方来的客人，我们都怀着感激之心。对古法造纸感兴趣的朋友，需要我们帮忙的，我们也尽量想办法合作。我这一辈子都在造纸，也希望古法造纸越来越好。我做过最重要的决定就是坚持造纸，信念很坚定，哪怕遇到很多困难，也从未想过放弃。

传承谱系

古法造纸技艺主要通过家庭、家族传承下来，由于传承历史久远，民间又少有文字记载，因此近三代以前的历史不可考，目前只能追溯到罗守全的爷爷一代。

第一代：罗远昭（1868—1931），从小跟着父亲从事古法造纸技艺，整个家庭以此为生计。

第二代：罗克元（1892—1949），罗远昭之子，从小跟随父亲学习古法造纸技艺，掌握整套技艺后以此为生计。

第三代：罗守全（1942.9.16— ），罗克元之子，从小为父亲造纸打下手，15岁开始跟随父亲学习造纸技艺，熟练掌握全套古法造纸技艺。现已80岁高龄，难以开展古法造纸整套流程的实践，但已经把整套技艺传授给自己的孩子。

第四代：罗叔祥（1965.7.21— ），罗守全之子，掌握造纸全套流程技艺，并掌握造纸水伞（木质）制作技艺。

王启光

坚守四印苗族传统文化信仰的灵魂歌者

传承人：王启光

采访时间：2022年3月18日

采访地点：清镇市麦格苗族布依族乡龙窝村猫寨组王启光家中

采访人：余天国

文章整理、撰写：余天国

※ 人物小传

王启光，乳名王老咪，男，苗族，1952年生，初中文化，清镇市麦格苗族布依族乡龙窝村猫寨组人。现为国家级非物质文化遗产代表性项目苗族古歌（《簪汪传》）的省级非遗代表性传承人。1965年就读于龙窝小学，1970年毕业于卫城中学。10岁开始拜师学艺，先后跟随父亲王正才、二叔王正福学习唱《簪汪传》，20岁出师至今，已唱《簪汪传》50多年。在四印苗族每12年轮一回的祭鼓节中，他做过六届“宝冒”（掌坛师），小祭则不计其数。长期在四印苗人逝世后的丧事活动及每年正月初五的跳年场祭祀活动中担任掌坛师。在各种法事活动中，王启光从未出过差错，是当地有名的掌坛师。其坛门有歌师、芦笙师、叫礼、开路、带路等人，教有徒弟十余个，能完整唱的有六七个。多年来，王启光积极参与《簪汪传》的传承活动，始终坚守出师时师父的封赠誓言，出台各种法事均不坐地要价的传统。

（一）

我叫王启光，是国家级非遗项目苗族古歌《簪汪传》的省级非遗代表性传承人。

我是清镇市麦格乡龙窝村猫寨组人，从出生以来，就一直居住在这里，但我们家原来在麦格乡大谷佐。以前那儿有99家人，吴三桂剿匪乱了20多年，我们家族最后只剩下一个老祖公了。这个老祖公叫王麻子，他住在土墙房那里，去看高寨还有没有人。高寨就是我们现在住的这个寨子；这儿原来不叫猫寨，叫高寨。这个老祖公过来，一看有人，就搬过来了。

那时我们家的田土比较宽，从这里的桥到下面那条沟，都是我们家的。我老祖公来后，就收回田地，招了两个佃客帮我们家。这两个佃客，一个姓赖，一个姓李。有一天，她们背着大弯刀到大水冲砍柴，看见有只老虎带着崽崽出来喝水，两人拿马刀一吓，把崽崽捉了回来。她们还对我老祖奶说："大姑，你看我们捉的这个。"我老祖奶说："这个是老虎崽崽，你两个侄女干这个傻事搞哪样哟。"她们把老虎崽崽放在那里玩儿，两条狗跑去把它咬死了。太阳一落山，老虎就在对面叫。叫得实在没有办法，有人说，我们修个山王庙来管。修了山王庙，还是管不住，一直叫。然后就说修个土地庙来管，这土地庙在哪里我们都晓得的。土地庙管四方，这土地庙一修，老虎就不叫了。最后，高寨就改叫猫寨了。

龙窝原来叫落窝。传说这里的朱家有个朱大帽，郭家有个郭大帽，杨家有个杨大帽，因为他们从来不梳头、不剃头，时间长了头顶就形成一个窝，所以大家都把这里叫作各落窝，简称"落窝"。当年李闯王打天下的时候，才改叫龙窝。

唱《簪汪传》是我们四印苗族长期的一个传统，讲的是我们祖籍来源的内容。我们老祖宗簪汪开天辟地、制人烟，在北京城[①]打江山失败后一路迁徙过来。我们从哪里来，经过哪些路线，从哪里分支，都要从根根唱到巅巅（指从头到尾），要唱断根，才算完结。我们经过的地方有江西、云南、湖南、四川、重庆、贵州，然后到遵义，有的分布在黔大毕一带，有的分布在修文、清镇。在迁徙的过程中，有的还留在了途中。我们的祖籍就是从《簪汪传》来的，我们唱《簪汪传》，主要就记这个祖籍。

我们四印苗族的人死了，不敲锣，要做法场，吹芦笙和唱歌帮亡人解困，把亡人引导到西天交给他家老人。这也是过去传下来的一种古传，唱

① 北京城：指"京城"省聊。

的教门跟簪汪不同，但又有牵连，要提到一点儿簪汪，才能把亡人的困解得透。要把亡人这一生的历史唱出来，从出生以来的经历，到他死后的几个晚上，是哪个人陪他；要让他安心。但男女的唱法又不同，男人死了，要把母亲这一脉的历史唱出来；女人死了，要把父亲这一脉的历史唱出来。这就好比解锁，很难解。会听的人多，不会听的人少。如果你唱得好，人家就会说这人唱得好，这先生才叫先生。如果你做得不好，人家就要骂你。以前就有人被骂过，他反驳说没请你们听。

我们家衣服上的大印，男娃儿穿的，大印在两个膀子（手臂）上。女娃儿穿的，前胸一个，后背一个，两个膀子上各一个。这四个大印，好比盖了公章，走到哪里都能认识。这也跟我们老祖宗打江山失败有关系；就是因为如此，我们将花衣服上的龙纹换了出去，才有了这衣服上的四个大印。

（二）

我1952年出生，现在70岁了，身体还硬朗，还在干农活儿。我跟老伴儿住在一起，还有一个幺儿（小儿子），其他的儿女都分了家。我和老伴儿是1970年结的婚，一直到现在。我们是经人介绍认识的，属于童子结婚（指初婚），她家是原来龙窝公社谷当稗大队红岩的。对于《簪汪传》，她多少懂一点儿。

我有两个儿子、四个女儿。大儿子死得早，留下两个孙女、一个孙子。两个孙女都已经嫁人，孙子还在清镇读书。幺儿还没有结婚，在外面打工。四个女儿都嫁人了，有两个在龙窝寨，一个在龙潭河，一个在鸡扒田。最小的这个女儿，她生的娃都有10多岁了。女儿们会唱一部分《簪汪传》。幺儿能唱，但是开不起口。大儿子能全部唱完，出了师的。可惜运气不好。2012年，他在贵阳大山洞打工，木方从背上插下去，遭老火了（伤得很严重）。当时，被送到贵阳医学院抢救，没救回来。我拿我们四印苗族的衣服给他穿好，第二早上把事情处理完，找车把他拉了回来。买木头（指棺材）装殓好后，然后送到清镇去火化。

代表性传承人接受专家学者访谈

我们这里会讲《簪汪传》的人很多。我们寨子上面、下面，我伯伯家、我兄弟家那些娃，哪个都能讲，只是他们唱不齐全，只能唱一部分。我长期做这个活路[①]，是唱得全的。我10岁就开始学《簪汪传》，20岁出师，到现在唱了50多年的古歌。我学《簪汪传》，最初是跟我父亲王正才学，他是我第一个师父。他记性特别好，但文化不高，以前跟马怀麟[②]剿匪搞过革命，从花溪学成回来当农会主席，搞土地革命。他唱《簪汪传》，在我们这儿是响当当的一个人，唱得最好的就是他，好多先生都不敢和他比。我在父亲手里学了一段时间，他就过世了。他死的时候是1964年，那时我还小，才12岁。

父亲死后，我学《簪汪传》中断了几年，但始终是学透了，不容易忘记。加上我大哥也会唱，我们经常一起讲古歌，就更忘不了。然后，我就跟我二公[③]——第二个师父——王正福学，我跟他学了有20多年。我学《簪汪传》的师父多得很，但是我专门跟家里的人学。

① 活路：贵州方言，工作的意思。

② 马怀麟，修文县乌栗乡（今谷堡镇）下硐村人，曾任中国人民解放军贵阳分区基干营第一支队支队长，后任十六军侦察营营长。

③ 王启光跟孙子喊，实际是王启光的二叔，以下同。

唱《簪汪传》，我们是家传。我父亲之前是老祖公[①]王有福，老祖公的上一辈是麻子大公，不晓得他叫什么名字。他们都是先生。我有三个姐姐、一个妹妹，我们有六弟兄，他们都懂，都会唱，但是不厉害。我们家一般情况下女边（女人）都不唱，我的姐妹晓得，但害羞，不唱。我们六弟兄，数我和大哥王启武唱的时间最长。我们六弟兄，现在只剩下我二哥王启林、幺兄弟王启科和我三个了。我三哥、四哥、大哥都死了。我妈也会唱《簪汪传》，是九年前过世的。我们小的时候，父亲就跟我们讲，我们家唱《簪汪传》是家传，要求我们几个兄弟都要学。

我们学《簪汪传》，在家里都可以教、可以唱，不像其他人，在家里不敢唱，要到外面去学。我二哥脑筋不转，学不通，挨了不少骂。我没有挨过骂，父亲没有强迫过我。这东西也不好学，难学得很，该你命里带才学得好。我有几个徒弟，学得快，忘得也快。我二哥王启林唱得最精，80岁了，属羊的，在家里唱得精得很，讲什么都懂，但你喊他去办一堂法事，他不敢去，也不敢做。

我读书读得晚，1965年才开始读小学。那时，我父亲死了，我在家放牛，不想读。学校要求去读，我就到龙窝小学上学。学费才块儿八角。小学毕业后，转到卫城去读初中，1970年毕业。小学读得也快，一年级到四年级都只读了半个学期。那时奸得很[②]，文化好，一直在跳级。学校里打算盘，教的是加减法。我大哥在当生产队会计，我就自己学打乘除法。我想等我哥老了，当不成会计时，我来当。我在学校打给老师看，老师说这人厉害得很，打乘除法这个人有点儿凶的嘞。五年级读完，就去读初一、初二，初中这两年都读满。哪个晓得读来没有用，这几十年也没看书、全部都忘记了。土地下放后，珠算书丢哪里去了，都不晓得。

初中毕业后，我想去当兵。接连两次当兵体检都过了，但因为家庭成

① 这里指爷爷。

② 奸得很：指聪明。

分没去成。我们家是过地户，有一点儿田土，自己种植做庄稼，属于富裕中农。没当成兵，我想去代课，又想去学医师，都没成。那时招赤脚医生，只要武艺[①]到家，就可以留在医院里。他们不要我，逼我家二老者[②]去搞赤脚医生。我二老者都六七十岁了，说我老都老了，还搞这个做哪样？他们说，要年龄大的搞，年轻的搞不行。我二老者去搞了一两年，赤脚医生垮台了，他就跟着垮台了。如果是我去搞，我比裴少龙搞得还要好。裴少龙是我姐夫。这个人说不清楚，我是这命上不带，就得吃《簪汪传》这碗饭。

着装外出

后来，我就不再想做医生了，一心想着种庄稼。跟我一起读书的那些同学，个个都安排了工作，就我家三弟兄没有。搞计划生育时，还有人来抓我。我说，弟兄，我们两个是一个学校毕业的，要房子你拿去嘛。后来，我自己去清镇做的结扎手术。

我下定决心种庄稼后，一直种了五十多年，没有什么人害过我。我也没害过谁。

第二段就是《簪汪传》，晚上开始唱。之后就是做第三段，唱女娲娘娘炼石补天。第四段，这户人家是从哪里来，才在这里成为人家户的，你要把人家的历史讲出来。

女娲娘娘炼石补天这段歌，长得很，惨道（悲惨的意思）得很。女娲娘娘是地上的人，她家男的（指丈夫）是天上管天的一个人。她爹妈专门

---

① 武艺：指技术。

② 二老者为王启光隔房的二叔，以下同。

唱诵《簪汪传》需身着盛装

造了一间房子给她住，给她织衣服和布。以前，风都会讲话的。女娲娘娘睡到半夜醒来，这风“呼呼”吹得很。她说：“你逗我们搞哪样？我怕得很”。风说：“我是来找灵秀[1]的。”女娲娘娘说：“你们咋个跑到我们这里来？我们这里又没有灵秀。”风说：“你们这里没有，但天上有一个，他管天的。”女娲娘娘说：“你上天去喊他下来，我们交朋友嘛。”然后，风一吹，就上天去了。管天的这个男的说：“你们隔天来吹我的窗子做哪样？”风说：“有个朋友，她喊我带信来给你，让你下去玩儿。”管天的这个男的说：“我不去。”这风又吹回来给女娲娘娘讲。女娲娘娘说：“我做了这三四年的布，布的花花线太多，你们带去给他看。”风把这些东西吹上天去，给管天的这个男的看。他说：“你们快点儿，带信回去给她，我在某天下来。”管天的这个男的下来后，女娲娘娘才有了两个娃。这两个娃，一个叫周能应，一个叫政能有。

相传：女娲娘娘把两个娃抚养成人。这两个娃要上天去当皇帝。他们的爹说：“你们两个想当皇帝，这天还升不高呢。”实际上，都是他家女娲干的。这段古歌，女娲娘娘补天，就是这两个娃把天补高的、升高的。这

① 尚未婚嫁的年轻人。

天原来是白色的，不好看，女娲娘娘出主意说："幺，你拿我们家染布的染缸，把这天染成青色嘛。"现在你看，这天是青的。天上的星宿，也是女娲娘娘拿金子给这两个娃焊的。把星宿焊满后，这天又不亮。没有办法，就让猪、牛、马来喊。猪说："我是给农民百姓过年过节杀来吃的。"牛走到天亮，说："我是做庄稼犁耙子的。"马说："我是给农民百姓驮油盐的，这天我喊不亮。"于是让公鸡来喊。公鸡就说："哎哟，你们两个不要整我咯，我来喊天亮、喊天黑。"睡到早上四五点钟，这鸡就叫了，天就亮了。一到下午四五点，鸡一叫，这太阳就落坡了。

这两个娃说："我们两个要当官了。"他们的爹说："天是亮了、升高了，但是你们这坡还是动的呢。"这两个娃又去问他们的妈。于是，他们到海底去把这山撑起来。这山撑稳了以后，这两个娃以为要当官了。他们的爹说："这山坡还是光秃秃的，草都没有一棵。"又说，"天有好宽你不晓得，地有好宽你不晓得。"这两个娃没有办法了。他们的爹就出了个主意："我砍给你们两个的耙耙[①]呢？"一个耙耙飞到天边去，在天边变成了闪电。这两个娃过去，这耙耙就变了一只鹰。鹰还嫩得很，飞不了。鹰长大后，问："你们两个有什么事？"这两个娃说："我们不晓得天有多宽地有多宽，你给我们量一下。"鹰去量，有99丈（1丈=3.33米）宽。那时，树木是有种子的，在天边，远得很。鹰飞到天边去，把草籽、树木籽粘到身上，飞回来。管草籽这人心不好，嘴巴一张开，风吹起来，不让它带回来。风一吹，遍天下都是草籽，遍地都是花草树木，都长起来了。

唱《簪汪传》，鼓落在哪家，就要让他家朝前，其他人家只能排在后面走。逢龙年办的有龙潭河、大谷佐三脚寨、燕陇陈家和杨家。虎年的有葛家，今年是虎年，今年就是葛家，大谷佐彭家好像是鼠年，马年的没有几家，猴年也没有了。中寨是鸡年。龙年的多；谷当稗、红岩这里也是龙年的多。

---

① 归拢或散开谷物、柴草的一种农具。

我们把羊拴在鼓上，让它踢个不停。鼓一响，我们就走了。七天之后，他们才来。这鼓是拿到庙上烧香化纸了的，存在庙上。龙潭河就是借的这个鼓。有的人家又是现做的，用哪样树木做，就要谈到这一条。这树是哪样呢？鹰去带草籽，它趁管草籽的人不在，用包过铁皮的嘴巴把草籽库房的锁啄烂，把草籽滚在身上，滚的有香樟籽。香樟籽被风吹得遍山都是，到处都长满了香樟树，以前就用的这香樟树来制鼓。

不借鼓、自己制鼓的这种人家，就用大的树干来做鼓。粗的树枝砍来打凿成盆，用来装饭装菜；细小树枝砍来用来烧火，这都是按照传统来做的，必须要这样做。

（三）

玩花坡玩哪里呢？过去，正月初五跳年场，初六就玩大谷佐，大谷佐一完，初七就玩小坝[①]、谷当稗花坡。到初八，从谷当稗红岩到合麻里[②]，从小路朝谷腊[③]走。以前玩花坡，就吹姊妹箫，唱山歌的唱山歌，吹木叶子的吹木叶子。这堂十几个，那堂十几个，只听到箫筒响、姊妹箫响、山歌响，很热闹，一玩就是一天，甚至第二天还要继续玩。现在简便了，就整个花坡在小谷陇，在小谷陇等着初八，搞烧烤。小谷陇这个花坡，是王乡长王明亮他们成立的。我这里也有一个，原来是初四还是初三玩，我一不站出来就整不好了。今年我去，他们在化槁山[④]玩。

我们苗族，生老病死、婚丧嫁娶、修房造屋都要唱歌，只是唱歌的内容跟《簪汪传》不同而已。立房子，唱的是你在哪里请木匠造的房子，地基是哪个起的。嫁姑娘、生娃唱的是修桥，石匠是哪个，这桥是哪个修

① 小坝，2013年9月小坝村和大谷佐村合并，新村村名为大谷佐村。

② 合麻里，即打谷寨，在观山湖区百花湖镇。

③ 谷腊，指百花湖镇谷腊村。

④ 化槁山：在谷当稗村高坡。

的。故事内容跟《簪汪传》不一样，是愉快的。讲的是墨斗、墨签、尺子搁在哪里，墨斗变成黑乌鸦，墨签变成布谷，尺子变成鬼贵阳（阳雀），它们从哪里来，朝哪点搁东西，劝导大家开春种庄稼，不要隔天去赶场。唱的时间短，歌师慢慢唱，有个把小时。现在这歌，几乎都没有人唱了。现在这时代，他宁愿去打白话（说些无根据的话）喝酒，也不愿意听你唱，你何必去讨麻烦做哪样。

（四）

我家坛门，歌师、芦笙师、叫礼的、开路的、带路的，全部都是齐的，一般歌师和芦笙师都带自己的徒弟。带自己的人，张三不去，李四去嘛。如果你坛门不齐，东拉一个，西扯一个，人家车子来接你就不方便——到别处去找人费力了。

我的徒弟多，有十多个，他们都跟着我做了好多年了。当年，我跟我师父二公做了几年，他就喊我带他家娃做；他专门带路。我带他们做，专门开路。我二公死了，我又来带路。我家二公有五个娃，现在那几个年长的都死了，五弟兄只剩王启新一个了。在我的徒弟中，能唱完整的有六七个——王启新、王世海、王世江、王思连他们，平时都是我带他们做，虽然他们都会唱，但是我还不太放心，怕做不好被别人骂。最得意的徒弟是在上班的王思连，他在轮胎厂上班。他爹妈都死了，有一个婆娘和娃要养，做不得，但经常见我，和我交流《簪汪传》的事情。他芦笙吹得好，歌也唱得好。他是在贵阳化工学校毕业的，那时老师就把他安排在轮胎厂，在那里当工人，现在三十七八岁了。还有一个王启新，我们一起做的，他专门开路。我对他说，好好做，你还年轻，才60多岁嘛：你不要以为人家请你去做，你就可以不上心，如果不练好这功夫，一旦上战场会逗人笑的。王世海、王世江他们几个都会唱的，但有点儿害羞不常唱。

我学《簪汪传》，样样都弄清楚了。唱《簪汪传》要会变声，主要的

接受访谈，为《簪汪传》的传承保护贡献力量

问题就在这里，既要念顺口，又要好听，让人家喜欢听。另外就是要记性好，经过哪里，还要把这地方叫什么名字讲出来；有些人他记不了这些东西，到哪里他说不清这地方的名字。

以前唱《簪汪传》的人比较多，现在办老喜的地方不多。唱的人少，但还是懂。我要把我家娃个个都教会。闲时学会，忙时得用。我的这些徒弟，一来我就讲给他们听，讲完一遍后又唱一遍；他们听了就去练，练了再看效果。我家王思连，我一做，他就拿手机录下来，回家慢慢练。他说，我看你这声音咋发出来的，我的声音和你发出来的声音一样，才是准的。我们寨子里的这些年轻人，只会唱简单的，复杂的唱不下来。大部分人都感兴趣，但没有时间，他们忙着打工拿钱。虽然愿意学，但没有时间，学不全。往年，我在坡上放牛，过年的时候，我家这几个娃把东西拿到坡上，把牛拴起来，在坡上学。我们这的传统不敢丢，不发扬下去不行，要一辈一辈传下去。像我家又是传统传家，如果你不传下去，到下一代请先生时讲价钱就倒大霉了。

我的这些东西，杨老师他们用摄像机全部记录下来了。只是开头一小段，我没唱给他们听，第三段、第四段，姚海英他们全部录下来了。还有贵阳市文化和旅游局非遗处，他们也录了。非遗处的小周他们，还有贵州民族学院的小姑娘，非遗中心、清镇市电视台的，也在里面。我都唱给他们听，也不保留。你们在文化上面做点儿事，有意义。你们要来就来，不来就算，来我就接待你们。

第一代：王有富，男，苗族，文盲，1901年生，家住龙窝村猫寨组，是“宝冒”，已故。

第二代：王正才（师父王有富），男，苗族，文盲，1921年生，家住龙窝村猫寨组，从小受父亲家传，也是一名“宝冒”，已故。

第三代：王启武（师父王正才），男，苗族，小学文化，1940年生，家住龙窝村猫寨组，从小受父亲家传，也是一名“宝冒”，曾经当过大队支书，已故。

第四代：王启光（师父王启武），男，苗族，初中文化，1952年生，家住龙窝村猫寨组，从小受父亲影响，喜欢唱诵古歌，后跟哥哥学唱，24岁成为当地有名的掌坛师。

王启光积极收徒传艺，现有徒弟7人，其中以王启科、王启新两人较为出色。王启科，男，苗族，小学文化，家住龙窝村猫寨组，1954年生，已跟师父学唱20多年，熟练地掌握了苗家历史内容，以及法力、武艺，现已经出师；王启新，男，苗族，小学文化，家住龙窝村猫寨组，1966年生，2004年拜师学艺，长达15年，现已经出师，跟随师父做过几届打嘎（祭鼓）。

侯丹梅

京剧界的“贵州现象”

传承人：侯丹梅

采访时间：2022年3月24日

采访地点：贵州京剧院

采访人：张广庆

文章整理、撰写：张广庆

※ 人物小传

侯丹梅，中共党员，国家一级演员，贵州京剧院院长，享受国务院颁发的政府特殊津贴。毕业于中国戏曲学院，第三届“中国京剧优秀青年演员研究生班”研究生。现为中国戏剧家协会理事、中国京剧艺术基金会理事，中国共产党贵州省第十三次代表大会党代表、贵州省人民代表大会代表、贵州省文学艺术界联合会副主席、省级非物质文化遗产代表性传承人，贵阳市政协常委、贵阳市文学艺术界联合会副主席等。从艺以来，载誉丰硕，获得全国宣传思想文化青年英才、文化名家暨“四个一批”人才称号，全国先进工作者，全国文艺系统先进个人，“德艺双馨”演员称号，首届全国青年京剧演员电视大赛“最佳表演奖”，第十届中国戏剧“梅花奖”，第十三届上海“白玉兰”戏剧表演艺术奖主角奖，第七届中国艺术节“文华表演奖”，第十届中国艺术节“中国文化艺术政府奖——文华表演奖”，两届中国电影金鸡奖“最佳戏曲片”提名奖等。

曾多次带团赴希腊、澳大利亚、英国、西班牙、美国、泰国、墨西哥、法国等国家及我国香港、台湾地区友好访问及商演，所到之处受到当地观众及主流媒体赞誉及报道，为京剧事业的传承、传播和发展做出卓越贡献。代表剧目有《铁弓缘》《战洪州》《女杀四门》《红鬃烈马》《霸王别姬》《白蛇传》《杨门女将》《四郎探母》《龙凤呈祥》《盗魂铃》《改容战父》《白门楼》《盗库银》《花木兰》《金水桥》《棋盘山》《白山少年》《巾帼红玉》《布依女人》《鱼玄机》《锦绣女儿》等。

一、学戏传艺

1964年，我出生在贵阳的梨园世家，父亲侯剑光、母亲李文敏、姑爹陈少卿、姑妈侯剑敏、叔叔曹剑文，还有婶婶、表姐表弟等都是京剧演员，自小耳濡目染，喜欢京剧。从1975年我考入湖南省湘潭市京剧团算起，已从艺47年。

小时候父母并没有发现我是唱京剧的好苗子，因为那时候的我很害羞，常常一个人坐在一边不说话。1972年底，我8岁，正在贵阳市“市府路”小学念书，省体校李丽森教练来招收少年体操班学员，一下就看中了我。在我进体校时，我爸妈被调到成都艺校当老师，我一个人在省体校练功，学会了独立照顾自己。不管刮风下雨，我每天都在400米的跑道上跑4圈，又从城北的六广门体育场跑到城南的南明堂，再跑回来。即使跑到头胀口干，教练也坚持让我继续练倒立；在练高低杠时，我的手和肚皮都被磨破了，渗出了血。我的腿不够有力，脚背绷不直，膝盖还突出，130多斤的李老师，一只脚踩我的膝盖，一只脚踩我的脚尖；用两三块软毯子垫起我的脚尖，就开始踩。几个月下来，硬是把我的膝盖踩直了。天天这么练，好多小孩儿都练哭了，但我从不掉眼泪。练功再疼、再苦，我都能忍受。原来招的30多人，多数吃不了苦，最后只剩了6个。这段生活给予我坚韧的毅力，也使我内向而倔强的性格逐渐形成。

过了半年多，父母从成都过来接我。从那以后，我妈天天哭，做梦都能哭醒，因为我不在她身边，她非常想我，但体校不让我走。我妈说：“不行，我怎样都要把她带走。”体校却说：“不行，我们体校几百个人里面好不容易选出6个来，她走了不行。”我妈就拿着独生子女证，哭着把我接走了。

到成都以后，父母在戏校教戏，我每天放学喜欢在他们课堂的窗子底下听他们教唱。3年以后即1975年，我随父母到了湖南省湘潭市京剧团，

中国戏曲学院上学期间侯丹梅与母亲留影

正好赶上剧团招学员；参加考试时，唱了一段《平原作战》里小英的“枪林弹雨”。那是我第一次唱京剧，没想到唱得那么好，大家都很吃惊。从此，我便走上京剧之路。当时冬天的排练厅很冷，老师指导我苦练“跑圆场”“毯子功”，翻完十多个“小翻”，还没等喘过气来，又叫练“拧旋子”“过前桥”“串翻身”，练一遍下来，全身的骨头像散了架。

没过多久，京剧团就把我送到天津戏校代培一年，和尚凌云、孟宪荣等老师学戏。“开坯子”就是学的传统戏，和孟老师学《三击掌》，我学的是青衣，武功也非常好——在贵州省体校为自己打下了一定基础。我一边学戏，一边练基本功，每天用绳子吊腿，用铁锤坠腿。第二年，在母亲的建议下，我考入了中国戏曲学校七四班。后来涌现了多位享誉海内外的京剧名角儿和优秀的院团长，成为名副其实的“明星班”。

1979年，我师父关肃霜先生到中国戏曲学院连演7场，我每天在剧场里面，看入了迷。她演《龙凤呈祥》，前青衣孙尚香，后武小生周瑜。那个时候，看她反串，我会激动得掉眼泪。我也很想学这一身功夫！这戏路子就是我要学的！后来我就去找她，说：“关奶奶，我能不能跟您学戏啊？我特别喜欢您的戏。”我大姑妈侯剑敏是1962年磕头拜的关先生，我叫她关奶奶。关奶奶说："你会大靠吗？"我说："我不会。""厚底呢？"厚底就是男生穿的厚底靴。我说："我不会。"她说："那你去练吧！练好了，来找我。"关奶奶说完了，我就记下了。每天清晨，在中国戏曲学院四楼的走廊上，我穿着大靠、厚底，跑半个小时圆场。跑完了，下来练枪花，起霸。当时，我跟马宗慧老师学习《大英杰烈》，天天都练这些基本功。

40多年前学的戏，是老师们一点点给我抠出来的，到现在仍记忆犹新。不论是学习文戏还是武戏，我都会用文字记在剧本上，画小人儿标识站位，在舞台的左前台口、右前台口、上场门下场门、大边小边、左转右转，每一个细节都记录得特别清晰。哪个锣鼓点儿抖袖、怎么转身、什么地方有一水袖、什么地方有眼神，我都标识得特别清楚。每次一拿出我的剧本，整出戏就完全浮现在我的眼前了。老师教得太细腻了，每一个眼神、动作、语气，哪怕真的多年不演，我也能记得很牢。只要一回想，当时的情景立马就能闪现在眼前。我现在教学生，就把我的老剧本复印给他们。最近几年我录制了一部中国共产党中央委员会宣传部"国家电影工程"影片、中华人民共和国文化和旅游部（简称文旅部）四部"像音像"工程，通过数字化记录、传播的方式，可以更规范、更大范围地传承、传播京剧艺术；国家的举措非常及时，每次在中央电视台播出，都有上千万收视率，效果很好。

在中国戏曲学院求学期间，每个班级每周六都会在北京的中和戏院演出，是于魁智、杜镇杰和我的戏。每个星期我们都演，也是一种锻炼。戏目有《金水桥》《棋盘山》《拾玉镯》《王宝钏》《霸王别姬》《百花赠剑》《四郎探母》《龙凤呈祥》等。有了实践，慢慢在舞台上有了一定经验，见观众见多了，就不怕了！演出的时候，胆子也大了。寒暑假时，在大连京剧团和叔叔曹剑文合作演出十几出全本大戏，还有很多折子戏。现在我们贵州京剧院引进的国戏、上戏的本科生，到贵阳后的第二天，就能登台演出，绝不论资排辈——这在全国都很少见，所以很多优秀毕业生都想来我们院，因为舞台对演员太重要了。每年寒暑假时，都有北京、上海的学生来我们院练功、实习，边学边实践。

1982年，我毕业汇报演出的主戏是《霸王别姬》，陪我们班三个武旦汇报的是《女杀四门》，我的女马童，由阎世善和苏稚老师亲授。毕业时还发生了“抢人”事件，中国京剧院张院长看中了我，同时，山东一位女书记把我的户口直接迁到山东京剧院了。老师跟我一说，我就哭了。我马上跑到很远的地方找公用电话打给我妈，我妈说：“好，我马上带着独生子女证来接你。”我父母考大连京剧团的时候，就定好了我毕业后必须回大连，学校这才把我的户口给要了回来。到大连京剧团后，给我排了很多的大戏，有《白山少年》《青蛇后传》《王宝钏》（王八出）《大英杰烈》《女杀四门》等。

1983年9月，关肃霜先生到东北演出，本来说在沈阳演了以后到大连来演，我很激动，天天在家盼着。后来她因为生病不来了，在沈阳演完了以后就回昆明。我一听就着急了，我爸爸说：“走，我们俩坐火车去找关奶奶。”我们坐了6个小时的火车到沈阳去看关奶奶的戏，火车时速80公里，在当时已经算很快了，我还是嫌太慢。大连派了一个分管的副局长去，和关奶奶见面时，他说：“拜师！拜师！”关奶奶就说：“拜什么师啊？”他说：“收丹梅。”关奶奶说：“她什么样我还不知道呢，那我怎么收啊？”我们说：“那怎么办呢？您就在这里待几天？”关奶奶说：“那这样吧！让她跟着我一块儿走，到昆明去。我教她两年，如果我感觉可以收了，我就收。”我爸一听，高兴坏了。

在昆明，我跟随师父生活、学戏。每天早晨起来后的第一件事，就是把家里楼上楼下，所有的院子打扫干净。那个时候，师父家是两层楼，包括楼梯的扶手我全都擦得干干净净的，然后给师父端早点，她吃上了以后，我就步行近四公里，到京剧院练功去了。我练大靠出手，师父就给我做示范，给我一枪一枪地试。“靠旗出手”是我向师父学的一招绝活儿；为了练好它，我腿上、身上经常被枪打得青一块儿紫一块儿。扔不着，接不住，枪攥不是打在头上，就是打在脸上，或者猛击在后脑上，很疼，但是我一直撑着，终于掌握了这一高难技巧。每天早功练完了，中午赶回来，拣菜、洗菜、杀鸡，都是我的事。把下手活全都做好以后，二爷炒菜。下午在家里听录音，学师父的唱腔，学她的唱法。晚饭后，师父就在客厅里面，给我说戏。我当时嗓子特别小声，就像猫叫似的，喊咿呀喊不出来音，我跟着师父学她的唱法，她的唱腔特别让人有共鸣，特别宽厚，就这样，我的嗓子慢慢地练出来了。

在云南，我边学边演，师父还带我同台演出。师父在前面演《玉堂春·会审》，我在后面演《女杀四门》。按理说，不管演什么戏，我都应该在师父的前面开场、垫场，最后才是师父压轴。京剧特别讲究压轴。师父说："不讲这个，我们按艺术规律。文戏搁在前面，武戏搁在后面。"那个时候我还小，师父这么说，我就听师父的。

天天在师父身边，我学到很多戏德。做人要宽宏大量，不管你是多么知名的演员，不管你名气有多大，也不能有架子。师父的很多好品德，无论是在大连还是在贵阳，走到哪里我都坚持以身作则。

1984年4月9日，我正式拜师关肃霜先生。拜师演出，我演全本的《铁弓缘》。演出那天，师父在后台给我端着杯子，杯子上面搁一个湿毛巾，给我饮场。我后面有枪出手，她就拿个湿毛巾给我擦枪。当时我就问，您擦这个枪干吗？她说因为这个枪的布是滑的，湿毛巾擦一下就涩了，扔枪时不滑，我这才明白了。当天演出很成功，师父特别高兴，她拍着我的肩膀说："从今天起，你可以打'小关肃霜'的牌子了！"回家后，师父坐在躺椅上，哼着小曲，激动得三天三夜没合眼。

跟师父学艺后，再回到团里，尽管没人强迫我，我对自己的训练更狠了。每天早上，先扎着大靠，穿着厚底，跑半个小时的圆场。跑到5分钟的时候，腿就开始发麻，跑不动了。如果这时没有毅力坚持下去，就前功尽弃了。跑完以后，一条腿穿着厚底靴，用麻绳吊起来，吊半个小时。吊完这半小时，再踢几百腿。因为不踢腿的话，筋容易存，脚容易扭伤，就非得踢开，然后换另外一条腿。前后一个半小时，再加上准备工作，两个

拜师关肃霜先生留念

小时也有了。有一回，我的腿吊到一半的时候，站在地上的那条腿又酸又麻，实在忍不住了，轻轻一蜷膝盖，人就悬空了。幸亏这时有一位练早功的武生来了，把我放了下来。从此以后，再也不敢松懈，再疼再麻，也要忍着。所以，我现在也经常告诫年轻人，练每一个动作都不要松懈，都要认认真真去做。要想出人头地，就要先苦后甜。

我记得我们八点上班，我把腿吊完后，有时间就练枪花、练起霸。等到集体上班的时候，我就跟大家一块儿练其他的基本功。那时候，起霸里的三片腿控制得真是太自如了！

1984年到1986年，我先后到沈阳、青岛、烟台、温州、上海等地巡演，演出了《铁弓缘》《白蛇后传》《白山少年》《战洪州》《金水桥》《杨门女将》《女杀四门》《四郎探母》等文武大戏，名气慢慢起来了，每到一地都有数千观众要来见我，虽然素不相识，但都和亲人一样亲切。在温州，两个多月的连轴演出，累倒了，剧团领导和同志们都劝我休息几日，我说不能因为我一个人而影响团里的演出任务，拔下输液针管，就直奔演出场地。那时身体其实极度虚弱了。到达演出点的第一天，我滴水未进，就昏昏沉沉睡去了。第二天，一睁眼发现小屋子里挤满了人。原来，当地的观众听说“小关肃霜”带着病来为他们演出，十分感动。他们有的拎着水果，有的带来当地特产，还有一位大婶，抱着一只大母鸡来到剧团驻地看望我。一句句暖心的话，一双双温暖的手，我至今也忘不了。第三天，强打精神，登台演出了全本《铁弓缘》，答谢台下数千名素不相识的“亲人”。在上海，《战洪州》也赢得满堂彩，接连五次谢幕，观众仍然掌声如雷，不肯退场；为感谢观众的热情，我又打起精神，要了一套“枪花”，才算为此次演出画上句号。谢幕后，观众涌上舞台，把一个镶着“誉满春申”四个大字的镜框赠给我。第二天，报纸也是铺天盖地的报道。

1986年，随大连京剧团在上海演出完，母亲说回家探亲。到了贵阳，我就不想走了。在记忆里，贵阳一直是自己的故乡。儿时，“天无三日晴”，穿着雨靴雨衣走在上学路上的那些记忆，深深刻在我的脑海里。特别是跟着父母转了很多城市又回到贵阳后，感觉这里特别亲切，不光是山水美，还有自小就钟爱的贵阳小吃，这些都令我迷恋这片土地。几经周转，我最终考入了贵阳市京剧团。

那时候，好几个京剧院团发出邀请，甚至有京剧院把我的档案都提走了，可是我还是愿意回到贵阳。我已经长大了，见了很多院团，对人情世故已经有所了解，这里有亲情，有贵州人的纯朴，有自己喜欢的那种人情味儿。就像小鸟终于飞出了笼子，可以自由翱翔。这儿才是我想要的家。

二、院团改革，闯出“贵州现象”

从1986年我考入贵阳市京剧团到现在，已经36年了。在各级领导和老师们的教导与帮助下，我取得了一些成绩，多次获得国家级荣誉称号，还有梅花奖、文华表演奖、金鸡等提名等，但是我想得更多的是京剧团，尤其我就任团长后，经常整夜难眠，想京剧团的发展和贵州京剧的传承。

回忆我2006年刚上任的时候，确实很艰难，工资都发不起。前任领导留下的二十几万债务，就像一大块儿石头压在我的心头，总感觉有点儿喘不过气来。当时大家工资都很低，还要去还债，又正好要排新戏《布依女人》，压力很大。导演谢平安先生刚到排练场，组织部正好来宣布我上任。谢导当时就说："演员做什么领导嘛！多可惜啊！要把心思全部放在戏上。"我说："这个是组织上的决定，行政工作、业务工作两不误。"

我正在排戏时，会计来找我，说发不起工资了。我在想："怎么办？发不起工资，又要背词儿，还要塑造角色。"那段时间很痛苦，但是我很积极地去面对这一切。短短的四个月，我想尽了各种办法。市委宣传部、政法委领导组织家属买票看戏，《布依女人》在贵阳大剧院连演五场，收入25万；市文化局又提前预支经费发工资，直到把所有的账全部还完，实现扭亏为盈。工作上我雷厉风行，必须"今日事今日毕"，因此我养成了每天写日记的习惯。

2006年起，我采用企业制度来管理事业单位。那时，贵州还没有启动文化体制改革，我们就开始打破"大锅饭"。就任团长之前，我总觉得团里很多做法不合理，业务人员很消极，不练基本功，于是制定了一系列规章制度，一手抓管理，一手抓业务，坚持用制度管人。

为了把大家的积极性给调动起来，我想了很多办法。在这个过程当中，体制也在不停地改革，2009年省京剧团和贵阳京剧院合并，2011年底转企改制，新的问题不断出现。2006年开始，我从全国各地引进了几十个人才，在河南的艺术学校招了很多学员。这些孩子刚刚来的时候，年龄在14岁到20岁之间，大多是农村的孩子。他们的父母、家都不在这儿，他们才来几年，事业单位转企业了，工资、温饱都解决不了。孩子们每天利用业余时间到外面打工，因为团里发的工资不够生活，而且都正处在叛逆期。我的心一直提着。每天早上练功，一到排练场，他们就在地毯上、海绵毯子上睡觉。我没有办法强制要求他们做什么，因为怕疲劳练功容易摔伤。

其中一个青年女演员在外面唱歌，每天挣得还不少，一晚上可以挣300元钱。她说："侯老师，您要是一个月能让我们多收入1000元，我们就不去打工了。"她跟我说完这句话后，我就想，我怎么才能让每个人每月多挣1000多元？

我制定了练功星级制度，一个月1000元，一颗星是100元，总共是十颗星。我将它细化到踢腿100、打飞脚100，定得特别细。如果只练一半，就拿500元。如果练得再差一些，就更少了。还有考勤，每天打卡上班，每月400，迟到一次全扣，扣完后再扣工资。这样，每个月就多了1400元。

当时我心想，肯定没有多少人能够做到。他们晚上打工，早上练功根本就提不起劲儿来。刚开始的时候，人还不是很齐，没有多长时间，去外面打工的人就慢慢不干了，把精力投入到京剧院。练功的人也开始有劲儿了，都会自觉练功。一直到今天，这16年来，坚持最好的就是天天集体练功。不管是哪个部门，乐队、舞美队还是行政，都要按时打卡上下班，演员集体练功，乐队集体练乐，舞美队去检查各部门工作，处理日常事务。慢慢地，这条路越走越正规，这个大家庭也越来越和谐。

"同行是冤家"，演员特别爱吵架、打架。还是依靠制度，规定打架双方每个人罚3000。挑拨是非，罚款翻倍。制定这个制度后，没有一个人吵架。工作上稍微有点儿摩擦，旁边就有人提醒：注意！奖金！注意！注意！现在只要有吵架、打架的，年终奖全扣。以前专横跋扈的人，这六个月来，像变了一个人似的，尊老爱幼，很乖。

这些年，有很多院团来我们院交流管理经验，把我们的制度要去，可是没有一家能执行下去。他们感慨，只有你们院能做到真正的制度管人。

这么多年来，我始终认为引进人才是头等大事，在市长办公室汇报工作时、在省委书记调研时，只要领导让我提要求，我就会说希望在引进和培养京剧优秀人才方面倾斜。有人说我傻，京剧演出市场并不景气，为何不多要点儿资金、多说点儿困难。我觉得国家对我们已经很好了，我们自己把戏演好，把观众打动了，市场自然就有了。

在引进的人才中，冯冠博是省市各级部门领导比较认可的，现在是我们京剧院的副院长，贵州省戏剧家协会主席兼贵阳市戏剧家协会主席，排演的《黔人李端棻》《王阳明龙场悟道》获得省“五个一工程”奖和贵州省“文艺奖”，《魔侠吉诃德》赴西班牙、墨西哥参加艺术节，并进行商演，盛况空前，获艺术节多项荣誉奖状，被文旅部列入对外优秀剧目库。连续两年参加了中央电视台春节联欢晚会的直播，2020年还荣获了贵州省劳模称号。另一位是琴师，2007年中央电视台在贵阳举办《CCTV空中剧院》“贵州行”，现场直播我的《铁弓缘》，请他来伴奏。他到的当天，就说：“丹梅姐，您从头到尾给我说一遍戏。”我说：“行！”我就从头到尾连唱带念给他说了一遍。他说：“三天，我在酒店里面，谁也别叫我吃饭，谁也别管我。第四天，咱们排练场见。”我说：“好！”他用了三天的时间，把一个全新的、没接触过的《铁弓缘》全部背下来后，给乐队说戏，当时把大家都给镇住了。我说：“这么聪明啊？”以前我们的乐队还要看着谱子拉，他却仅仅用三天时间，就把这么大一出戏全背下来了。我说：“不得了，这也是个人才，赶紧引进。”他师父是国家京剧院的著名京胡演奏家李祖铭老师，国家级非遗传承人。后来的《布依女人》、“像音像”工程、电影等，都是他为我伴奏的，他成了我工作上的好搭档。2022年1月，他荣获了我们贵州省文化旅游工作先进个人称号。还有像引进的河南那批孩子都获得了全国性比赛的第一名，多次入选文旅部的演出活动，获邀参加央视节目、上海“京武会”等。

我也问过我引进的人才，问他们来贵阳工作十多年，后悔吗？没有一个后悔的！我很高兴，我把他们带向了光明，让他们在贵阳安家，结婚生子，过上了现在美好幸福的生活！

这些年我们最大的改变发生在2016年9月8日。我们为进一步深化京剧院文化体制改革工作，也是应市场发展的需要，与中天金融集团联合倾力

在电影《布依女人》中饰演盘秀儿

打造了贵阳文化地标——“方舟戏台”，4年多时间，京剧院驻场演出1500多场，上演经典传统剧目、现代戏达100多出，同时开中国戏台网络直播先河，单场观看人数破160万人次，服务海内外观众数百万人次。“每月名角”先后邀请30多位全国京剧名家来贵阳献艺，同时邀请各地方剧种到戏台表演，有昆曲、越剧、黄梅戏、豫剧、苏州评弹、徽京剧等。文旅部艺术司副司长到贵阳市进行调研时，对京剧院在“方舟戏台”的演出给予了高度评价，并提议将每场演出录像保存。他指出，将来我们的演出录像会成为“中华优秀戏曲文化的资料库”。之后我们对每场演出进行了录像保存，这也是我们非遗数字化保存的重要工作之一。“方舟戏台”的开办，在丰富贵阳文化市场，取得很好经济效益的同时，也为京剧院吸引来更多优秀的专业人才。最重要的一点是，这些前来献艺的名家和各地慕名而来的观众都自发成了我们的“义务”宣传大使，将贵阳和京剧院推向世界各地。

这两年，我们继续探索、创新，开展了与贵阳青岩古镇景区的“大明志”大型文化演绎活动，发展夜间经济，塑造贵阳文化IP，开办“大明志”

京韵戏曲摄影工作室，打造产品多元化、服务体验多样化的旅游产业体系。同时，将红色文艺轻骑兵演出、红色艺术作品巡演、红色京剧展演月及公益活动“戏聚星期五”、优秀传统精品剧目等引入景区展演，与景区全面文旅融合，在全国京剧院团中也是首家。

最近几年，在和全国各地的领导、专家、同行交流时，他们都赞叹我们的京剧搞得这么好，表示中国京剧的发展要看贵州，我们属于现象级，要好好研究一下中国京剧界的“贵州现象”。

2021年，中华人民共和国人力资源和社会保障部、文旅部授予贵州京剧院“全国文化和旅游系统先进集体”称号，以表彰我们在西部扎实推进文化和旅游融合发展、开展艺术创作、公共文化服务和非物质文化遗产

在电影《新铁弓缘》中饰演陈秀英

保护传承等方面的突出成绩——这是对我们工作的肯定，更是对我们的鞭策。在今后的日子里，我将继续做好京剧艺术的传承工作，为“强省会”建设做出新的贡献，守护好我们贵阳城市的文化根和魂。

传承谱系

第一代：戴绮霞（1917—　），女，自幼由刘长松开蒙学习武生，9岁改习花旦。19岁进入上海黄金大戏院与周信芳、高雪樵、张德禄等前辈同台。23岁收关肃霜为徒弟。花旦戏得九盏灯、小杨月楼等前辈传授，并兼擅武旦、刀马旦、刺杀旦、泼辣旦，在台湾地区培养了一大批人才，可谓桃李满天下。94岁演出《贵妃醉酒》，百岁登台演出《观音得道》作为告别舞台纪念，堪称是梨园佳话、剧坛奇迹。侯丹梅赴我国台湾演出期间，师祖戴绮霞先生多次传授其技艺。

第二代：关肃霜（1928—1992），女，15岁拜戴绮霞为师，学习花旦戏，兼习老生、花脸、小生、武生和老旦戏。1959年拜京剧大师梅兰芳为师。一生对待艺术精益求精，博采众长、兼收并蓄，唱、念、做、打、舞均称绝，枪、鞭、足、靠旗打出手艺技精彩绝伦，建树了允文允武、婀娜多姿、明快稳健、含蓄自然的关肃霜表演艺术。在数十年的艺术生涯中，收侯丹梅等为徒，弟子遍布全国各省市，精通各剧种，对京剧艺术人才培养和传承发展做出了巨大的贡献。

第三代：侯丹梅（1964—　），女，1984年拜关肃霜为师，学习关派艺术，工青衣、刀马旦，著名京剧“关派”传人。多年来，得到师祖戴绮霞先生及程玉菁、马宗慧、阎世善、于玉衡、罗玉萍、苏稚、陈琪、何玲、尚凌云、孟宪嵘、宋丹菊、李慧芳、周明义、蔡英莲等众多名师的教授。自2006年侯丹梅担任贵阳市京剧团团长以来，作为第三代贵州京剧事业的接班人，长期广纳专业人才，先后引进了冯冠博、张明玮、刘静怡、马红光、杨炳旭、李俊博、范玉、张超、詹志凯、黄海舟、刘双波、贾国林、李晨阳、李冉、万林峰、窦天旗、王茹一、倪博、陈梦谷等优秀京剧人才，壮大了贵州京剧的实力。培养了优秀青年演员韩辛辛、杨红园、李晨阳等，传授经典剧目《铁弓缘》《女杀四门》《红鬃烈马》《活捉三郎》《霸王别姬》等，带领青年演员进校园、进课堂、下基层、进景区展演，参加中央电视台、贵州电视台等节目录制，在培养下一代传人方面做出重要贡献。

白贵春

妙手仁心，百年传承

传承人：白贵春

采访时间：2022年1月2日

采访地点：贵阳市白志祥骨科医院

采访人：严丽欣　丰兴康

文章整理、撰写：严丽欣

※ 人物小传

白贵春，男，汉族，生于1956年3月6日生，祖籍湖北蕲春，大学本科学历，贵州省非物质文化遗产代表性项目白氏骨伤科诊疗法市级传承人，贵州省名中医，骨伤科名医白志祥老先生之子，现任白志祥骨科医院院长，贵州省第十三届人民代表大会代表，贵阳市侨联兼职副主席，世界AO骨科组织成员、华裔骨科学会会员、《中国中医骨伤科杂志》编委、中华医学会贵阳骨科分会副主任委员，贵阳市非公医疗协会会长。

1988年，白贵春主动前往玻利维亚学习，将祖传医学与现代医学相结合，总结和研究出一套中西医结合的骨科治疗理论；把“白氏骨伤诊疗法”运用到汶川地震、雅安地震、贵州山体滑坡等自然灾害救治工作中。把“白志祥骨伤科诊所”发展为医院，并逐渐发展为贵州首批民营的国家三级乙等专科医院。

（一）

我叫白贵春，于1956年3月6日在贵阳出生，今年已经66岁了，我的祖籍是在湖北蕲春县，跟明朝著名的医药学家李时珍是同乡。

我从小的经历要从我的父亲讲起，因为是父亲影响了我的一生。

我的父亲叫白志祥，因为自小家境清寒，我的祖父祖母为了让我的父亲接受更好的教育，卖掉了所有的田地，带着当时年仅8岁的父亲迁居南京，后来我父亲一边在私塾学习一边拜师习武。1915年，我父亲师从南京林高和尚学习武术和中医骨伤科，又先后参谒江浙著名大师金家福等，学习武术及跌打扭伤医疗技术，并考入江苏国术馆讲习所。1922年，我父亲从国术馆讲习所毕业；1927年，父亲因武术功底扎实，被南京中央国术（研修）馆选聘担任助教，协助国术大师开展国术教学。

1935年，中央陆军军官学校广州分校（又称黄埔军校）扩大招生，我的父亲被举荐到该校担任武术少校国术教官，兼骨伤科校医。1938年，我父亲随军校迁入贵州独山，任抗日新兵训练营教官；培养出来的新兵战士都被派到缅甸等地抗战。随后，我姐姐（白玉凤）1940年在贵州独山出生。抗日战争胜利的前夕，我父亲就随着军校到遵义、贵阳。他辞去军校职务后，决定在贵阳定居；花了30块大洋在贵阳城中心的河西路开起诊所——白志祥骨伤科诊所。

1956年，也就是我出生的这一年，我父亲联合几名医生组建“中华南路外伤外疡接骨联合诊所”；慢慢地，国家又把它变成国营的、全民所有制的，也就是国家办的“南明区中医院”。正当医院筹备扩充设备、招揽人才的时候，南明区中医院突然接到停办的命令，所有人不得不回家歇业。1961年，我父亲再度创业，在市场路一栋四合院民宅里成立“中西医外伤接骨联合诊所”。中间遇到了一些变故，1973年，我父亲从清镇站街迁回贵阳，经卫生部门批准更名为“南明区伤科医院”，定址瑞花巷。

我家是一个大家庭，我小的时候，爸爸妈妈、姐姐姐夫、哥哥嫂子、侄子侄女，大家都住在一起。我们虽是农民家庭，但是相比于我的小学同学，我们家的经济条件应该是比较好的。因为我们家是看病的，收入虽然具有不确定性，但是我父亲的医术在当时很受患者信赖，所以我们家几十年来都不缺病人。我母亲是广东人，没有什么文化。我母亲有一句很朴实、很平凡、很朴素的话：“跟任何人交往，都要懂得换位思考，站在别人的角度去思考问题，这样才能过得了自己的心。”在改革开放以前，由于贵阳经济发展落后，老百姓看不起病是常事，我父亲就说：“对待病人，无论贫穷富有，都要一视同仁，积极地给人治疗，甚至还要给予帮助；不能让金钱利益败坏医风。”我的父亲是个军人，对我们的要求非常高，小到起居，即什么时候睡觉、什么时候起床；大到金融债务和社会交往的各个方面，都非常严格。在他的影响下，我平时坐着都喜欢挺直腰板儿。那时父亲的同门师兄著名武术大师、铁砂掌创始人顾汝章在《太极拳》跋中这样写道：“师弟白志祥性嗜好国术，尤精于医治伤科，凡行意、太极、八卦、少林、查拳等拳术，均有相当之认识。”

我8岁左右已经记事了。有一天大清早，家里坐了好多病人。在给病人治病的时候，门口有一个用板车拖着的小孩子。这个小孩子很小，还没到读书的年纪，被棉絮裹着。板车上面的棉絮脏兮兮的，没有被面，没有里子。我妈给他检查出来是股骨骨折。那时候还没有拍片设备，也不需要拍片，我母亲看了以后就给他准备夹板这些东西。我父亲就把他抱到治疗床上，然后把我哥叫来；我哥拉着上半身，我母亲拉着下半身，我父亲就站在中间给他正骨。药附上夹板，一比两只脚一样齐，就知道差不多好了。我父亲在临床上有很多经验，给这个小孩子治疗好了，就去忙别的病人了。正在这个时候，突然有人说：“拖板车的抱着小孩子拉着板车就走了。”我妈说：“哎，三块钱医药费还没给呢。”我哥说：“没给医药费，我去追。”我妈说：“不用追了。”当时我们家住在河西路，从河西路中间往上走到中山西路上坡，就看见他们拉着板车走得很快，我印象非常深刻。

这个时候，旁边就有个人说：“我认识他，他就住在大西门旁边粮店水站后面。”我爸说：“那下午你带我去他家一趟。”我还记得应该是下午四五点钟，在大西门的丁字口那儿有一个粮店，旁边就是一个水站，从挑水的水龙头旁边进去就是一个院子，他就住在院子里面。他们家连窗户都没有。那时候我爸也不过是60多岁，看他情况说：“我来看一下这个小孩子的病怎么样了。”这个小孩子的妈妈听罢就哭起来了，说：“老白医生对不起，你看我们家确实没办法，我知道我没给你钱，没给你医药费，我记着——等以后我好了，我们家但凡有人好了，一定会还上这个钱。”我爸说：“我来不是为了找你要钱，你有困难应该告诉我——你拉着板车去我们诊所，我来给你小孩子治病。”她说她家的板车是租的，我爸就说：“你不用租了，以后我就上门给小孩子换药，我来给他治。我相信我对位对得很好，你的孩子好了以后不会有问题。你这孩子的腿，别人要是把它搞移位了，这孩子以后就会落下残疾的，落下残疾怎么生活呢？”女人听了以后，当着家人的面就给我爸下跪，我爸马上把她扶起来，然后去给小孩子换药了。

20世纪70年代，有个人来看我们，拿来了两条鱼。那时候的鱼大都一斤多重，这个人拿了两条一两斤重的鱼来给我们家，还是活的；后来才知道这个人就是当年我爸上门正骨的那家小孩子的父亲。从那以后，我们家每到过年都不用买鱼，他们家一定会给我们家送鱼，当然我妈有时候会给他钱，但他坚决不要，说：“现在我们家生活得下去，如果当时没有你们救我们家儿子，我这儿子残了，我们现在更艰难。”我父亲做的这些善事、对病人的这种态度都深深影响着我。

记得有个小孩子髁上骨折，后来他父亲就把他带到乡下去找我爸，我爸给他接好了。那时候已经有X光机了，正式给他接好以后，这孩子没钱。我们家当时家具都卖光了，也很穷。他们住在清镇站街上一家小旅馆（那时候都没住院部，还是一个诊所），后来他爸没钱了，我们也没能力养活他们家。他家是平坝林场的，要回平坝去，我爸把小孩子带回家跟我睡，叫我照顾他。那个年代的生活条件都很差，这孩子是农村的，他身上都有虱子，搞得我一身都是虱子，我就怨我爸说：“就是他身上有

白志祥白贵春父子留影

虱子，我们家再怎么样都不会有虱子。”后来我爸和我妈就把这孩子的衣服脱下来，拿一个木头的那种大甑子①，把衣服摆在甑子里蒸；蒸完以后，再把衣服翻出来，把他身上的虱子捡干净，然后把我的衣服也拿去蒸。

我们回到贵阳以后，他爸送我们家一个砧板。砧板很大，周围一圈箍着铁丝——那种大圆铁丝箍了两道，箍得紧紧的——他提着来到市府路我们家里，跟我爸讲：“晓得你们回来了我好高兴，这个砧板是我拿菜油泡过的。”后来，这个砧板我们一直用到我结婚，也就是1982年以后。

（二）

我上小学时的年龄就是正常读书的年纪，七八岁。我在太平路小学上学，全校的老师都认识我、喜欢我，可以说我是全校最优秀、成绩最好的学生。那时候我的算术很好，慢慢地，我的语文也很好，那个年代是没有英语这门科目的。读书期间，我们学校的大礼堂展示墙上都会有我的名字和我的作品；学校的宣传队演出，我也是其中的积极分子、舞蹈演员；作为学校的中队长，上午十点我站在中间喊号子给他们做示范。学校操场好大，我就站在上面带领全校的学生做广播体操。

我从小看着我父亲母亲还有我姐姐在家里给人治病。如果问我第一次给别人看病是什么时候，可能是八九岁。那时有个小孩子牵拉肘，就是肘关节半脱位。我一拿起来他的手就知道是脱位了。当时我父亲母亲都不在诊所，只有我守在家里看诊所，既然来了我就帮他复位，治好了就有5毛钱。我去上学的时候，身上就有一两块钱。那时的一两块钱可能比现在一两百块钱都值钱，当时的油条还有豆沙窝才4分钱一个。

1972年，我跟随父亲在南明区伤科医院工作，在父亲的言传身教下接

① 甑子：古代炊具，主要用于蒸米饭（现在贵州、四川、云南等地区仍然广泛使用），外部略像木桶，但里面篦子为竹篾编成的向内、向上略拱的圆锥形蒸底，因此有许多小孔，放于鬲或锅上蒸食物。

诊病人；我也考取了中医师执照，成为一名医师。在随父行医过程中，我逐渐掌握了白氏正骨手法的精髓。1982年，我跟我的妻子结婚。我的妻子是公安干警，很开朗，很漂亮，很阳光，用现代人的话讲，她还有点儿“缺心眼”。当时我们家住在市府路上那种很简易的房子里，房屋就是单墙的石棉瓦，跟我爸爸、妈妈、姐姐住在一块儿。我自己一间小房子，还没有9平方米大，条件非常艰苦。我跟我妻子结婚，没有摆酒席，我爸在门口贴了一张横幅，说儿子白贵春和肖真在哪天举行婚礼了，接受亲友们的祝福，但不接受所有食物和金钱祝贺。我父亲公开表示不摆酒席、不收礼，就这样把横幅贴在门口。我们也不办酒席，就买了一些葵花子和糖；当时婚礼就是这么办的。

（三）

我是从事这个工作以后，才去贵州大学读的管理系。1988年，为了让白氏正骨手法能够有更大的发展空间，能够被更多人接受，能够适应社会的发展而不被淘汰，我主动出国，学习了大量现代骨科医疗技术。我当时出国没有什么别的考虑，就是希望我们中国传统医疗能够与时俱进。出国潮涌起，我也出去转了转，之后发现这段经历还是值得的，每一次的经历就像财富一样，指引人生的路途，充盈人生的宝库。后来在国外随着慢慢深入了解，就发现资本主义国家对生活的态度跟中国不一样，中国人勤劳、勇敢、节俭，永远都是为了下一代，有世代延续的观念，而外国人是没有这种观念的，尤其是我去的国家玻利维亚。当地土著人比较多，工资不是一个月发一次，有的是一个星期发一次，有的甚至两天发一次。拿到工资以后，他们就会约上几个好友一起去买啤酒，去海边喝啤酒、玩耍；等到把钱花完了，就回去找老板，又要上班。他们不像中国人，就是及时行乐。他们不想着怎么去稳固自己的事业、守护自己的家庭，如何为下一代的美好生活再努力一点儿，从物资和人脉甚至是社会资源方面，都尽力为下一代去着想。西方人家庭观念很淡薄。我看到的资本主义国家其实并不是很发达，它无法和现在的中国相比。但是作为资本主义国家，其医疗水平在当时还是比较好的。

别的国家几十年才能取得的发展成果，咱们中华民族短短一二十年就取得了。在中国共产党的带领下，中华民族蓬勃发展，国家更加有力量、人民的信仰更加坚定，正因为人民选择了中国特色社会主义这条正确的发展道路。

1990年，我从玻利维亚回来。1991年，先去大姐（白玉凤）所在的南明区伤科医院工作。我姐那时在南明区伤科医院当院长，我在那儿积累了丰富的临床医学经验。后来政策也开放了，我要出来自己开医院。

那会儿我要是不离开南明区伤科医院，或者晚半年、晚8个月离开那儿，就可以分配到一套三室一厅的房子。在那个年代拥有一套属于自己的房子可能需要奋斗一辈子，但是我不能耽误时间，毅然从南明区伤科医院辞职，办这个医院。之所以有这样的决断，是因为我在国外看到他们在医疗方面对大医院、小医院、公办医院、私人诊所、私人医院等有不同的社会定位。我想以我们的专业以及老百姓的认可，在贵阳办医院是可以有所作为的。

于是，在1993年，我亲自开展了“白氏正骨手法”与西医结合的新方式的尝试和研究，创办了以父亲名字命名的“贵阳白志祥骨科医院”。当时我们的市委书记李万禄同志非常支持我，就给卫生局讲：“现在改革开放了，‘白志祥’这个牌子，让贵阳受益的岂止是千家万家了，你现在就赶快给他办执照。”在市委书记的关怀下，我办起了贵阳白志祥骨科医院。

从1993年一路走来，我和姐姐接过父亲的接力棒以后，一直积极参与社会公共服务和政府组织的突发公共事件的医疗救助工作，平均每年都要为100多位孤寡老人、双下岗职工、家庭贫困病人等低收入患者减免医疗费用几十万元，在农村茅草屋改造、抗凝冻、抗旱和抗击汶川地震灾害等各项工作中，亦积极相助。我们从几个人办到现在的300余个员工，成了现在中国唯一一家以一个公民的名字命名的、得到国家卫健委、医院管理网组织专家考察认定的三级骨科医院。曾经有人说："在贵阳不知道白志祥医院的人，就不是老贵阳人。"

后来，我牵头引进被国际骨科界誉为骨科发展史上新里程碑的Ilizarov外固定支架技术，用于治疗感染性的骨缺损、皮肤缺损及骨不连等骨科疑难病症，为大批受骨科疑难病症折磨的患者带来福音，同时按国际内固定研究学会的学术标准对关节内骨折、骨盆骨折、脊椎、关节置换等进行手术治疗，另外也进行大量创伤骨科西医手术与白氏正骨手法结合的中西医结合治疗。慢慢地，在我的带领下，贵阳白志祥骨科医院已有比较成熟的脊柱、盆骨、全髋置换等高难度骨科手术的规范制度和治疗器械，培养了一批骨干医师。现在，白志祥骨科医院对高龄甚至超高龄患者的关节置换手术、手法复位和手术水平已经得到广大患者认可，在省内外乃至全国都有一定的知名度。自白志祥骨科医院成立以来，我就一直以"建百姓放心的医院"为目标，坚持以诚办院，坚持治病救人。在医院里，我制定了严格的管理制度，要求全院医务人员拒绝"红包"，对病人治疗要实事求是，要把病人当家人，为病人节约检查费、药费，对能够进行手法复位的病人，尽量不进行手术治疗，要为病人选择合理的治疗方式。

（四）

2008年5月12日，我在北京出差，得知四川发生地震的消息后，连夜赶回贵阳。第二天我召集职工，说："平时我们说，祖国是妈。现在祖国有难、妈有难，大家怎么办？"我跟他们说，"我准备到汶川抗震救灾。"那时医生们都很支持我的想法，要求一起前往汶川救援。20多分钟的会议很快结束，我将骨干力量组织成了一支抗震救灾医疗队。医院暂停日常门诊，仅留下几个医生照看住院病人。那天下午，我拿出几万块钱采购了赴灾区的生活必需品，从库房里领出价值10万余元的药品和器材，装上了赴灾区的汽车。我穿着一身迷彩衣，把头发推成了光头，告别了妻子。5月14日清早，我们的抗震救灾队伍就出发了。看见各种救灾车辆奔向四川，我很激动，有一种上战场的感觉。几天时间里，在余震中，我们完成了61个重大手术和不计其数的清创包扎等小手术。

在美国洛杉矶飞往香港的CX881航班上救治外国人的经历，也让我记忆深刻。当我听到广播要寻找医务人员的时候，马上向机尾走去。一开始见到病人脸色苍白、两眼发直时，我还是有点儿紧张的，担心她是心脑血管方面的疾病；询问病情，知道她是缅甸人，但她的儿子会说汉语，就没有交流障碍了。病人说右腿和右腰部剧烈疼痛，我初步判定她是精神紧张所致，在医学上叫“血管和肌肉痉挛性疼痛”。得出诊断后，我松了一口气，可是飞机上没有药品和器械，我只能双手帮她按摩穴位。大概过了半小时，这个缅甸的患者疼痛缓解，后面我继续帮她按摩。约一个小时后，我看见她脸色变好，稍露喜色。患者称赞了我们中华的医疗技艺，并感谢我的帮助，我说：“万米高空紧急处置病痛对我来说是个挑战，病人痛苦解除，航班正常飞行，医者起到作用，这给我的人生又增加了新的传奇经历。”我想起了父亲常说的话：“武者，武德为先。医者，医德为重。救死

心系百姓是白志祥医院医务工作者的鲜明品格

医者仁心，才有那么多不经意的重逢

扶伤是医德之根本。”

因为20世纪30至80年代黔中大地有我父亲母亲扶危济困、医者仁心的佳话流传，作为儿子的我，更要传承这种精神，去帮助更多的人，让它一直薪火相传。

（五）

我走上学习骨伤疗法的道路，一是为了延续家庭的事业——这是父亲希望的；二是我出生在这样的家庭，本身也喜欢医学。我十几岁时就在我父亲的指导下，背方剂、《药性赋》，还有一些针灸穴位等知识。我父亲在教我骨伤疗法的时候，没有明确先教哪一部分，让我跟着干，在实践中掌握整个流程，慢慢地，我就知道我父亲为什么要这么做了；当我父亲再反过来问我，他为什么这样做的时候，我一听就清楚了。

我到现在都不敢说完全学会了我父亲这项手艺，学无止境。我在继承“白氏正骨”技术的同时，只是把中医骨伤科技术和西医的现代医疗科学技术结合起来，走一条中西结合的道路，做一个中医特色的微创治疗，将武术中的太极、八卦理念融入正骨医学，摸索出一套中西医结合的骨科治疗技术，创立全新的“白氏正骨”理论，建立无痛的“白氏正骨”诊疗法。在这个方面，我们医院作为三级骨科医院、高级专科医院，治疗范围、深度已经达到国家对三级骨科医院的要求，得到了国家的承认。我们的技术也在与时俱进，在新材料、新科学、新技术的学习引进方面，我们在临床医院当中应该说是做得比较好的。

我家几十年来专攻骨伤科，以前在三明东路、河西路，“白志祥”的名字就在那儿。“白志祥诊所”“白志祥骨伤科诊所”，使得白志祥这三个字在贵阳人心中就意味着骨科。我们医院作为一家中西医结合治疗骨折的特色医院，在传承中医正骨手法的基础上，和现代医学结合起来，和现代的生化检查、心电图、影像科学，还有手术介入、新材料、新技术的引进结合起来——我们在这一点上做得比较好，而且比较有影响，在临床上也发挥了很好的作用。“白氏骨伤诊疗法”现在已经得到了非遗项目组的认可，也是省级非物质文化遗产项目。

这么多年来，我也一直传承着父亲的家风，我的家训“以业立业、济世救人”是父亲的一种希望，也是他作为一名医者对我们的教导。我把我父亲在中医学领域的精神移植到我们医院，作为我们医院的一种文化传承。多年以来，我们一直尽力为社会做一些公益事业。在社会需要的时候，我们要把团队的力量全部发挥出来、贡献出来，为社会的进步、国家的昌盛、中华民族的崛起，贡献我们的力量，这也是我们的宗旨。

（六）

白氏骨科正骨整复特色诊疗技术是贵州民间诊疗传统中医诊疗的典型代表，最初以东汉医药学家华佗首创的五禽戏导引术为基础，经南派太极宗师杨露禅（1799—1872）“白氏正骨”的第一传人，由他首创的太极拳中医骨伤治疗技术对跌打损伤十分有效；杨露禅去世后，其孙杨澄甫（1883—1936）将中医骨伤治疗技术与太极拳的“刚柔并济、顺势合力”

核心原理结合起来，创造了著名的杨氏“中医正骨八法”。我的父亲就获得杨澄甫亲授。在长期的学习和实践中，我父亲对各大武术流派的认识不断兼收并蓄，总结出“抖法、晃法、束缚固定的组合法”、脱位治疗中的“拔拉法、拔推法”，以及“三窝一线”“三点一线”等正骨理论；结合中医正骨八法（摸法、接法、端法、提法、按法、摩法、推法、拿法），提倡传统中医正骨与西方解剖学原理，融入太极拳“刚柔并济、顺势合力”

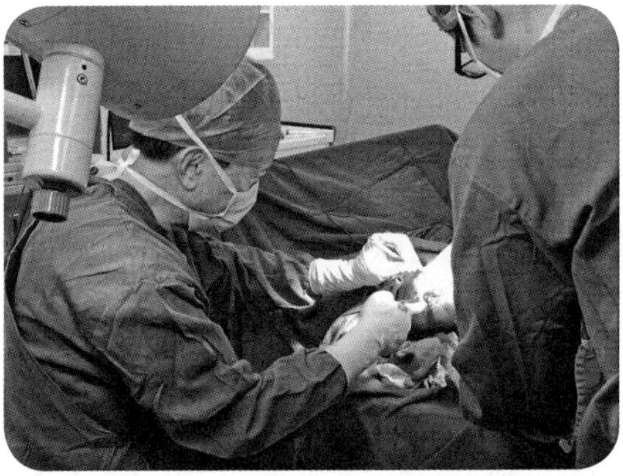

结合现代医学手术方式治疗骨折技术

白贵春翻阅父亲留下的医方手稿

的核心原理，形成了一套独创的“白氏正骨”理论和技术。

贵阳白志祥医院在我父亲手上是诊所，在我和我姐手上发展成了医院。现在医院的技术得到了老百姓的认可，医院和我个人也获得了社会的认可，收获了多项荣誉。我认为这些都是白志祥医院与时俱进的结果，都是时代进步的必然，我们要感恩社会。虽然我已经66岁了，但是在今后医院的发展和行医生涯中，一定要发挥余热，不忘我父亲的“常将人病如己病，救得他生似我生”的教诲，不忘初心，继续前行，感恩时代，回报社会。

如今，“白志祥”已经成为贵阳家喻户晓的本土医疗品牌。“百年白氏、惟敬诚尔”，始终坚持以病人为中心，是白志祥骨科医院的办医宗旨。未来，我希望把白氏技艺传授给厚德精术的骨干医生，传授给德才兼备的杏林弟子，打破家族内技艺传承的固有观念，将“白氏正骨”发扬光大，惠及更多人。在弘扬父亲“专业为本、以业立业、济世救人”精神的同时，领悟传承力量，积极继承“白氏正骨”的精髓，担负起继承和发扬中华传统医学文化的责任与义务。在贵阳建设和谐社会的工作中，我们也会为社会做出应有的贡献。

医德高尚，医术精湛，方得病人信赖

第一代：杨露禅（1799—1872），首创太极拳中医骨伤治疗技艺，主治跌打损伤，效果显著。

第二代：杨健侯（1839—1917），师从父亲、南派太极拳宗师杨露禅，完整继承了南派太极和中医骨伤治疗技艺。

第三代：杨澄甫（1883—1936），师从父亲杨健侯、祖父杨露禅，将中医骨伤治疗技艺与太极拳的“刚柔并济，顺势合力”的核心原理结合起来，完善中医正骨八法，用于临床治疗，跌打骨伤诊疗技术趋于成熟。

第四代：白志祥（1903—1985），自幼习武，12岁起在南京先后跟随夫子庙北少林传人林高和尚、武术大师金家福学习武术和跌打损伤治疗技术，后拜师杨澄甫学习太极拳和中医骨伤治疗技艺，得到了杨澄甫的“武医”技艺真传，后根据大量临床实践，形成独具特色的“白氏骨伤诊疗法”。

第五代：白玉凤（1940—　），白志祥之女，自幼跟随父亲习医，继承和发扬了白氏精湛医术和高尚医德。运用白氏正骨手法对骨折及关节脱位整复，具有疗程短、痛苦小、疗效好的特征，深受广大患者信赖。

白贵春（1956—　），白志祥之子，自幼跟随父亲习医，将祖传医术与现代医学相结合，总结和研究出一套中西医结合的骨科治疗理论；创办医院，使其祖传医术得以完好传承和发扬。

第六代：顾金莲（1965—　），师从白玉凤、白贵春。熟练掌握白氏中医骨伤整复手法，自1993年至今，一直在贵阳白志祥骨科医院工作学习，现为该院骨科门诊主任。

向琴（1970—　），师从白玉凤、白贵春。熟练掌握白氏中医骨伤康复治疗，自1996年至今，一直在贵阳白志祥骨科医院工作、学习，现为该院中医康复门诊主任。彭倩（师从白贵春）、杨锦波（师从白贵春）、任晓波（师从白贵春）、周祥辉（师从白玉凤）、周小平（师从白贵春）、马莉（师从白玉凤）、岳野（师从白贵春）、田文群（师从白贵春）。

胡德怀

“谜”途无悔

传承人：胡德怀

※ 人物小传

胡德怀，男，汉族，中共党员，贵州灯谜联谊会总召集人，中华灯谜学术委员会常委，贵州省级非物质文化遗产代表性项目贵阳灯谜省级代表性传承人。

1957年12月，胡德怀出生在一个书香家庭，受到祖辈传承和地方文化影响，从小热爱“猜猜子”。长大后，舅舅李培国对胡德怀的影响更为深刻，还成了胡德怀的谜友，二人经常相互出谜考对方，并一起欣赏灯谜佳作。久而久之，胡德怀逐步摸索出了一些猜谜制谜的方法，兴趣也更加浓厚。

1977年，恢复招生考试制度后，胡德怀考入贵州省广播电影电视学校，毕业后分配到贵州省广播电视局工作。改革开放，国运昌，谜事兴，20世纪80年代，贵阳市的群众文化活动逐步活跃起来。1987年，胡德怀第一次参加了在贵阳市工人文化宫举办的大型灯谜展猜活动，因为表现突出，引起了主持灯谜活动的老师的关注。从此，胡德怀便广泛活跃在省内外谜坛中，并更系统地钻研灯谜文化，多次在省内外谜事活动中获奖，同时获得“中国灯谜优秀射手”“金筑谜人”等荣誉称号。1988年7月2日，贵阳市职工灯谜协会正式成立，胡德怀为36名首批会员之一，并于1991年担任副秘书长，2011年4月担任贵阳灯谜协会会长，2014年担任贵州灯谜联谊会总召集人。其间，胡德怀带领协会组织和参与省内外谜事活动几十场（其中，每年一场全省灯谜联谊展猜活动）。2014年，胡德怀系统收集整理、主编出版了全国第一本民族文化专题灯谜集《民族文化灯谜大观》；2015年，主编出版了贵州第一本收集全省谜人谜作并包括灯谜源流、灯谜猜制、灯谜赏析、灯谜杂谈的综合性谜书《黔山文虎》。胡德怀及其灯谜佳作入选《中国当代灯谜艺术家大辞典》，谜作600多条入选中华灯谜库（网站）。

灯谜于我，是有一些遗传基因和家学渊源的。我的爷爷、父亲、母亲、舅舅、舅妈都算得上当地的文化人，都喜欢“猜猜子”（猜谜语）。小时候常听我父母及乡邻长者说我爷爷牵头建庙宇、修水利、扶贫济困、热心乡土文化的故事，知道他是“猜猜子”高手，是受人尊敬的文化人。我喜欢猜灯谜，就是启蒙于父辈、亲朋及当地的文化环境。

20世纪六七十年代，终年劳累还很难填饱肚子是很多人的状态，尤其是我们那里的农村。家里煤油灯都点不起，学习条件极差，没有书读，没有广播听、电视看，更没有报纸杂志之类的读物；一年难得看上一场露天电影，年复一年、翻来覆去都是《地道战》《地雷战》和样板戏，还要到几千米外的茅台镇去看——去时要沿崎岖山路下山、要渡船过赤水河，看完电影回来，时常因渡船在河对面无人摆渡，而滞留在河边，好不容易过了河，还要摸黑爬山回家，整个过程劳累远远大于享受。文化生活在当时是个很奢侈的概念。我几十年来最愉快的乡土文化记忆，就是“猜猜子”。无论是集体劳动时“辍耕之垄上”，还是夕阳西下后邻里相聚，“猜猜子”都愉快有趣，能很好地打发时光，是一种不错的休闲娱乐方式，也是我年少时难得的精神食粮。有些当年猜过的谜语，历经几十年岁月，至今记忆犹新，信手写几条与读者共享吧：①“红公鸡，绿尾巴，一头钻到地底下”，谜底是“萝卜”；②“弟兄七八个，围着柱子坐，大家一分手，衣服就扯破”，谜底是“大蒜”；③“远看像头牛，近看光骨头”，谜底是“风簸”（一种分离谷糠和谷米的农具）；④“千条线，万条线，落在水里看不见”，谜底是“下雨”；⑤“少时青青老来黄，几经摔打结成双，受尽磋磨全不顾，未成一步入洞房，有朝一日肝肠断，迎新弃旧丢路旁”，谜底是“草鞋”；⑥“有水可种荷花，有土可栽桑麻，有人不是你我，有马跑遍天涯”，谜底是“也”字。这些流传在民间的谜语，语言通俗，形象生动，即使今天再去品读，也妙趣横生。它们一直流淌在我的血液里，是我几十年发展灯谜的不竭动力。1977年，国家恢复大中专招生考试，为了抓住这也许是昙花一现的机会，我没有报考大学，而是报考了中专，有幸被贵州省广播电影电视学校录取到贵阳读书。因为学的是无线电专业，学业紧张，也缺乏相应的文化氛围，猜灯谜的兴趣进入了一个短暂的沉寂期。1981年，我舅舅来贵州省图书馆学习，那时我在贵阳市乌当区云雾山上的广播电视发射台工作，他托人捎信要我到贵阳和他见面，短暂的几天，我们谈的全部是灯谜。有两条字谜我至今记忆犹新，一条谜面是“日字加直不加点，不作申由田甲猜”，“日字加直”，意思就是给“日”字加上一竖，使之成了“申”字；“不加点”，意思不是不能加点，而是要在“不”字的上面加“、”，使之变成汉字偏旁“礻”字旁，“礻”字旁和“申”字组成了谜底“神”字。另一条谜面是“两万里”，“两万里”可以换算成“二十千里”，“二十”可以变成汉字的偏旁“艹”字头，“千里”可以组成汉字“重”字，“艹”字头和“重”字就组成了谜底“董”字。和我舅舅在贵阳的短暂相聚，使我沉积在心底已久的灯谜兴趣又被点燃。

国运昌，文化兴。改革开放后，国家把工作重心转移到经济建设上，到20世纪80年代后期，人们的生活条件相应好转，各种文化活动又活跃起来。1987年，贵阳市工人文化宫举办丁卯年元宵灯谜展猜，可谓是人山人海，盛况空前。我有幸参与其中，琳琅满目的谜条，让我眼花缭乱、目不暇接；猜谜还有这么大的规模，这是我不敢想象的。那天猜中了不少谜。在对谜的过程中，对谜的人（记不起是谁了，可能是文化宫的）叫我以后去参加他们的活动。此后，我常常去贵阳市工人文化宫参加灯谜活动，认识了不少省内外的谜友，眼界大开，谜艺大进，猜制灯谜成了我这几十年来一个工作之余为之着迷的爱好。

1988年7月2日，贵阳市职工灯谜协会（以下简称协会）正式成立，我幸运地成为36名首批会员之一。1989年元月，我在《贵阳晚报》和贵州轴承厂联合举办的“迎新年有奖猜谜”活动中获奖（不分等次）。这次活动对贵阳市灯谜事业的发展起到了积极的推动作用。

为了更系统地钻研灯谜文化，我广泛活跃在省内外谜坛中，并多次在省内外谜事活动中获奖。1989年5月，福建省漳州市举办首届“再生杯”全国青少年灯谜邀请赛，我和大方县的陈远庆、桐梓县的申键代表贵州参赛，通过猜谜制谜的初赛、复赛，我们进入了决赛，并获得了团体第五名（因主办规则要求每个参赛队必须交一篇灯谜论文，当时我们组队很仓促，没有论文提交，否则名次可能还可以靠前），令那些来自经济文化发达地区的灯谜代表队对我们刮目相看。这是我第一次走出贵州参与全国灯谜赛事活动，通过与全国谜友的广泛交流，开阔了眼界、丰富了阅历、增强了自信，从而更增加了我对灯谜的热爱。

传承人所获奖状

1989年8月，我在“首届中国灯谜国际大奖赛”中荣获中国谜报社颁发的“中国灯谜优秀射手”称号，这个称号在贵阳是唯一的。

1989年12月31日，由协会创办的内部谜刊《甲秀清风》创刊，由我为《甲秀清风》题写刊名。

自1990年起，我曾连续四次与贵州省电视台的省直机关合作开展党史灯谜竞猜、迎春灯谜展猜等谜事活动。1990年元月，我与协会其他谜友一道，和贵州人民出版社工会服务社在该社贵阳市中华北路一门市部举办“迎新有奖猜谜活动”，展出灯谜1000条。

1990年2月，由我牵头联系贵州电视台，我和贵州“谜人”高德全、钱中仁、陈雪屏、施福根一起，在贵州电视台录制了“迎春灯谜晚会”，邀请协会会员以竞答的形式分组参加了晚会；贵州省电视台通过卫星在元宵节期间向全国播出，得到了良好的社会反响。

1990年4月，我受贵阳钢铁厂工会邀请，与贵州“谜人”高德全、钱

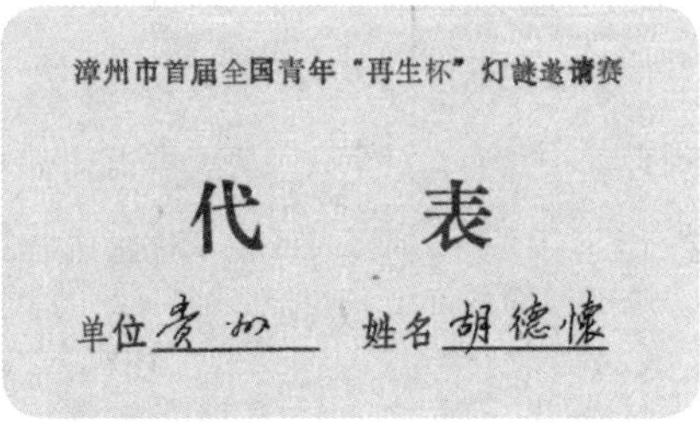

胡德怀在邀请赛上大展身手

中仁、陈雪屏在贵阳钢铁厂为职工举办了为期五天的“灯谜知识讲座”，系统讲解灯谜创作与猜射知识；该厂30余名职工灯谜爱好者参加了培训，我负责讲解“花色谜的猜射与创作”。

1990年7月，我被贵阳市工人文化宫、协会评为贵阳市职工灯谜协会“金筑谜人”和1989年度积极分子。

1990年12月，隋晶、关德安主编，辽宁人民出版社出版发行的《千家灯谜》收录了我的谜作。

1991年元月19日，协会在贵阳市工人文化宫召开第二次会员代表大会，选举产生了第二届理事会，我被推选为副秘书长。

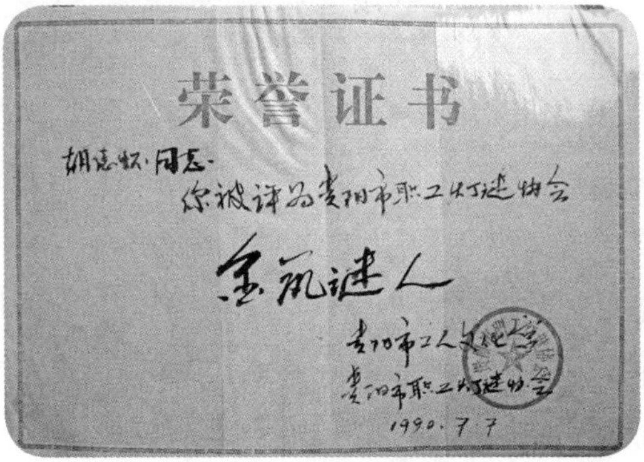

胡德怀在邀请赛上大展身手

1991年元月，由我牵头联系贵州省广播电视局和协会，举办“贵州省广播电视局迎春灯谜展猜”，展出灯谜1500余条。

1991年元宵节，由我牵头联系贵州省总工会、贵州电视台，在贵阳大十字商场楼顶举办“羊年元宵贵州省职工灯谜晚会”，来自贵州省贵阳、桐梓、大方、都匀、清镇等地的灯谜组织约150人参加，共制谜90条，我参与了组织和制谜工作。贵州省电视台录制成节目通过卫星向全国播出。

1991年，我在吉林省长春市《婚育周报》举办的“一瓣馨香灯谜竞猜”中获一等奖（全国共两人）。

1991年国庆、1992年和1997年春节，在贵阳市工人文化宫举办了“迎国庆”“庆新春”灯谜对外展猜，三次共展出灯谜5000条，我都是组织者、制谜人之一。

1991年6月，我代表协会应邀出席在北京召开的首届全国灯谜艺术研讨会，与省外谜协、谜友们进行了广泛的交流。

1991年8月，受贵州省灯谜协会的委托，与贵州省文化厅、贵阳市工人文化宫、贵阳电视台在贵阳市电视台演播厅联合举办了“金筑杯”西南地区灯谜邀请赛，我是组织者、制谜人之一。来自南宁、重庆、昆明以及贵州省贵阳、桐梓、大方、都匀、黔西等地的灯谜组织共60多人参加，《全国灯谜信息》（1991年第10期）评选本次谜会为1991年中国谜坛十件大事之一；《全国灯谜信息》（1992年第5期）评选贵阳市为全国灯谜二十四城市之一，随后，本次谜会被收入了《中华灯谜年鉴》（1995年卷）。

1991年9月，我与贵州谜人高德全、刘之侠、陈雪屏、钱中仁、施福根、朱敏义、徐昌荣等合编了第一本全面介绍贵州省灯谜组织、谜人、谜人作品的内部谜书《贵州谜荟》。该书较全面地介绍了贵州贵阳、都匀、大方、桐梓、贵定、黔西、贵州有机化工厂等地的灯谜组织，收录全省106位谜人的谜作2275条及谜文33篇，印制12000册向省外发行。该书的出版发行，为贵州省开展灯谜对外交流发挥了积极的作用。

1992年元月，由我牵头联系，协会与贵州省委直属机关工委、贵州电视台联合举办了“党史知识灯谜电控竞猜”，由我和贵州谜人高德全、陈雪屏、钱中仁、朱敏义、黄筑筠等制谜150条，谜条全部由我书写。来自省委直属机关工委所属部门的16个代表队，共70余人参加本次党史知识灯谜电控竞猜。利用灯谜这种为大家喜闻乐见的文化活动来进行党史知识的培训教育，这在贵州历史上还是第一次。省电视台录制成节目通过卫星向全国播出。

胡德怀参与编写的《贵州谜荟》

1992年元宵节，我和贵州谜人高德全、钱中仁、陈雪屏、朱敏义应市府工商所的邀请，在市府服装城举办“新春灯谜一条街”有奖展猜活动。展猜三天，展出灯谜1500条。展猜期间，人头攒动，气氛热烈，为市府服装城服装促销起到了积极作用。

1992年5月，贵定县工会牵头举办“云雾山谜会”，贵阳、都匀、大方、桐梓等省内多支灯谜代表队参赛，我担任本次谜会的评委和主持人。

1992年9月，广东澄海举办“92华夏金秋灯谜艺术节”，我和贵州谜人黄筑筠应邀参加了“中华灯谜佳作展”。该展览按国家、地区编排，展出了海内外300余位知名谜人的照片、谜作、印鉴、题签，展示了当代谜人的强大阵容。艺术节谜作被编为《澄海92华夏金秋灯谜艺术节特辑》。

1994年4月，我的12条谜作入选《毛泽东诗词灯谜集粹》（山西人民出版社出版）。该书为纪念毛泽东同志一百周年诞辰而编，可读性极强，在全国灯谜界有广泛影响，具有较高的收藏价值。

1996年12月，谜书《当代青年灯谜精选》出版发行（杨耀学、刘二安编，中州古籍出版社出版），该书共收集了我国当代168位青年谜人的作品及简介。我的谜作入选。

1998年5月17日，贵阳电信局在邮电大楼广场举办“国际电信日”专题灯谜有奖展猜活动，共展出灯谜1000条。我获得一等奖并获得一部电话机的奖励。

2002年1月，中州古籍出版社出版了《20世纪灯谜精选》，我的谜作入选灯谜佳作。

2002年1月，中州古籍出版社出版的《全国灯谜创作大赛佳谜精选》一书（刘二安主编），收录1997至1998年贵阳谜人在贵州历届谜会所创作的佳谜共70余条，我的谜作入选其中。

2002年4月，中州古籍出版社《中国当代灯谜艺术家大辞典》出版发行，该辞典集中展示了20世纪当代谜坛艺术家的风采，集20世纪以来灯谜佳作之大成，堪称中华当代灯谜图书之最，也是迄今为止谜坛最具代表性、权威性、全面性、史料性的人物辞书。该辞典广泛收罗了1350余位中华谜人简介及其谜作5万余则，我入选其中。

2011年3月12日下午，协会在谜友刘之侠家召开会议，加上我，还有高德全、刘之侠、钱中仁、陈雪屏、唐广慧、朱敏义、肖隽烈、钟寒秋、黄筑筠、胥登品、李小林、杨继东、龙运、施福根、张劲、罗逊共16人参加会议；会议讨论通过了《贵阳市灯谜协会章程》，改选了协会班子成员，我被大家推举为协会会长。

2011年6月27日，由我牵头组织，协会与中共平坝区委宣传部合作，在平坝区举行庆祝中国共产党成立九十周年活动期间，组织开展以纪念中国共产党成立九十周年为主要题材的大型灯谜展猜活动。共展出灯谜3000条，其中党史知识灯谜500多条，平坝特色灯谜200多条；展猜一天，接待猜射者1000多人次，人头攒动，猜者踊跃，起到了宣传党的光辉历史、弘扬主旋律的积极作用。

2012年2月6日，由我牵头组织，贵阳市灯谜协会与安顺市文广局在安顺市政府广场，举办了一场大型元宵灯谜展猜活动。活动从下午两点开始，至晚上九点半结束，共展出自创灯谜4000余条，深受当地群众好评。

2013年10月1日，由我牵头组织，协会与仁怀市文广局、仁怀酒业协会在仁怀市政府广场举行“迎国庆、颂党恩”大型灯谜展猜活动，此次活动共展猜灯谜1500条。

2014年春节、元宵节期间，由我牵头组织，协会应邀在贵阳孔学堂举办大型灯谜展猜活动，分别于正月初一到初三和正月十五举行，一共4天，共展出灯谜1800条。

2015年2月13日，由我牵头组织，协会以“迎新春法治文化灯谜竞猜”为主题的普法宣传活动在贵阳市云岩广场举行，展猜内容是以法律知识为主的灯谜500余条。广大市民纷纷表示，这种寓教于乐的普法宣传方式，既可以使自己了解更多的法律知识，加强自己的法律意识，又增添了许多乐趣。

2015年春节、元宵节期间，由我牵头组织，协会应邀在贵阳孔学堂举办迎春灯谜展猜活动，分别于正月初一到初四和正月十五举行，一共5天，每天展猜灯谜500条，共展猜灯谜2500条。

胡德怀牵头组织大型灯谜展猜活动

2016年春节、元宵节期间，由我牵头组织，协会应邀在贵阳孔学堂举办迎春灯谜展猜活动，分别于正月初一到初四和正月十五举行，一共5天，每天展猜灯谜500条，共展猜灯谜2500条。

2016年3月12日，由协会、贵阳市群众艺术馆牵头在贵阳市群众艺术馆11楼会议室主持召开贵州谜友联谊会（简称联谊会），来自贵阳、都匀、桐梓、大方、织金、黔西等地的谜友共50余人参加座谈。贵阳市群众艺术馆馆长刘奇卡、副馆长徐立旄参加会议并发表了讲话；会议决定，正式成立“贵州谜友联谊会”，推举我为总召集人。联谊会以贵阳市群众艺术馆（贵阳市艺术研究院）为后援单位，协会、都匀市谜语协会、桐梓县灯谜协会、大方县灯谜协会、织金县灯谜协会、黔西县灯谜协会为首批会员单位。会上还讨论了联谊会的活动方法、活动次序，以及联络人员、交流方式等。座谈会间隙，还穿插举办了内部灯谜互猜活动。

2016年10月9日（重阳节），由我牵头组织，在孔学堂举行“敬老礼”主题活动，共展猜灯谜400余条。

2016年12月17日，我与协会会员到贵州省都匀市，见证了都匀市灯谜协会的成立和揭牌仪式，并一同举办了以“计划生育”为主题的内部悬谜竞猜和对外展猜活动。

2017年1月1日（元旦节），受贵州中进公司邀请，我与贵州“谜人”相约遵义市虾子镇贵州中进公司开展迎新年灯谜交流活动，悬谜交流40余条。

2017年1月3日，我与贵州“谜人”参加谜友石行、练军、曾醒等合办的贵州省播雅书院成立大会暨开园典礼，现场展猜灯谜200余条。

2017年2月8日，由播雅书院承办的以“寻找那些失去的年味”为主题的春节联欢活动在贵阳花溪区天鹅村村委大院举行，我与贵州“谜人”出席了此次活动，现场展猜灯谜400条，受到了当地群众的好评。

2017年2月11日，由贵阳市孔学堂文化传播中心主办的“猜灯谜闹元宵”活动在贵阳市孔学堂举行，我与贵州“谜人”主持了此次活动，现场展猜灯谜1000多条，场面火爆，受到广大群众的欢迎和好评。

2017年4月30日至5月1日，联谊会在桐梓县夜郎水寨举行，全省谜友齐聚桐梓交流谜艺，我与贵州“谜人”交流贵阳谜友谜作50余条。

2017年5月23日，我为贵州职业技术学院做了题为“弘扬中华传统文化　感受灯谜趣味魅力”的专题讲座，从灯谜源流、灯谜猜法和灯谜欣赏等角度系统介绍灯谜知识，并与贵州“谜人”主持展猜灯谜400余条，丰富了大学生的业余文化生活。

2017年10月28至29日，我牵头组织2017年联谊会年会（贵阳）。年会在贵阳花溪林中月大酒店举行，省内贵阳、大方、黔西、织金、都匀、桐梓和娄山谜社共70余位“谜人”参加了此次活动。本次联谊会组织了团体电控抢猜、个人笔猜、内部悬谜展猜活动。

2018年3月3至4日，由我牵头组织协会与贵阳市群众艺术馆在观山湖公园“悦读观山湖”举办大型灯谜展猜活动，展猜灯谜1200余条。

2018年6月17日，我与贵阳“谜人”在甲秀楼翠微园展猜灯谜200余条。

2018年8月24至26日，我率协会“谜人”参加联谊会（大方）年会。此次年会分各队展猜、个人笔猜和团体竞猜，各队对外展猜50余条，我会“谜人”龙运、唐广慧分别荣获个人笔猜第一名和第三名，龙运、唐广慧和钟寒秋代表贵阳队参加团体竞猜，荣获团体第三名。

2018年12月1日，协会成立30周年，由我牵头组织协会全体成员到青岩堡馨园小居举行庆祝活动，召开讨论会，合擂谜作90余条。

2019年1月1日（元旦节），由我牵头组织，偕贵州“谜人”在花溪青禾广场举办大型灯谜展猜活动，展猜灯谜1200余条。

2019年农历正月十三日至十五日，由我牵头组织，携贵州“谜人”在贵州省图书馆举办大型灯谜展猜活动，展猜灯谜1000余条。

2019年2月19日（元宵节），由我牵头组织，偕贵州“谜人”在贵阳市花溪区青禾广场举办大型灯谜展猜活动，展猜灯谜1000余条。

2019年4月3日，我与贵州“谜人”在甲秀楼翠微园展猜灯谜500余条。

2019年6月2日，贵阳灯谜获批第五批省级非物质文化遗产代表性项目，发文编号：省府发〔2019〕10号。

2019年6月8日，我与贵州“谜人”前往织金共商在织金举办联谊会年会灯谜赛事工作。

2019年6月15日，我与贵州“谜人”前往织金营上古寨参加由织金谜友组织的灯谜沙龙，交流谜艺，展猜灯谜。

2019年9月21日，为贵阳乃至贵州灯谜事业的长远发展考虑，培养年轻人担纲，我辞去了协会会长职务；经大家推荐，由协会成员龙运担任协会会长。

2019年10月1至2日，我与贵州“谜人”在贵阳市甲秀楼翠微园开展大型灯谜展猜活动，展猜灯谜1500余条。

2020年6月13日（文化和自然遗产日），贵阳市文化和旅游局在甲秀楼翠微园为贵州省人民政府公布、贵州省文化和旅游厅颁发的第五批省级非物质文化遗产代表性项目授牌，我在授牌仪式上代表协会为协会获得的省

每每举办活动，胡德怀总是精心部署

级非物质文化遗产项目“贵阳灯谜”接牌，并与贵州“谜人”主持当天的灯谜展猜活动，展猜灯谜500余条。

2020年6月25日（农历五月五日）端午节，我与贵州“谜人”主持谜会，在甲秀楼翠微园展猜谜作500余条。

2021年6月9日，在刘之侠家与贵阳孔学堂周之江副主任就协会与贵阳孔学堂共同举办“建党100周年”全省中秋斗谜大会活动方案进行沟通，一直到2021年9月21日活动结束；我参与组织策划、灯谜的制作筛选、赛事点评、灯谜对外展猜等工作。来自省内的桐梓灯谜代表队、大方灯谜代表队、黔西灯谜代表队、都匀灯谜代表队、织金灯谜代表队、惠水灯谜代表队、虎峰灯谜代表队、金海湖灯谜代表队共8支参赛队伍32名灯谜高手在孔学堂参加角逐团体金、银、铜奖和优秀奖以及个人十佳奖项。动静新闻、天眼新闻等媒体做了专场直播。活动得到各地谜友高度评价。人民网、贵州新闻联播、天眼新闻、动静贵州、多彩贵州网、贵州综合广播、贵阳新闻联播、贵阳日报等媒体均对本次活动进行了直播、采访及现场报道。

授人以渔，方能带领他人进入灯谜的广阔天地

“谜条”不仅是灯谜的载体，还是书法的展示

2021年10月1至3日国庆节期间，贵阳市群艺馆、协会在贵阳市甲秀楼翠微园举办大型灯谜展猜活动，我与贵州“谜人”主持展猜活动，展猜灯谜1000条。

2021年12月25日，协会在贵阳华联大酒店进行换届选举，再次选举我担任协会会长。

灯谜的猜制，是典型的智力劳动，“看似寻常最奇崛，成如容易却艰辛”。几十年来，我制谜数以万计，参与组织的大大小小的灯谜活动数以百计，主编了《民族文化灯谜大观》《黔山文虎》等灯谜专著，《中国灯谜年鉴》《中华谜库》收录不少我的灯谜作品。追逐灯谜的经历，好多现在还历历在目，也有不少已经从记忆中消失了。以前爱好灯谜，更多是受到家庭的影响，是一种天然的自发的爱好，没有自觉地理解灯谜的文化属性、社会属性，没有自觉地把灯谜和家国情怀、家国命运联系在一起。这些年，我才深深体会到“国运昌，文化兴”的道理。没有国家的改革开放，没有国家几十年经济社会突飞猛进的发展，没有人民安居乐业的小康社会，没有国家今天的繁荣昌盛，灯谜这门中华民族古老的国粹文化就不会有今天的普及和兴旺，我们这些灯谜爱好者就只会忙碌于衣食，既没有时间也没有精力，更没有环境去从事灯谜文化活动，当然更得不到相应的社会认可。中华文化的繁荣是中华民族复兴的重要标志，灯谜文化伴随着中华文化发生发展，历经几千年，是中华文化百花园中不可或缺的一朵奇葩。繁荣灯谜文化，丰富广大人民群众的文化生活，我有一份责任。今后，我要更多更积极地去做一些灯谜文化的传承传播工作，培养好与我有传承关系的石行（大学本科，贵州博雅书院院长、理事长，中华古诗文吟诵非物质文化遗产传承人）、练军（中国人民大学国学院硕士研究生在读）、曾醒（贵州民族大学马克思主义民族理论与政策硕士研究生、修文县委公务员）、任侣军（贵州大学公共管理学院硕士研究生、贵阳经济技术开发区党政办公室公务员）等学历高、爱灯谜、有担当的年轻人，发挥灯谜文化寓教于乐的社会功能，为中华文化的大发展大繁荣，为中华民族的伟大复兴贡献微薄力量。

最后，附上我为祝贺协会成立33周年，在《甲秀清风》谜刊出刊80期时写的两首小诗，来收束我的心情：

胡德怀主编的灯谜书籍

其一

谜称甲秀谈何易，品若清风难自裁。
八十期逞解隐艺，卅三载斗谋皮才。
几多老友成仙去，一众后昆接力来。
妙制神猜享誉广，黔山虎啸壮情怀。

其二

画栋雕梁甲秀楼，熙熙攘攘游人稠。
弯弓射虎情切切，携手谋皮意悠悠。
别具心裁觅雅构，不拘窠臼恶俗流。
为伊憔悴从无悔，以沫相濡度晚秋。

传承谱系

第一代：胡明元（生卒年不详），男，汉族，贵州仁怀人。偏爱谜语，能自己创作并在亲朋邻里间传播谜语。

第二代：胡登禄（1931—1990），男，汉族，贵州仁怀人。受父亲胡明元影响，对谜语有浓厚兴趣，能自己创作并在亲朋邻里间传播谜语。

第三代：李国培（生卒年不详），男，汉族，贵州仁怀人。对谜语非常痴迷，其谜语传播到仁怀、习水、赤水等地。

第四代：胡德怀（1956.9— ），男，汉族，贵州仁怀人。中华灯谜学会常委，贵州灯谜联谊会总召集人，贵阳灯谜协会原会长。爷爷、父亲、舅舅都算得上当地文化人，受祖辈传承和地方文化影响，尤受舅舅影响最为深刻，胡德怀非常热爱猜谜制谜。1987年参加在贵阳市工人文化宫举办的大型灯谜展猜活动，表现突出，引起主持灯谜活动的老师的关注，后来便活跃于省内外谜事活动中并多次获奖。曾被评为“中国灯谜优秀射手”“金筑谜人”。胡德怀及其灯谜佳作入选《中华灯谜艺术家大辞典》。曾与其他7位谜友合编《贵州谜荟》，后又主编并出版了《民族文化灯谜大观》《黔山文虎》。

第五代：石行，贵州凤冈人，贵州省博雅书院院长，中华吟诵学会理事，贵州省诗人协会常务理事，古诗文吟诵传承人，2013年5月拜在恩师胡德怀先生门下学习灯谜。

练军，贵州凤冈人，中国人民大学2019级硕士研究生，于2016年9月以来在灯谜文化上得到胡德怀老师的悉心指导。

曾醒，贵州习水人，贵州民族大学2018级硕士研究生，2017年12月以来受教于胡德怀老师。

任侣军，贵州大学在读硕士研究生，2019年4月以来受教于胡德怀老师。

龙丁生

初心如磐　奋楫笃行

传承人：龙丁生

采访时间：2022年3月26日

采访地点：龙丁生家中

采访人：刘星言

文章整理、撰写：刘星言

※ 人物小传

龙丁生，男，布依族，贵州贵阳人，现任贵阳市南明区布依学会顾问（原任常务副会长、秘书长）及布依族土歌省级非遗代表性传承人。1968年毕业后，就职于乌江航道队（现交通航运处），1979年调入贵州省交通医院工作，历任财务副科长、科长。他自小喜欢唱土歌，酷爱本民族文化；退休后，与赵焜、班光瑶老师共同编撰《布依族经典古歌》和《贵阳布依语词》等书籍，用以传承布依族文化，推广布依族民歌；此外，还自行编写贵阳布依语乡土教材，并积极参与民族文化进校园活动，收集整理出版《情友歌——良和妮》和编撰语言传承系列《贵阳布依语汇》等。

我叫龙丁生，现任贵阳市南明区布依学会顾问（原任常务副会长、秘书长）及布依族土歌省级非遗代表性传承人。

古语有云："奏音人语绝，清韵佩声通。"歌者，万事之音也，经久不绝，往来敬听。音乐，自古以来，便是广大劳动人民在生产生活中释放压力、陶冶身心的产物。它具有区域性和民族性等特征，民族间所传唱的歌声也各有异同。

布依族是中国西南部一个具有悠久历史和灿烂文化的古老民族。现今，布依族主要在贵州、广西、云南、四川等地；放眼布依族的文化传承，民歌对于布依族人民的生产生活有着极为重要的意义。

一般而言，布依族民歌分为用汉语演唱的"明歌"和以布依语演唱的"土歌"两种。布依族土歌，广义上讲，用布依族"语调"传唱的布依族的歌曲都叫"布依族土歌"（含土语歌和明歌），一般所指的"布依土歌"

即为布依族土语歌，在布依族的历史变迁中具有重要的作用。布依族历史上也有使用面极窄的文字，民间靠口传心授留下大量的史诗、古歌、婚丧礼仪、故事、传说、民谣等，具有文学和历史价值，反映了布依族的风土人情、生活习惯、民族性格等，歌师在其中起着关键性作用。所有歌曲均通过歌师口传心授，代代相传，有记录的至今已有五代人。

我出生于贵阳市布依族聚居的乡寨，自孩提时，便生活在这里。我从小受这里的民俗感染，深深地爱上了这片土地，也对布依民歌产生了浓厚的兴趣。在小学时，便开始向寨子里的著名歌师学习布依土歌，偶涉布依经文。而后随众“赶表”，在唱歌和对歌中又学到了不少布依土歌。后来，我又通过家庭传授、拜师学习等方式对布依民歌有了更为深入的了解。经过几十年的学习、实践和总结，在精通布依族语言、布依族拼音文字的同时，也谙熟布依文化传承的重要性。因此，为更好地传承布依族文化，担负起布依族土歌的传承责任，我矢志不渝，竭尽所能地去传承这一民族文化，并让布依族民歌走出山村，让更多的人了解、喜欢我们的民歌。

从事这项工作三十余年来，我在南明区的二戈寨、大土村，花溪的竹林寨、中寨等地，多次与乡友和当地的歌友用母语对唱土歌，大大激发了青年人学习布依族土歌和学习布依文的兴趣。随后，我也有幸培养了10余名民间歌手及教学贵阳布依语的老师，他们在学习布依族文化的同时，也为传承布依族文化做出了极大贡献。

一、初识，以声相和

我从家族的谱系发现，这个寨子的布依族人祖上都是从江西吉安府迁徙到这里的。据老一辈人说，这个寨子的布依族人大概是明末清初，好像是明初“填籍”的时候迁过来的，我们住的这个地方叫木头寨。我们整个龙家都是彻底的农民，我爸爸与我爷爷一直以务农为生。打我记事起，我家的生活还算是不错的。

龙丁生布依族土歌传承谱系

第一代	罗二奶	女	布依族	1836 年—1905 年	花溪大坡村布依族歌师
第二代	赵献兰	男	布依族	1859 年—1926 年	花溪大坡村布依族歌师
第三代	赵天德	男	布依族	1911 年—1986 年	花溪大坡村布依族歌师
第四代	赵焜	男	布依族	1929 年—2015 年	花溪大坡村布依族
第五代	龙丁生	男	布依族	1947 年 12 月生	双龙木头村布依族

就唱歌而言，我爸爸与我爷爷也唱歌，水平还是不错的。唱布依族土歌是我小时候的娱乐活动。我小的时候，都是和小伙伴走路去上学；放学回家，作业少，晚上娱乐也比较少。老班子里的老者们在教唱歌，我们喜欢就可以去学。所以，我读小学时，就开始接触布依族土歌了。

我们小学的时候就语文和数学两个主科，其他如音乐、体育这些都没有教材。音乐课就唱歌，体育课老师就安排我们蹦跳、做操（运动）。我学习成绩算中等，但是初中（好像是初二升初三）时数学曾经考过100分，不过我语文就比较差了，只能考六七十分。

我在龙洞堡小学毕业后考上了贵阳十五中，1965年考入贵州省交通学校。我记得当时我们学校的老师还说："我们财务（65）3班的学生都是数学比较好的。"当时也是赶上国家的一个变化：1964年、1965年工业"大上马"，农业形势好转，需要一大批各行业的人才，所以兴起了一批如交通学校、冶金学校、工业技校、农校、林校等行业学校，录取率还比较高。

1968年，我毕业后被分配到了乌江航运分局。乌江航运分局下属两个单位，分别是航运队和航道队。我的单位虽然在沿河县城，但是直接隶属于贵州省交通运输厅管理。1979年年底，我被调到省交通医院，直到退休。我主要从事会计工作，工龄有40年。我做了40年的会计，算终身会计人了。对于民族文化，我是一个爱好者。

二、结缘，以行承继

我在读小学的时候就开始接触布依族土歌了。我们的老师叫龙仁义。在他们那一批人中，他算是有文化的，喜欢唱歌，记性非常好。例如，他拣一首歌词，很快就可以“调唱（依词配谱）”。他爱人是云盘大寨的，歌也唱得好，我们喜欢去他家学歌；我记得还有位老者，好像是叫王某才，他的歌也唱得好，声音也好，常带着我们唱歌。

要想唱好布依族土歌，语音是挡在我们面前的第一个难题。众所周知，布依语是相当难学的，其中声母韵母都比汉语拼音多。要唱土歌，必须解决语音的问题。我一直生活在布依族聚居的村落，从小就用布依语交流，汉语是上学之后才逐渐掌握的。当时我们这一帮人，也有几个比较有名的，例如我们这里的龙国林老师（小教高级），歌唱得蛮好，都算传承得比较好的。我们出去唱歌，大多是龙国林带头领唱。

20世纪90年代初，我与吴启禄教授开始接触。吴启禄教授是福建人，20世纪50年代毕业于中央民族大学民族语言系，是贵州民族学院（今贵州民族大学）的教授。他编写了《贵阳布依语》这本书。我以此为教材，结合自己掌握的布依族语音，用“比较对照法”学布依族语文。后来，他还送了我一本他们编写的《布依汉词典》，对学习标准语很有帮助。我学歌的时候，我本身有点儿笨，所以我回家后就会用同音字把学到的歌词写下来并整理好。我拣得（学到）的这些歌，我基本上都写下来了。

我们布依族语言是较难学习的语言之一，例如“好花红”，谐音翻译过来就是“奶利宁”（ndaais ndil ndingl），“奶”就是“花”，“利”就是“好”，“宁”就是红，这三个字的发音，是汉语拼音拼不出来的。布依语的语序也与汉语有别。部分人不能将土歌《好花红》唱好的原因是发音不准（如谐音为“呆你拧”也不错，风趣）。

当然，天赋比较好的人，学习布依语会容易些。例如，有些汉族人，在布依族寨子待久了，也会讲布依语。我曾经问过吴启禄教授：“您是福建人，我觉得福建人学汉语应该很难（学布依语则更难），那您怎么学会布依语的？”他说：“我这就相当于学习一门外语。”他们这些学者在拼音文字的基础上增加一些声母和韵母，创造一套布依文，由国家民委发布并进行推广，但是效果不是很好。主要的问题是布依语语音地域差异较大，不同地区的语音词汇也是有差异的。

随着时间的推移，我自己也有幸成为布依族民歌的传承人。在这里，我必须感谢一个人，那就是赵焜，南明区布依学会首届名誉会长，我们一起编撰出版了《布依族经典古歌》。这书是由吴启禄教授审校、勾德钦老师（汉族人）作曲、花溪布依学会帮助、二戈村的两委资助，我和班光瑶老师在赵焜的带领下，在我们本地编撰出版的一本布依族传承古歌的书籍。

赵焜以前是南明区古籍办的负责人，负责古文出版编撰工作。当时他就喜欢布依族文化，有人推荐他搞音乐传承，所以他就写了一些传承资料。但是后来他过世了，就需要在我们南明区布依学会里面推荐一个传承人，大家推荐了我。我当时是南明区布依学会的秘书长，也参加了《布依族经典古歌》一书的编辑工作，所以我就被推荐了。通过各种程序，我成了区级传承人（音乐方面），成为布依土歌第五代传承人。

当我自己成为传承人之后，我就开始培养传承布依族土歌的青年了。要想继承优秀的布依族文化，必须先学会布依语。在教学过程中，首先要解决的是语言问题。例如，今天要教《好花红》，我就先把歌词念给他们听，解释词汇语音词序及翻译。

都拉小学的陈林老师是教语文的。他对布依族语言感兴趣，准备把布依族语言文字教给学校低年级的学生。后来，白云区的一个领导来给我说，让我去教他们的老师布依族语言文字。至今也有十年了，效果还不错。《好花红》《儿童喜闹“民运会”》等布依族儿歌在陈老师的排练下，还获得了区级奖，这也是践行了民族文化进校园活动。

在工作中，我评上了两个职称，一个是会计师，另一个是审计师。因为当时审计局开设了一个审计培训班——这个审计班开设在当时的“扁井”。当时的民族出版社就在那儿。有一天我进去就遇见了郭堂亮，他是中央民族大学毕业的，毕业后分配到民族出版社，那时是民语编辑（现为民语编审）。因为我是布依族文化爱好者，就问他关于布依语的一些问题，他当时给了我一本书《布依族酒歌》，所以我们就认识了，还认识了他们出版社语文办的伍小芹、研究布依族语文的前辈罗平先老师等人。后来，贵州省布依学会在兴义举行省交流会的时候，我认识了吴启禄教授。当时要求每个人写一篇文章投稿，收集文章的是民族学院的老师；他们收到我关于布依族婚俗的文章后，邀请我去参加这个会议。我去了三天，和吴启禄教授有了进一步的交流，后来吴教授还送了我一本《布依汉词典》。

而我的工作，也经历了十分曲折的过程。我取得了会计师资格证，后来还考上了市首届审计师。根据工作的要求，全国举办的审计学习班（如北京、上海和深圳班）我也去过。在工作的同时，自己也会积极参与各类歌唱活动，从而不断宣扬我们布依族的歌唱文化。我曾被评为省布依学会先进工作者。

布依族土歌传承人合影（龙丁生在前排左三）

三、传承，以心奋进

布依族民歌具有极强的民族特色与地域性色彩，有着丰富的艺术魅力，但学术界相关研究起步较晚，截至现今成果较少，多以分析其歌曲特点及其对地方经济的影响为主。此外，有一些中国民歌选集从音乐本体的角度对布依族民歌给予了关注，如《布依族民歌选集》《贵州少数民族音乐》等，为布依族民歌艺术特色特征方面做出了很大的贡献。目前，国外研究布依族民歌和《好花红》的专著或论文尚未发现，然而用汉语和布依族语进行歌唱分析，从二者的语言角度，在润腔、歌唱方法、发音等方向比较，找到其共性与特性，从而对布依族民歌的传承与发展进行审视的研究，初见成效。

布依族历史源远流长，是百越的后裔。在布依族先民的口传诗歌中就有“鲧”“禹”等内容。关于“禹”的布依族土歌很多，有“德罡造万物歌”“人类起源歌”等，包罗万象。“禹”之后的布依族先民又在漫长的历史长河中创造了“讲古歌”“礼俗歌”“情友歌”“劳动生活歌”“干旱歌”“水淹歌”“牛经歌”。上述古歌在历史进程中曾遭受压迫，虽然历经曲折，但是原貌始终未被破坏，世代相传保存至今。中华人民共和国成立后，国家实行民族平等政策，古歌获得了很好的保存和发展。

山歌是布依族民歌中被使用最多的一种歌曲类型，在日常生活劳作或是闲暇娱乐时都可以用唱山歌的形式来抒发自己的情感，是布依族文化的重要代表。布依族是喜爱唱歌的民族，因在长期的历史发展过程中与汉族友好往来，并且在经济文化发展上联系密切，山歌便吸取了汉族的文化元素，在歌词、结构与归韵上引用了古诗词七言四句体的结构，并且按诗词习惯归韵；山歌有了汉语与布依语两种语言的演唱形式，满足了与其他民族互通往来和情感交流的需求，形成了布依族山歌的独特文化内涵。

山歌不拘于固定的演唱形式，独唱、对唱、齐唱等都可在布依族的山歌中看到，并且有着“一个歌头，千个歌尾”的说法。如布依族山歌《山

《布依族经典古歌》完成，编委会成员合影留念

歌越唱越快乐》中便有领唱、合唱的形式，两段歌词分别用布依族语与汉语演唱；罗惠萍老师的手稿使用了汉字加拼音的形式，将布依语歌词音译出来。《山歌越唱越快乐》第一段用汉语方言演唱，第二段时则用布依语演唱。歌词配上轻快的旋律，表现出布依族人民对山歌的喜爱与积极向上的生活态度。

贵州布依族的民歌丰富多样，其中民歌《好花红》被誉为布依族的一颗璀璨的耀眼明珠，从众多布依族民歌里脱颖而出。《好花红》之所以成为经典，是因为曲调来源于当地的生活环境，集本民族语音语调和民族文化等于一身。这首民歌进入大众视野之后，众多优秀歌手在继承的基础上加以润色，使之逐渐规范，最终以“好花向阳”为主题将《好花红》唱到了首都北京，唱进了大众的心田。此歌曾广为流传，红遍祖国大地。《好花红》有着浓郁的小调色彩，整个旋律流畅起伏，音域音程的跨度小，在听觉上给人以悦耳、平静悠扬、柔美之感。整首歌曲呈现了对称美，两个乐段各有两个乐句，第二段旋律与第一段旋律重复，每个乐句中又各包括四小节，有着均衡之感。这首民歌曲调清新、流畅，内容深邃，借花寓人。歌曲中的“好花”是指春天漫山遍野开放的刺梨花，它结出的果实是贵州一种特有的名贵野果，口感酸甜，大小与普通小果实无异，外表长满刺，看起来平平无奇却有着顽强的生命力，无论风吹雨打都始终坚忍不拔地扎根于土地，向阳而生，努力地繁衍生长。老人们会用它酿成刺梨酒，也会把它当作宝贵的药材使用等。

土歌根据唱词的布依语声调行腔，话长音短，话短音少，歌腔多则三十余拍，少则十六七拍（除过门外，正歌一般采用G调演唱，多为4／4拍、2／4拍，俗称“四平腔”），视歌词多少伸缩，没有固定。布依族土歌属口头创作，没有专门的曲作者，唱法随性，不拘泥形式。每句歌腔有“气口”或长音，将之分为上、下句，上句要将高音唱出，下句则是从高到低“3216”的音列或变化音列，迂回曲折，悠缓自如。如：

桂花要等贵人来

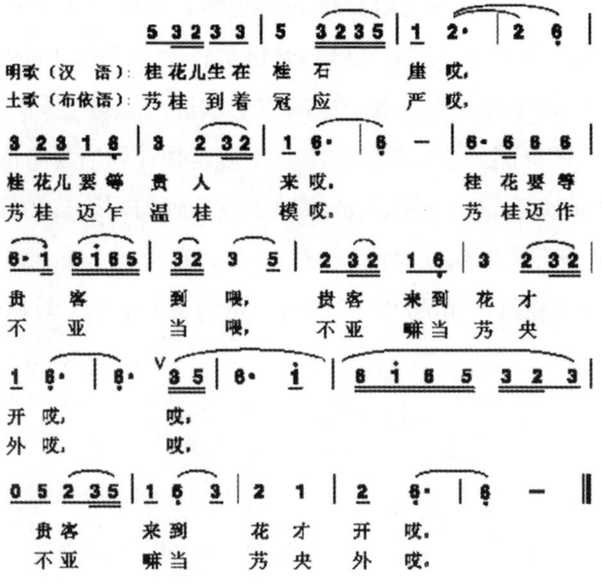

《桂花要等贵人来》布依族土歌图谱

此歌谱可用G调唱，2／4拍。从中可见，用汉语标音与实际读音差别甚大。此类歌（如《好花红》等）常见有：

明歌调唱明歌词和土歌词；土歌调唱明歌词和土歌词。

民族文化的传承，对于现代人是一个很复杂的问题。因为传统的东西很难吸引年轻人。

为进一步加强对布依族文化的传承，我编写了一本名为《贵阳布依语汇》的书籍，目前已经完成撰写工作，进入编审阶段了。本书讲的就是布依族的语言，从它的音调是怎么来的、词汇到布依族歌都有。不仅如此，本书对贵阳布依语音有了较详细的论述和较适用的练习。贵阳布依语音有6个宽音调、4个窄音调，我们普通话才有4个声调（阴、阳、上、去、入，入声在普通话中已经失去）。这10个音用汉语来发有6个（2+4）是发不出来的。这些音调能组成不同的音值，尤其韵母、声母、音调也比汉语多，所以推广难度是很大的。

自2006年以来，我与赵焜、班光瑶老师共同编撰了《布依族经典古歌》和《贵阳布依语词》，两书已公开出版；参与创作了布依语的民歌、儿歌等，对《布依族经典古歌》中的古老歌进行整理、翻译和书写布依文；参与情友歌及部分礼俗歌的收集、整理、翻译和书写布依文工作；对《贵阳布依语词（Hraaus Qyaix Guiszul）》收集到的词语按30目分类，并按类插入100多条经典歌句和民谣谚语。此外，还积极开办布依语学习交流班，参与民族文化进校园活动，并撰写了贵阳布依语乡土教材。

四、承恩，乡音永驻

布依族是中国的少数民族之一，具有悠久的历史和丰富多彩的民族文化。总人口三百多万，主要居住在贵州省的南部、西部和中部，以及云南省的文山、四川省的宁南等地。在黔中布依族传统文化中，用于交友对唱的传统诗歌包括：讲古歌、礼俗歌、情友歌、宵宴歌和叙事歌等。此外，还有用于丧葬的经文和演唱的古代传奇。这些布依族传统文化像扎根在云贵高原上的刺梨花和杜鹃花，开放时扑鼻清香，沁人心脾；又像布依人自酿的刺梨糯米酒，饮时清淡味，醉后方觉醇。

布依族传统诗歌，按语言分为布依语歌和汉语歌，汉语歌又叫“明歌”。按布依语唱法，一般分为大歌和小歌。大歌，布依语称“问量（weanl naangc）”；小歌，布依语称“问筛（weanl sais）”。唱大歌时，要唱过门，一般每唱两句（少则一句，多则三句），又唱过门，即所谓一路“啊歪（azwaiz）”下去。结构上，每首大歌由头、中（正歌）、尾三部分组成，一般较长（数十数百句）。小歌大多结构松散，由对唱者按情况而定，可多可少，大多是一些片段的组合，有的是现场发挥，流传下来成首的小歌是当中的精华。每唱一首小歌时，先唱提示句，正歌结束时，要唱交代句。小歌一般无过门，多为三四十句，也有超过百句的。由此可见，大歌和小歌的区别主要是唱法和公认，长短还不是最主要的。叫“大歌”和“小歌”比叫“长歌”和“短歌”好像要确切些。

布依族古歌按内容可以分为以下几类：

（一）讲古歌

讲古歌，布依语称为“问唠久初（weanl nauzxeeuhndux）”。如《造天

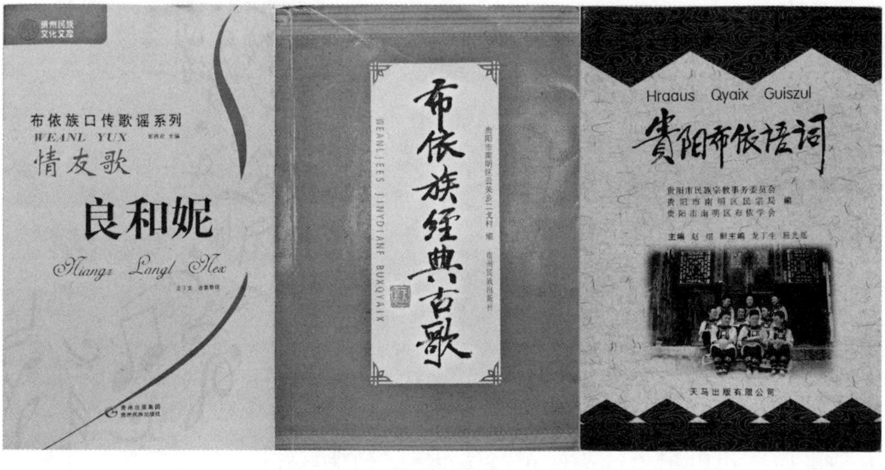

龙丁生作品

地人间歌》《十二个太阳》《造物歌》《造年歌》《水淹歌》《干旱歌》《蕨根歌》等。讲古歌，传唱古人古事，人们从中可以了解到人间苦难和先民艰苦创业的过程，从而得到一定的教益和启迪。可以说，讲古歌是布依族人的史诗。这些歌旋律优美，词汇朴实，传唱时荡气回肠，令人肃然起敬。讲古歌属于大歌类。现在能唱讲古歌的人已经很少了，歌场上如有歌师唱，自是“先生教我读文章”，那自然是“传唱”。

（二）礼俗歌

礼俗歌，布依语称为“问曼（weanl manl）”。如《结姻歌》《过礼歌》《赞媳歌》《三朝歌》《做客歌》《立房歌》《孝顺歌》等。这些歌大多是在正宴后，主客对唱的大歌。主方办什么酒，要先唱什么歌，客方吃什么酒，也要先答唱什么歌。比如办喜酒要唱《做客歌》，办立房酒要唱《立房歌》，办白喜酒（老人过世）要先唱《孝顺歌》等。与婚嫁有关的喜酒歌，一般是新姻亲关系的“外家奶”与“亲家奶”对唱，所以又叫《亲家歌》。非姻亲关系的老年对唱，虽互称“亲家”，只要唱过“主题歌”后，爱“比肠子”的就可以“摸黑、分烟、洗脚”一路长歌下去乃至“讲古”后，才来唱交友歌。当然也可以唱过“主题歌”后，就进入交友歌。过年时走亲访友，要先唱《过年歌》，非年节时走亲访友要唱歌，也要唱《歇场歌》，而后才是交友歌。当然，唱什么歌一般是客随主定。礼俗歌多是大歌类，内容较为稳定，是传统歌的主流。礼俗歌中的小歌多为礼仪歌。礼俗歌也有明歌。

（三）情友歌

情友歌，布依语称为“问珍由”（weanl zenzyux）。这类歌内容丰富多彩，形式多样。不论是布依语歌还是明歌（汉语歌），句式多以七字（音）句为主，一首歌，少则四句，多则数十上百句，叙事情友歌可达数百句。友情歌属于小歌类。按内容可分为两类：①初交歌，布依语称为“问由么”（weanl yuxmos）；②深交歌，布依语称为“问由高”（weanl yuxgaus）。友情歌对唱，青年男女可以对唱，中老年男女也可以对唱，不过要以“亲家歌”（weanl ndoongl）过渡。所谓“要菜不占园，要歌不占友”（aul bagt miz aul seanl，aul weanl miz aul yux），虽是歌场上的调侃话，事实上说明，布依族人对唱情友歌的目的，不是单纯追求爱情，大多是娱乐和交谊。所以称为“情友歌”，而不直接叫“情歌”。

主要以交谊为目的情友歌对唱，已成为布依族人民喜闻乐见的一种习俗，是布依族人民连友交谊的艺术精品。情友歌伴随着世世代代布依儿女生产生活的足迹，如细雨遍洒云贵高原，滋润百越（basyees）族中世代后人的心田，至今仍鲜活在人们的心坎里。它成为我们生活向往、谈情说爱、道德情操和精神文明的“教科书”。它是抒发青年男女思想感情、吐露爱慕之心的媒介。于是，这些歌就像路边的刺梨蓬、山中的杜鹃花一样，或付箫笛月琴，或托木叶口哨，在花溪田坝，青岩城楼，在凉亭草舍，古桥新房伴随着一代又一代布依人的成长，在布依人居住或走过的地方婉转悠扬地飘荡。

（四）叙事歌

叙事歌，布依语称为“问唠浩”（weanl nauzhaaul）或“问唠事”（weanl nauzsel）。布依族叙事歌有汉语的，有布依语的。在布依语叙事歌中，有叙述本民族故事的，也有演绎汉族古代故事的。

在历史的长河里，民族文化总会相互影响、相互交流、相互促进、相互融合。比如《梁祝姻缘》、《柳荫记》（梁山伯与祝英台）、《槐荫记》（董永与七仙女）、《潜龙马再兴》，就在布依族人之间广泛流传，它们的内容和形式自然影响到布依族歌手，于是便有了梁祝排歌、孟姜女排歌（明歌）。

（五）宵宴歌

宵宴歌，又称消夜歌，布依语称为“问消夜”（weanl xiaoyyeq）。宵宴歌主要是婚宴正席后夜间专宴上使用。宵宴歌以酒令为主，如请官令、随口令、绕口令和斗元宝、猜花歌、盘根歌等。宵宴上，郎舅双方新亲，虽彬彬有礼，彼此谦让，但话语机锋，令如山倒，错则罚酒。《镜花缘》《红楼梦》对宴会上“划拳猜枚做酒令，吟诗作对斗机锋”的文情雅事的生动描述，正是布依族人宵宴场景的写照。宵宴歌词，大多形象生动、活泼诙谐、雅俗共赏、别有情趣，很有特色。

根据国家对非物质文化遗产要抢救、保护和开发的原则，我们编撰了《布依族经典古歌》这本书，按讲古歌、礼俗歌、情友歌、叙事歌和宵宴歌分类，编选了70多首布依语歌；每首歌均有布依文、汉语直译和意译，以供读者学习传唱布依歌。本书正文前还附有7首布依歌曲，供学唱者参考。

《布依族经典古歌》出版后，二戈村村委每家发了一本。得到村领导的支持，前几年，我到二戈村和五六个歌手（省非遗录数据时她们是骨干），一道唱了其中的《开天辟地歌》《摸黑歌》《分烟歌》等长歌。可以说，能唱这些古歌的歌手，实在太少，她们真的不错。二戈村“爱土歌”账号在抖音平台上发的土歌就有几百首，点赞蛮多，这说明喜欢土歌的人不少。

五、歌振，传奇声起

布依族的古代传奇，比较有名的是《良和妮》（Niangz langl Nex）、《百鸟衣》（Buh Benlbasrog）、《竹王》（Aisgogt）、《螺姑》（Roihsail）等。这些古代传奇，有的有故事和唱词，有的只有故事没有唱词。在讲古歌、礼俗歌、情友歌、宵宴歌和叙事歌中有所涉及。

良（Niangz）与妮（Nex）是布依族古代传说中，两个殉情的男女青年的布依族名的译音。良为男青年，妮为女青年。

他们是“梁祝”吗？不是，他们是布依族人的良和妮，他们有着与“梁祝”近似的经历，算得上布依族的“梁祝”。有关他们传说的诗歌不

少，如《扫房经》(Sel Badtraanz):

“良浪妮同聚，定棵榉同愧。

“Niangz lang Nex dungx jil，Dinl goc jil dungx goih.”

大意是，良与妮相约，松树脚野合。

当然，我们不必理会经文为了扫秽除祟，拿他们作负面说事，但可见其传说之久远。在“情友歌”中涉及他们的内容更是不少，对“殉情”有不同的解读。

本诗歌是笔者演绎他们的传说之一。源于《良与妮原歌》，笔者收集整理为4000多句（含他们的一、二世《良和妮》《百鸟衣》)，历经20多年！歌句多数为7音句（仿经文句为5音句），按布依古歌行文（押腰韵为主，句读多为3、4顿）保留民族特色，译文也是尽量如此行文，其中对人名、人称及部分物名保留音译，并作必要的注释。

本书由民族文字出版专项资金项目资助，2016年10月由省民族出版社出版，书前有周国炎（中央民大）教授作序，周国茂教授对全书进行认真审校，郭堂亮责任编辑出版，本人感激万分。

本书虽像“唱本”，词句较长，有文学、戏剧价值，但不便传唱，当然如喜欢，选段练唱还是可以的。当年我才编译成300句时用谐音对译法（摩师抄布依经文法），龙仁义老师拿去，几天就记得，说“老弟，你拿an（迟义）了，我虽拣得，气不足，唱不得了”，他当时还哼几句给我听。不久他就去世了，真可惜！

六、发扬，始于脚下

布依族的古代传奇及经文，如何挖掘、收集整理，传承以及发展、利用，任重道远，时不我待。

随着经济的发展，布依族文化已经渐行渐远了。我们现在的语言交流基本上都是用汉语，像我这种会讲汉语也会讲布依族语言，还会使用布依族文字的人是较少的，如果不经常使用的话，也会忘记的。民族院校和有些老师在教布依语文时，讲汉语的时候用普通话，在教布依族语言的时候用土话，听起来就很别扭。实际上，即使是教汉语词汇（“借汉”），也可以用布依族的“语调”来读汉语词的。不仅如此，贵阳布依土歌大多押腰尾韵，比如第二句的第一、第三或第五个字音押第一句的尾韵。七音句型一般三、四顿，即每句前面三个字，后面四个字。贵阳布依土歌的音阶也不一样，用的是古音乐宫商角徵羽，调值为ABCDE，音阶简谱为12356。明（汉语）歌，歌句押韵在1、2、4句尾。还有布依族土歌的传承方式，由于是口传的，就像一首歌，用固定的调式来教学的话，是科学的。而布依族怎么把一首歌唱出它的那个调式？根据歌词来的，以词定调。那这样的话，怎么判断一首歌唱得好不好？它是根据歌手自身对歌词的感受来进行判断的，一个地方的歌手唱这首歌好像是一样的，实际上还是有差别；来自不同地方的歌手唱这些歌，差别就更大，虽然如此，但基本旋律又大同小异。我见过《贵州少数民族音乐》上，收集了一二十个土歌曲调，但不能用来传唱布依族土歌，可能是对“以词定调”不够了解，这是它难以传承的地方。用汉语调来唱和用土歌的调来唱是两个概念。我编土歌都是按布依族语言歌唱的，编明歌用明歌的格式来编的，是不一样的。

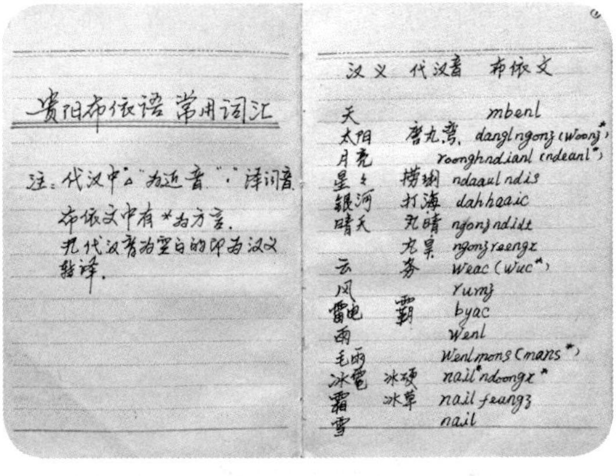

龙丁生学习布依族语言手稿

我自己学习布依族土歌直接的方法就是记歌词，然后用谐音等法记下来。调子的话，就得凭自己的悟性去记了。我在领会腔调这方面的悟性就比较差，是我自己一遍遍地领悟得来的。比如说在《好花红》里面，它就有明歌唱法和土歌唱法，它们的调子就不一样。

2013年，我们布依族古歌项目就被列为市级非物质文化遗产保护项目。2015年，又被列为省级的非遗项目，布依族土歌传承是十分必要的，但前景不容乐观。因为现在大家对于布依族文化的喜爱及传承都严重缺乏基础，所以大家学习的劲头都不大了。我们这里的年轻人都不愿意学布依文。现在能整首唱的人比较少，省非遗中心来收集时我们唱了那么多首，花了几十个钟头来唱，人员也参差不齐。

传统村寨传承是早期传承模式中最主要的模式，但社会不断发展，得益于国家的扶贫政策，近几年的扶贫搬迁将整村的布依族人民集体搬入了城市，进入城市中生活，同时也将掌握布依族民歌的主要人群一同搬入了城市，使得传统村寨模式的传承方式渐渐失去了活力。目前仅有少数分布于城镇以外的村寨中的歌师，还在进行着传承活动，但多只在婚丧嫁娶、民俗节日等活动时才会被请去唱歌，并且在村寨中也不再进行布依族民歌的相关传承工作。

每个时期的传统民歌大都具备了当代的时代烙印。21世纪以前，布依族民歌传统的传承方式基于当时的社会环境，民歌作为布依族人民日常娱乐的重要内容，拥有较为稳定的传承载体，加之老一辈的歌师强大的记忆能力，在日常使用与歌师们的口传心授下，一代代传承下来。自21世纪以来，随着社会的发展，互联网等新颖的科技逐渐普及到布依族人民的日常生活与娱乐当中，更加新颖、更加高效的娱乐方式对传统的山歌对唱等活动造成了极大的影响，祭祀仪式也因为改革开放后人民的思想逐渐转变，慢慢地被遗忘，以此作为载体而存在的布依族仪式音乐也就没有了使用的场景，传统口传心授的模式也不再契合现在的社会环境。所谓“皮之不存毛将焉附”，传统的民歌传承如不能寻找到新的传承载体，便很难在新时代的发展中生存下去。目前，涟江流域布依族民歌的传承人群基数并不算少，但绝大多数都是以爱好为主，对于传统民歌文化的了解其实并不多，仅仅停留在传唱阶段，无法阐释民歌的内涵，能够掌握民歌即兴创编能力的传承人群仅占很少比例的一部分。如此传承，民歌只能将歌曲的演唱形式传承下去，其中重要的文化内涵并不能被延续，究其原因，便是目前的传承方式中仍存在一定的不足。

在这个多媒体时代的大背景下，唯有适者才能生存。布依族民歌的发展不能总局限在传统音乐中，需在创新下谋发展，顺应时代的体现，如贵州侗族大歌、苗族飞歌在原有的音乐素材中加入了电子音乐及乐器、多人声等多媒体科学技术二度创作出更加符合现代化审美及营造更丰富的舞台效果，这也为听众展现了少数民族音乐的文化魅力，为发展布依族民歌起到强有力的推动作用，为发展本民族音乐提供新的灵感与方向的指导。

布依族民歌用本民族语言歌唱的同时在音乐中加入时代性的流行元素，通过各大社交媒体进行传播，短视频的精良制作，优秀歌手的动人歌声，音乐形式的新颖独特，会吸收更多的音乐爱好者。作为一名文艺传承工作者，应不断更新观念，立足乡土，永远保持一颗敬畏之心，努力传承与发展布依族音乐的花朵，让它枝繁叶茂，在舞台上绽放异彩，让布依族民歌能在新的环境中发展出新的适合城市化环境的传承模式，使布依族民歌继续传承下去。同时，在传统村寨中不定期举办传承活动，积极申请文化传承基地，也会带动当地的传统民族文化的发展。这虽然需要一个漫长的过程，但我愿意为之持续努力。我不做就少有人去做了，这是我的一份热爱和情怀，从事这份工作也让我很有成就感。

本人除了热爱传承布依族文化，还喜欢书法、下象棋、写诗填词。下面就念我作的几句词结束采访吧。

清平乐·留春寄语

倩春留住，
桃李曾言否？
迨荡暖风逐寒雾，
丽日蓝天处处。

山河万里风烟，
篱笆扎紧田园。
人世悲欢尽释，
晚霞珍重舒颜。

龙丁生参加布依族土歌传承人培训班

第一代：罗二奶（1836—1905年），女，布依族，花溪大坡村布依族歌师。

第二代：赵献兰（1859—1926年），男，布依族，花溪大坡村布依族歌师。其自幼受到母亲罗二奶的熏陶和影响，学习布依族土歌。

第三代：赵天德（1911—1986年），男，布依族，花溪大坡村布依族歌师。师从其父亲赵献兰，从小就喜欢本民族的传统歌曲。

第四代：赵焜（1929年11月—2015年1月），男，布依族。师从其父亲赵天德，深受父亲影响，立志将布依族土歌发扬光大。

第五代：龙丁生，男，布依族，1947年12月生。自幼就深受本布依族村寨左邻右舍节日喜事唱歌、对歌的直接影响和熏陶，师从赵焜。经过几十年的学习、实践、探索和创新，精通布依族语言，并自学布依族文字，谙熟布依文化，成为一名布依族土歌传承人。

王清兰

凡心所向，素履所往

传承人：王清兰

采访时间：2021年12月28日

采访地点：贵阳市贵安新区高峰镇

采访人：吴红燕、梅世素、何俊旺、杨红、丰兴康

文章整理、撰写：吴红燕、丰兴康

※ 人物小传

王清兰，省级非物质文化遗产代表性项目布依族马尾绣传承人，生于1954年12月，小学文化，现居住在贵州省贵阳市贵安新区高峰镇。王清兰自幼生活在高峰镇湾子头村湾子组，在母亲的影响下，七八岁便开始学习布依族马尾绣。在十一二岁时便能独立制作布依族“凉帽”[①]赠予自己的侄女。十七八岁时，在刺绣上小有成就，常被同龄人请教针线。其刺绣作品和服装构思巧妙，在寻常的绣花图案中，王清兰又融入自己的奇思妙想，赋予刺绣作品新兴活力。其布依族马尾绣刺绣实力，在贵州省不容小觑。

2012年，王清兰正式在高峰镇开店，设立自己的服装品牌，成功将自己对布依族马尾绣的满腔热爱转化为引以为荣的事业。

（一）

我出生在1954年，那个时候我爸爸已经不在了。那个年代是不允许守寡的，如果你家里的男人死了，那你就必须得再次嫁人。就这样，我妈怀着我嫁给了我的后父。他也是一个非常好的人，对我和我妈都很好。可惜他们因为年纪太大就没有再要孩子，我是家里最小的一个孩子。

我还有一个姐姐和哥哥，是妈妈和亲爸爸生的。哥哥是属猪的，现在应该76了。我和姐姐的关系最好，她大我20岁。我是被姐姐拉扯大的，她

① 凉帽：音译，布依族小朋友佩戴的帽子。

在我心里就和妈妈一样。每次她要去镇上赶场的时候，我都会哭着喊着追着去。就这样追着追着，到了我四五岁的时候，她嫁人了。当时我还小，并不知道结婚的意思，只知道她去别人家了。我只是想和她一起玩，可是她不能和我玩了。她结婚了，该有自己的事要忙了。

等到她生了第一个孩子，正在坐月子的时候，妈妈准备了好多鸡蛋去看她。我妈说我年纪小，让我不要去添乱。我很生气，大哭大闹，但我妈仍然不松口让我去。后来我就趁她不注意，把那些鸡蛋一个个都捶碎。妈妈看见就大骂："你这个挨千刀的，怎么这么调皮。"我就闷头儿不敢说话了。

后来到了1959年，那时我五岁。那时候吃的是大食堂，队上统一煮饭，到点了，大家就一起去队上的食堂打饭。大人就是四两米，我们小孩子就是二两米。

但那个时候大人们很辛苦，每天从早到晚都在队上做深耕，挣工分，四两米经常吃不饱。这也没有办法，队上分你多少，你就吃多少。有一次，我刚刚去领米回来，边走边甩。一个饭缸很小，二两米都装不完，一路上被我摇来摇去，米全部撒出来了。这下好了，老爹在我旁边说："你今天要遭饿了！"

那个时候真的很老火[①]啊，虽然我们吃得比其他地方好一点，依然是大米饭，而不是只夹着一点儿大米的苞谷饭，但每个人每顿都只能吃上一点儿饭，我们还会去挖蒗棘杉[②]来吃。现在很多人都不知道蒗棘杉是什么，它长大后像木棒一样，很硬。我们吃的是它的根，在山上挖来以后，把它的根切碎，又熬又煮，煮得黏糊糊了再吃。其实不要说是野菜野草了，哪怕是别人不小心掉在地上的苞谷，我们也会赶紧捡起来，拿回去吃。不像现在，可以随便吃大鱼大肉，活在这个时代的人真的很幸福了。

① 老火：贵州方言，很严重的意思。

② 蒗棘杉：音译，一种野菜。

时间慢慢过去，大家都熬过来了，我也到了该上学的年纪。因为我们家之前是地主，有地主阶级的成分在，所以就只能读到二年级。我虽然才短短读了两年书，但是好歹也认识了几个字。能够写出自己的名字，我已经觉得很幸运了。那个年代不像现在能够在学校里待一天，我们早早去学校读书，中午回来吃饭以后，就要马上去田里做农活儿。我虽然年纪小，但是掏猪菜、挑水，也是能做的。这样一天下来，只有晚上的时间才是属于自己的，即使我们是小朋友，也不能整天玩。在我妈教我针线之后，晚上的时间也基本都用在挑花上了。

后来该升学了，如果还想读三年级的话，就必须到其他学校去。学校的规模更大，老师更专业，要求也更严格。那个时候带我的老师心很好，她来劝我去读书，希望我继续把书读下去。我妈觉得每个星期都要老师帮忙作业，实在太麻烦老师了。毕竟这是我们自己的事，总是这样麻烦别人，让别人辛苦，这算什么呢？万一哪天老师也有自己的难处，又怎么办呢？就这样我妈婉拒了老师的善意，我的读书生涯也就到此为止了。

现在我68岁，迄今为止，我学挑花已经学了大概60年了。虽然如此，但是我从没觉得厌烦过。因为我非常热爱，这是我的爱好。

（二）

我妈是一个很善良、很温柔的人。她很为别人考虑，不愿意多麻烦别人，又爱干净，胆子也小。在那个年代，即使她天天忙农活儿，也把家里整理得井井有条，板凳也洗得干干净净。我老爹也好，是个很踏实、很憨厚的人。老爹还会做一点儿木工，板凳、木门、柜子，他都会做。有时候，他还会出去帮别人家做点儿木工活补贴家用。他们俩很少凶我，因为在我们家，小孩子很娇贵，毕竟人口太少了，哥哥姐姐们又都大了，不在家。我们家人少，劳动力也少，只有勤俭节约，家里的生活才不至于太难过。

那个时候我爷爷很有文化，奶奶老实持家，爸爸也很老实。他们每天勤快做活儿，慢慢积累下来，就得了一些家产。

（三）

我妈帮我拒绝老师之后，我就开始正式学绣马尾绣了。那个时候大家都在队上做活儿，大点儿的孩子都在绣花，我掏完猪草之后就没事做了，一天都在这里看看那里瞧瞧。后来被我妈看见了，她就骂我："你在那里抬着个头看什么呢？赶紧拿着东西来做啊！"我说："我不会。"妈妈就说："怎么不会呢？我拿个针拿个布，再拿个样子给你，你就在这里，先绣哪里，你自己安排。"就这样，我开始慢慢做了，但刚开始肯定是做不好的，东一针、西一针，容易做错，做错了晚上回去，妈妈一定会敲我头，然后又要重来，所以我必须认真。

其实还在上学的时候，妈妈就已经教过我怎么挑花了，我也只是晚上才挑。挑花简单，就像现在绣的十字绣一样。那时候我用的老布是没有孔的，不过针线的走法都差不多。我一挑起花，就没空到处去疯玩了，只能老老实实待在家里。不读书之后，学的挑花又精进一步，就没有之前挑的那么简单了。

那个时候，我吃过晚饭，天也黑了，大家都很无聊。小伙伴们来家里找我，她们就说："走啊，清兰，快悄悄拿起煤油灯，我们去楼上挑花去。"虽然我们有电灯，但都不敢开，大人知道了是要说浪费电的——那个时候电费贵。我们就只能悄悄点煤油灯，但用煤油灯也会被说。因为在大人的眼里，我们这么小的娃娃在一起，肯定是玩，糟蹋煤油。虽然大人们都是一样骂，但要是小伙伴们来我们家就不会被这么说。我们家人口少，姐姐又嫁出去了，家里冷冷清清的。爸妈喜欢小伙伴们来找我玩，这样家里会热闹一点儿。她们每次来找我的时候，我就会拿上煤油灯，悄悄上二楼去，我们在楼上边挑花边说话。煤油灯一直燃烧着，灯芯也燃完了：已经很晚了，我也不敢出来倒油，就在楼上坐了一夜。

那个时候我们没有什么玩具，挑花是我最喜欢做的事。我从挑花开始，学会了平绣、套针、盘针、对扣针绣……还能做一点儿小娃娃的口水兜、围片、包肚[①]。就这样我也从“挑花大军”里毕了业，因为我妈要开始教我裹马尾了。

裹马尾，其实就是马尾绣。把你想用的丝线缠到3至5根马尾上，用的马尾要多一点儿、粗一点儿；然后把裹好的马尾线勾勒成你想要的图案，一般都是花草、蜻蜓、喜鹊之类的；再用线给固定起来，这样你就得到了一个图案的框架，然后用五颜六色的线丰富你绣的图案。但并不是每个人都会马尾绣，也不是每个人都能学的，要家里条件好一点儿，时间充裕，才能学。我们家之前条件好，不用操心饮食，我奶奶会，就教给了我妈妈和姑妈们；妈妈学会了，又教给了姐姐和我。不过姐姐成家之后，就没有时间做了。我还小，又不上学，家务事都是爸爸去操心，时间就更多了，就学得很好。

马尾绣是我们布依族妇女日常生活中比较贵重的用品，出嫁时要当作嫁妆，有被套、枕头和嫁衣。有了孩子之后，要用马尾绣给孩子做鞋子、衣服和背扇等。现在因为马尾绣制作周期长，工艺考究精美，实用价值有了不少变化，被越来越多的人视为不可多得的民间工艺品。我们布依族马尾绣作品，图案造型多姿多彩、色彩丰富，还有民族特色的主色调，美学价值值得研究；它多用在背扇、荷包、枕套、衣服、鞋帽、围巾等生活物品上，实用价值也值得大家去发掘。后来，我们贵安新区布依族马尾绣慢慢地发展起来，在2019年被列入贵州省第五批省级非物质文化遗产代表性项目名录。这样便能完好传承下去了，我感到高兴和骄傲。

其实绣马尾绣不只需要时间，还需要很多东西，如布、绣线、马尾。布，要老布绣起来才顺手，自己用织布机织出来的布厚实。线，我用的都

---

① 包肚：小朋友的肚兜。

是蚕丝线。这种线很好，很柔顺，也有光泽。不像现在安顺这些地方卖的线，质量不好，还有毛边。我做服装都是托关系，让别人帮我在福建厂里买好线。好的马尾也不好得，看起来也要亮亮的，黑得有光泽；马尾也粗。瘦马的马尾就偏红棕，马尾也细，爱断。随便找是得不到的，别人觉得剪了马尾巴，马就长不大了，不壮了，不好看——有这个忌讳的，不过这都是后话了。

那时候我有幺婆（奶奶的意思），幺婆也很好，她出嫁的时候带了几百件衣服，都是马尾绣的，又贵重又精致。那个年代看家庭富裕，就是看新媳妇的衣服多不多。娘家富裕的，出嫁前会缝制百件衣服当嫁妆，这样结婚之后就不用操心有没有衣服穿了。12岁的时候，我才学会马尾绣。我做的第一个物件是管帽①。那时候小伙伴们都人手一个，一般都是蓝黑色，和苗族的差不多，但布依族必须要用马尾绣来做，别样的绣法和花纹比不上马尾绣，不好看也不协调。后来我还给姐姐的女儿做了绰机帽②和喜鹊帽。喜鹊帽，顾名思义，就是帽子后面像一个喜鹊尾巴一样。我拿去给大姐看的时候，她夸不错。大姐比我大很多岁，那个年代审美比较保守，但她觉得很不错，我很开心。

后来我就自己做布依族常穿的衣服了，要不然小伙伴们都穿出去玩，就我一个没有，会被笑的。但我没有布，就一直没做。直到有一天，我妈看见了说：“现在大家出去玩都有自己的裙子穿，你不挑花，穿什么？”我说：“我没有布。”我妈就带着我去讨布。有个老婆婆知道了，就招呼我上她家拿：“清兰没有布嘛，没有就来我家要，我家有！”这个婆婆心很好。她年轻时家里有很多纯手工织的老布，质量很好，颜色也正宗，现在很稀有。我用那些布做了衣裳和几条裤子。我很开心，因为能赶上小伙伴们了。除此之外，我绣马尾绣的时候没有马尾，也是寨子上的一个大姐给

① 管帽：音译，布依族女孩儿戴的帽子，上面绣有精美的马尾绣图案。

② 绰机帽：音译，布依族小孩儿戴的帽子。

我的。

在绣马尾绣的这条路上，总是有人在支持我、帮助我。这是我记忆很深刻的事情——没有大家的帮助，单凭我的满腔热爱，是走不到今天的。

（四）

在成长过程中，我备受宠爱，即使我不好好吃饭，也很少被打骂。我喜欢躺着吃，总是把剩下的半碗饭倒给我妈。虽然她总说："你这小孩儿，都要长成大姑娘了，还总剩饭。"但还是会把我剩的饭给吃掉。哥哥姐姐对我也关心照顾，但好在我并没有因而变得骄纵和不礼貌。在寨子里，看见长辈我也常打招呼。和老人走在一起的时候，我总会帮忙提一点儿东西。别人挑水，我也会去帮忙。

即使是现在，有人来找我请教马尾绣，托我帮她绣几个花样子，我也尽力去做，不会因为害怕别人学会，就藏着憋着。我不在意这些，也不害怕，更希望找我学东西的人越来越多，这样就能把布依族马尾绣传承下去，不至于断根。所以只要有人想学，我就教。

到十七八岁的时候，我在马尾绣上已经有自己的心得体会了。马尾绣也和读书一样，愿意做、愿意思考的人就能收获更多、更好。那时候大家坐在一起挑花，寨子里的小姐妹们时不时也会来请教我一些针法和花样子。在一起绣花的过程中，大家会暗自观察，发现你绣出来的花好看，就会来找你请教。虽然我还是神色自然地绣自己的花，但其实是很高兴的。这也算是一种变相的对我绣花技艺的肯定。我很乐意告诉她们我是怎么做的。

绣马尾绣是没有终点的，我们能学会一些针法和图案花样，但不能保证自己时时刻刻都能做到最好。想做好，就需要在绣的过程中不断思考：这样下针好像不好，那下次就要换另一种方法。这是一个不断思考和总结的过程，所以到现在我也只能说掌握马尾绣，不能一口保证我一定是做得最好的。

（五）

即使我这么热爱马尾绣，后来也不得不把手中的绣花针放下了。这一放，就是20余年。

1977年，我成家了，嫁给了父母介绍的高峰镇的一个小伙儿。我家老头儿年轻时候长得很帅，脾气也好。只是现在年纪大了，脾气越来越不好。那时候准备结婚，虽然我每天还是照常去做活儿，但不一样的是，晚上回来之后，我就一个人躲在房间里绣我的嫁妆，比如嫁衣、婚鞋、蚊帐、枕头、被罩等。

绣嫁妆不需要谁帮我，这个还需要人帮就太不好意思了，传出去是要被人笑的。那个时候我做的枕头不像现在的，我们有多宽的床就做一个多长的枕头，这样好睡。枕芯用的也不是棉花，装的是老糠，睡起来还有细碎的声音，非常好睡。只是可惜，我结婚过后就拿去烧掉了，现在都不流行了。那时候我光准备这些嫁妆就花了一两年，除了做农活儿，真的是一门心思都扑在这上面了。

结婚第二年，我就生了我的大儿子，叫王华；隔了三年，生了二女儿，又隔三年生下最小的儿子。就这样，在成家之后的很长一段时间，我再也没做马尾绣了。孩子们都太小了，年纪也差不多，一个接着一个长大，这个哭完那个哭。除了带孩子，我还要和孩子爸爸一起做活儿，忙得团团转。

为了生活，我做过很多事，卖菜、卖米、卖粽粑等，什么都干过。我印象最深的一次就是，过年那几天，一边要忙过年，一边要想办法给姑娘挣学费。她读高中，学校催得紧。那天下着大雨，我叫上大儿子和大儿媳妇一起去卖米。有几百斤，我们三个人都背不完，还叫了一个背篼，帮我背下楼。好不容易到了市场，雨太大了，街上又黑黢黢的，根本没有几个人出来买米。从早卖到晚，几百斤米加起来才卖了两百块钱。第二天我拿给她交学费，她说钱还不够。雨太大了，只要有人来买，就巴不得赶紧卖掉。那时候的日子过得真是太苦了。

等孩子们都长大了，读书的读书，打工的打工，我也有自己的时间，这才又开始挑花做背扇。按理说，背扇应该是娘家给准备的，但是那时候我妈的年纪太大了，眼睛早就看不清了，我就自己做了。这里没有我们布依族的马尾绣和背扇，我就想多做一点儿拿出去卖，也能给家里补贴家用。

做背扇是很耗时间的。那时候我什么也不干，天天做，加上机器配合，一个星期也只能赶出两张背扇。除了做这个，我还绣简单的围腰，小姐妹们也和我一起做；她们做好了，托我拿去卖。虽然赶集的地方远，带的东西多，不方便，但我也没有收她们的钱。日子不好过，大家都不容易。

到了赶集那天，天还不亮，我就让我家老头儿骑摩托车带我去马场那边卖。40块钱一张，要是卖得好的话，一早上就能卖光。不过有时候人多，会有小偷浑水摸鱼，趁我不注意就偷走背扇。当时我都没发现，还是回到家，对不上账，才反应过来的。我被偷过好几次，真的是又生气又伤心！那时的40块钱还是能买很多东西的，关键做背扇还是一件很耗时费力的事。

（六）

后来，儿女们慢慢长大，我也就不用这么操心了。有些时候，我姑娘还鼓励我做，不像她爸爸——她爸爸是不喜欢我做这些的。那时候我在家里绣马尾绣，寨子上的人都觉得新奇。我们围在一起绣花的时候，大家都想学，马尾绣就这样慢慢在村里面传开来。

到后来，我们家每天都有二三十个人来，我们聚在一起绣。这给我们家老头儿气坏了，说我一天招人得很。她们来得太早了，天天早上八九点钟我们起床把门打开，就有人来，直到晚上十一二点才散。老头儿虽然心里生气，但是家里有客人的时候都不说什么。等大家都回去了，他就开始唠叨。这我也没有办法啊，我总不能对大家说，我不想教了，你们回去吧。我是做不来这种事的。后来政府知道这些情况，就特地给我开了一个培训班，之后想学马尾绣的人都来培训班，我就在那儿教她们。

王清兰参加“省妇联科技致富二传手培训班”（最后一排右一）

有一次要去比赛了，但是我的参赛作品还没有绣好。因为白天我都在煮饭带孙子，一直没空。结果等到天都黑了，孙子睡了，我才有空。我就悄悄地去小房间，把手电筒架在头上，开着手电筒绣花。因为第二天就比赛了，我必须把我的作品交出来。但是我不敢开灯，被老头儿知道了肯定又要说：“让你去做活儿你不去，偏偏要去做这种开灯浪费电的事。”之前他还差点儿把我的那些东西拿去烧掉。虽然他不支持，但是我也没有怄气。这是我的爱好，是我这辈子都甩不开手的心血。生活里再烦恼的事，我只要一拿起针线来，就什么都忘记了。

后来我去比赛，得了一等奖回来，还有500块钱的奖金。我心里很高兴，但是也没有告诉其他人。我只是把证书仔细地包起来放好——能得到这个奖，我就已经很开心了，我的初心并不是特意去赢这个比赛。至于奖金，我拿去买了我的第一台缝纫机。这是我自己的爱好，我从不向家里伸手要钱。我把缝纫机抱回家的时候，他们都不认识，更不知道用来干什么。

接下来我参加比赛，在平坝得过5000元的奖金，还有一个我不记得名字的单位，给我发了3800元的奖金。我得的这些钱都被我用来买布、买机器了，家里人也从不过问。没有人支持倒不算什么，但是我开了服装店之后要去贵阳买布。那些布都很重，几百斤重，都是我自己一个人扛上扛下，转了几趟车才带回店里的。

我家老头儿开始转变态度，有点儿支持我了，就在我刚刚来到高峰镇开服装店的时候。应该是2012年左右，我五十几岁了，他的年纪也大了，不做什么活儿了，一天都在家里坐着，还会向我要钱，他也不敢不让我绣了。

其实开服装店是之前我不敢想的，我一直觉得绣花只是我的一个爱好，从来没想过还可以做成一个我的小事业。这还是因为县里面一个吴局长鼓励我，我才敢的。那时候我去县里面参加人大会议遇见他，他就说："王姨妈！我鼓励你当一个小老板嘞，比赛加油啊！"此时我心里真的很开心，感觉自己更有干劲了。就像小娃娃走路一样，刚刚开始不会走、不敢走，也是在大人的鼓励之下，才慢慢走起来的。刚开服装店就是这样，我就告诉自己，不怕！那做起来就走一步看一步吧！

除他之外，我还遇到了一个帮助我的人。之前我们寨子上有个媳妇，人好心也善，她在高峰镇上开店，我现在这个店就是她之前的老店。那时她刚刚嫁过来，还是个新媳妇，就在我家跟我学了绣花。她身体不太好，干不了什么重活，我就鼓励她去开个服装店，这样总比干农活儿强。我就说："放心去，要是有什么不会的，只管来问我就是了。"后来她的客人想做什么样子的衣服，她不会，拿来问我的时候，我马上就帮她做好了。之后她不做了，就给我说："叔娘，你来这里做吧，你接着开店做下去，房子都是现成的，不用你再去找了。"

王清兰曾获"万户小老板工程"支持户

高峰镇人大代表合影留念（第二排左数第四戴黑帽）

（七）

就这样，我来到高峰镇开了我的服装店——清兰马尾服装店。

其实我觉得这个名字取得不好，我们去开会，有个专家也是这么说的。我想改个好名字，让它更红红火火。我刚开店的时候，一分钱都没有向家里要过，就用自己的钱交了租金，两手空空就来了。我现在都还记得，当时的租金是两百块钱。我从家里出来的时候，家里都没人问我钱够不够。老头儿太抠了，巴不得我不找他要钱。来了之后我就一边开店，一边照顾孙女读书——我幺儿的姑娘，现在已经读初三了。那时候我没有钱给她报名，还向别人借了五块钱，后面做生意才还上。

开了服装店以后，来找我做衣服的客人，直接上店里来买就可以，非常方便。除了买来自己穿，还有很多政府和单位的人买来去比赛、去送人。有一个单位，要去外国比赛，从我这里买了很多衣服。也有很多外省的人来买，当礼物送给别人作纪念。我还在比赛的奖品上绣过花，光有字不好看，她们就特意来找我，托我帮她们在上面绣图案。

服装和刺绣都是急不来的，我只能尽力去做。那是2019年冬天的一个星期三，有点儿冷了。人都堆在店里，要这样，要那样。我个子又矮，被挡得头顶都看不见了，她们都笑我说，老板娘哪儿去了。那天来买衣服的人排队都排到了外面，一天下来卖了五六十套衣服，光毛账就有七八千块钱。我是真的开心啊，能把自己的爱好做成事业，再也没有人看不起我了。

我的这些作品，虽然看起来好像和普通布依族的服饰差不多，但是里面的花样子、配色、镶边都有我自己的心血，大家都说我挑的花好看。这是因为我善于观察和思考，有时候我看见一朵花，我的心里就开始画画，重新给它上色勾边，让它的样子落在服装上。

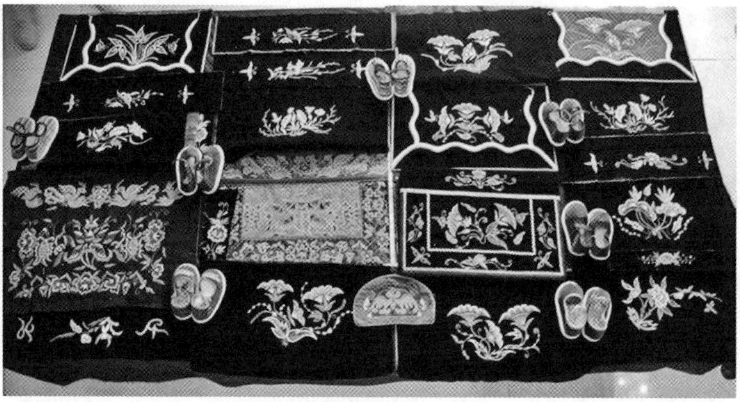

王清兰作品

除了设计花，我和我的老姐妹走在街上的时候，她们要是看到别人衣服上、背扇上有好看的花样，马上就喊我了："清兰，快看，那个人的衣服上有朵花好漂亮，你快去偷来。"她们不会绣，只有我知道是怎么走线的，所以就叫我去"偷"来。

我是真的去。要是那个花在人背后的话，我就悄悄走在那人后面，仔细观察。如果花是在胸口的话，我就走到前面去，转过头来，装作好像在等人的样子。其实我是在偷偷打量那个花样子。那人不知道，其实她的花样子，已经被我悄悄地"偷"过来了。从来都没有人发现过，就只有我的姐妹们躲在后面"咯咯"笑我。

未来我还想在男装上面有所创新，在围襟上绣一些竹子，荷包两边就不绣了，否则太花哨。我们布依族是离不开竹子的，就像苗族离不开蝴蝶。虽然我年纪大了，但是只要还看得清，还能绣花，我就一定会继续做下去的。希望未来有一天我能把我的这些想法都实现。

马尾绣传承至今已有400多年的历史，据寨老王石玉阿公口述，其传承方式如下：

第一、二代：朱氏，无法考证。

第三代：郭爱叶，女，布依族，生于1707年，自嫁进王家后就跟随朱氏学习布依族马尾绣技艺，自儿子成家后，就将马尾绣技艺传授给儿媳柏选春。

第四代：柏选春，女，布依族，生于1750年，自嫁进王家后就跟随婆婆郭爱叶学习布依族马尾绣技艺，自儿媳蒙贤秀嫁给儿子成家后，就将马尾绣技艺传授给儿媳蒙贤秀。

第五代：蒙贤秀，女，布依族，生于1809年，王清兰曾祖母，自嫁进王家后就跟随婆婆柏选春学习布依族马尾绣技艺，自儿媳罗家香嫁给儿子成家后，就将马尾绣技艺传授给儿媳罗家香。

第六代：罗家香，女，布依族，生于1858年，王清兰奶奶，自嫁进王家后就跟随婆婆蒙贤秀学习布依族马尾绣技艺，自儿媳刘善荣嫁给儿子成家后，就将马尾绣技艺传授给儿媳刘善荣。

第七代：刘善荣，女，布依族，生于1906年，王清兰生母，自嫁进王家后就跟随婆婆罗家香学习布依族马尾绣技艺，后将马尾绣技艺传授给女儿王清兰。

第八代：王清兰，女，布依族，生于1954年，自懂事起就跟随母亲刘善荣学习马尾绣技艺，如今已成为马尾绣传承人。

王兴贵

返本报始——我以苗音寄孝思

传承人：王兴贵

采访时间：2021年12月31日

采访地点：贵州省清镇市麦格乡龙滩村

采访人：张贵容、梅世素、吴红燕、丰兴康、姚海英

文章整理、撰写：张贵容、丰兴康

※ 人物小传

王兴贵，男，苗族，生于1944年，贵州省清镇市麦格乡龙滩村人，小学文化，《簪汪传》歌师，苗族祭鼓节省级非物质文化遗产项目代表性传承人。

王兴贵从年轻时听族中长辈唱《簪汪传》的时候，就对此怀有浓厚的兴趣。但他从小家境贫寒，迫于家庭经济压力，30岁才拜师王德安学唱古歌和祭祀礼数，45岁开始跟师父参加祭祀，57岁能独立担当“宝冒”①。2012年龙年的祭鼓节时，分别在木林村、龙滩村担当“宝冒”。王兴贵在学唱古歌时，其唱词均系单传，无文字记载，全靠记忆。虽然困难重重，但是他凭着对本民族文化的热爱，为把古歌唱诵延续下去，刻苦铭记，终于把古歌的唱词牢记在心。现在他是族中德高望重、深受尊敬的人。

（一）

我叫王兴贵，四印苗人，1944年出生。我的祖辈在很久以前，就带着族人迁徙到了清镇龙滩这里，追溯起来，可以说是“豹子会讲话，乌雀也会讲话”②的时代。我的祖辈都以务农为业，在此扎根并开枝散叶。我的爷爷、父亲都是老实人，一生在此，从未走出过这里，所以我是土生土长的龙滩人。

① 宝冒：祭祀活动主持，掌坛师。

② 豹子会讲话，乌雀也会讲话：形容时间久远。

我们家有四个兄弟，我是“老幺”[1]。在我出生不久后，我的父亲就生病去世了。我父亲去世的时候，我大哥十多岁，二哥三四岁，三哥才刚会走路，而我还在包“包片”[2]。父亲的去世对我们家影响很大，尤其是在生活上。我母亲靠做农活儿抚养我们兄弟四人，所以小时候我们家生活很拮据，经常都吃不饱饭。当时是真的很饿，但是也没办法，实在是拿不出吃的。有东西吃了，也只能勉强填饱肚子。可能是因为我小时候经常挨饿受冻，所以现在很精瘦矮小，记事也比较晚。现在的孩子两三岁就开始记事了，而我大概七八岁才开始记事，还总是记不全，所以我对我人生当中的一些重要时间节点也记不清，记忆比较模糊。

那时，我们寨子帮别人家放牛，晚上可以去主人家吃一顿饭；放一年牛，主人家会给一块布作为酬劳。农民种地收成不高，加上我们家孩子多劳力少，所以很难吃饱饭。我三哥去帮姑妈家放牛的时候，我也开始帮村里其他人家放牛了，不过因为我还是很瘦小，干农活儿不是很利索，所以只能继续帮别人家放牛。

土地下放后，日子慢慢好起来，我们家的生活也逐渐好转。不得不说，现在的生活真好，每个人都能吃饱穿暖，这些都是我小时候梦寐以求的，幸好现在大家都不用挨饿受冻了。

（二）

我大概12岁的时候，大队里说要“扫文盲”[3]，让我们这些娃娃都去读

---

① 老幺：家中最小的孩子。

② 包片：换尿布，指婴儿时期。

③ 扫文盲：1955年6月2日，国务院发布的《关于加强农民业余文化教育的指示》指出：农民业余文化教育，必须密切配合农村互助合作运动和生产的发展，积极有计划地扫除农村中的文盲，并逐步提高农民的文化水平。

书。我当时在高桥小学读书，班里有6个“男边”[①]，都是我们寨子上的。现在还有一个同学健在，他读书的时候比较调皮，在生活中也是一个“懒鬼”，不过他福气也算好的，几个娃娃都很争气，其中还有当老板的。我读书的时候算是比较听话的学生，老师说什么就是什么那种。但当时读到四年级时我都还不会算数，数数都数不到100。我们老师是从外地来的，老师说“明话”[②]，我们同学都说苗语，所以老师讲课我们几乎都听不懂，上课和老师没有互动；读了四年书，我也没学到“硬本事”[③]。不过当初读书多少让我识得些字，这对我的生活还是很有帮助的。

我读到四年级就辍学回家干农活儿。那时我大哥已经结婚了，我们家就剩下我母亲带着我二哥、三哥和我，家里日子也还是很难应付。我记得当时的猪无论大猪还是猪崽儿都是100元一头，我们家养不起猪。本来粮食也不多，还得背去交公粮，所以能吃饱就不错了，吃猪肉简直就是奢望。从学校辍学后，我也长大了些，能独自干农活儿挣工分了，平时就使劲干农活儿，想着能替我母亲多分担，她这辈子过得实在太苦了。

在干活儿期间，我偶尔听到族中长辈唱古歌，当时就觉得很好听。我想我是苗族后辈，也是可以学的。希望有一天我也能唱古歌，可惜当时家里条件实在太差，还不能让我放宽心去学古歌，干活儿填饱肚子才是当务之急。

我读过一点儿书，后来就在我们大队里当了几年的生产队长，主要就是给大家记工分，带领大家干活儿，分配具体的工作，预算生产队每年要种多少苞谷和谷子等。我当队长的时候是没有工资的，带领大家参加劳动，和大家一样记工分。如果去参加政府召开的会议，就按耽误的工期记工分；到地里去察看庄稼长势，也按出工劳动记工分。年终也和大家一样，按工分参加生产队的粮食和现金分配。虽然在当时我也算有个一官半

① 男边：男生。

② 明话：普通话。

③ 硬本事：真知识。

职，但是实际上也不比大家好到哪里去。

（三）

22岁那年，我成家了。那时结婚需要男女双方“大队”[①]都出单身证明，因为我是我们生产队的队长，所以我的单身证明就是我自己写的，我觉得这还挺有意义的。我妻子叫杨芳芬，是通过家里长辈介绍认识的，她是隔壁村的，大字不识。我们在生活中相处得挺好的，不过总有小吵小闹的时候，毕竟牙齿和舌头也总会打架嘛，何况我们是两口子。我们都比较要强，总是吵吵闹闹的，但是我们不像现在，一吵架就离婚，那时一结婚就是过一辈子。生活嘛，没有争吵也就不热闹了。可惜，我妻子前几年去世了，孩子们也长大各自成家了，连和我吵嘴的人都没有了。家里太冷清，现在我一个人跟着大女儿和大女婿住。

我和我妻子结婚后，生了六个女儿，孩子多，我们负担也重。为了一家人的生计，我每天早上天没亮，就得起床去割两三挑牛草，不论寒暑，天天如此。等吃完早饭，我和我妻子把大一点儿的孩子安顿好，都要去地里干活儿，去迟了会被扣工分。我和我老婆去地里得背着娃娃干活儿，挑粪也得背着娃娃挑，这是那时候农村家庭的常态了。等孩子大一点儿，就让大一点儿的娃在家“引”[②]妹妹们，但是最小的娃孩子们也看不了，我们只能背着去干活儿。那时候我们家一年喂两头猪，我和我妻子既得干农活儿、引孩子，又得喂猪。不过虽然生活很忙碌，但是日子有盼头，就没有觉得有多累。

我三四十岁的时候，除了干农活儿，还不间断地在麦格乡的煤矿里挖煤补贴家用。公司组织我们去挖，挖一吨四块钱，我们只负责挖，挖出来

---

① 大队：生产队，是中国社会主义农业经济中的一种形式，具体存在时间为1958—1984年，具备农村经济组织，政治组织与社会组织的性质与功能。

② 引：照看。

后，公司统一雇车拉去卖。我一个人一天最多能挖到一吨，一天下来也有几块钱的收入。但是也不是天天去挖煤，在煤炭多的时候去，没有煤炭的时候，就在家干农活儿。

（四）

我正式拜师学习唱古歌的时候，大概四十岁。我一直以来记性就比较差，只记得那时候我家三女儿已经出生了。我的师父叫王德安，是龙滩村的，和我父亲同辈，我的娃娃们都喊他“公”①，我也就随娃娃们喊他“公”。我跟随师父学古歌时，师父已经六十多岁了，在我前面有六七个人跟我师父学习过，我是最后一个去跟师父学的人，所以算是我师父的关门弟子，师父叫我“幺”。

在我们这里，拜师需要给师父“打酒”②以表诚心。我拜师的时候也打了酒，提了一刀肉去师父家拜师。之后，我就天天晚上去跟师父学习唱古歌。在师父家学唱歌的日子，我记忆比较深刻。那时候政策上还不允许唱古歌，所以我只能晚上去师父家悄悄学。我每天早上天不亮，就上山割草喂牛，山上几乎什么都看不见，只能凭手感摸着草割。白天抓紧干农活儿或者挖矿，想着争取早点儿干完活，晚上早点儿去师父家学唱古歌。从我家去我师父家需要走一段山路，我每天晚上都拿着老式手电筒去，师父一看见手电筒的闪光，就知道是我来了。师父知道我白天很忙，担心我没有时间吃饭，每次都会先关心我有没有吃饭，没吃饭就会先让我在他家吃了饭才开始学歌。

那时，我们寨子里家家户户都点煤油灯。在师父家，我和师父两个人坐着，就着煤油灯，师父唱一句，我就学一句。学完师父还要考验我，让我唱一遍，看我是真会还是假会。师父对我的要求很严格。他总是对

① 公：爷爷。

② 打酒：买酒。

我说："你要是学不好，将来到别人家去唱，唱不对，别人会'直'你的'白'[①]，会问你的师父是哪个，所以我要逼你唱好了才行。"其实，我觉得古歌不难学，"解释得破"[②]就好学，解释不破就不好学。师父每次教我前，会先给我讲这句唱词具体要表达的意思，我明白后就学得很快。师父反复跟我强调不能弄错，否则会给主人家带来灾祸。尤其是在主持祭祀仪式的时候，唱词可以根据各种不同情况灵活改变。但曲调和唱词，基本上要遵循他所教的，不能随意变动。

古歌比较长，一般都要过了农忙季节，才能跟着师父学唱。我晚上跟师父学的时候，是不用变"声音"[③]唱的。歌师唱古歌需要变声音唱，所以前一天晚上跟师父学了新的古歌，我第二天白天在山上干活儿，就会偶尔悄悄变声音唱。师父会时不时地检验我是不是背熟了教过的古歌——我必须要背熟了，才能够学下一段。这样的小考试，每半年师父会给我安排考两三次。

古歌和白事[④]我都在学。如果寨子里有白事的话，师父就会带我一起去，我在旁边学，也帮师父打打下手。帮主人家做白事，主人家都会给一些粮食或者其他报酬。师父知道我们家困难，有时也会分我一些。跟着师父参与的白事多了，过了几年，我也能熟练地做白事了，我亲外婆的葬礼就是我来主持的。

我师父对我很好，也很喜欢我，师父说我声音好，很适合学这个，希望我把本领学好。那时候我们寨子里唱得好的歌师已经很少了，师父年纪也越来越大，之前跟师父学的几个徒弟也不是很精通。师父看见我学得很认真，也看好我，对我很有耐心。其实，我师父年轻的时候脾气很

① 直……白：指责、为难。

② 解释得破：懂得表达的具体意思。

③ 声音：声调。

④ 白事：祭祀活动。

"抖"[①]，但是我跟师父学了好几年，他从来没有骂过我。我很感激我的师父。我师父喜欢喝酒，我经常给他打酒，那时候的苞谷酒是两块钱一斤，但只要师父喝完，我就会给他带过去。师父年纪大了，砍柴不利索，我有时也会砍好柴给他背去。

我跟师父学古歌、学"打嘎"，有十多年。有一天，师父突然对我说："幺，我也老了，现在把"法力"传给你吧。"就这样，我算完全出师了。我师父活到84岁，现在已经去世七八年了，他和我大哥一年去世的。我记得我师父去世那天，我还在地里干活儿。邻居喊我，跟我说我师父不行了，我就马上跑回到家里，拿上全部东西就赶去了师父家。我师父的葬礼是我主持的，我是"宝冒"——这是我们这行师徒之间约定俗成的规矩。我承袭了师父的本事，我必须送他最后一程。就像我以后也会把我的本事、工具传授给我的徒弟王正清他们，我的葬礼也肯定是由他们来主持的。

（五）

我们四印苗人最为隆重的庆典，是12年一次的"祭鼓节"。四印苗本是黄河族，相传我们的祖先簪汪王在京城战败后，带领九男二女及其部族撤离，一路转战退到南方。首先来到簪汪王的出生地"格舍让得孟"[②]，正准备驻下，追兵忽然赶到，簪汪王只得带领家人和部族跨黄河，渡长江，来到一个叫"肯咪"[③]的地方。这年正好是龙年，簪汪王就让族人、军队安营扎寨住宿下来，立起鼓架，摆放好鼓，跳鼓两天。第三天，追兵又追到，簪汪王只能带领军队展开一场大战，结果又战败，死了三名大将。簪

① 抖：脾气暴躁。

② 格舍让得孟：苗语地名。

③ 肯咪：苗语地名。

汪王不得已，只好带领人和部族一路长途跋涉来到“德舍呀呕德”[1]，这里正好有个水塘，士兵一路疲劳，正准备在这里休息洗澡。追兵又一次追来，双方又是一场大战，这次簪汪王的军队死伤更为惨重，最后只得带领家眷及部族再次逃亡。一路辗转，经过麻江、黄平、龙里、贵阳，来到“三角三”的地方。这一次追兵没有找到，簪汪王的弟兄就对他说，我们已经伤亡惨重，大家也已经走不动，就各自带着自己的家眷和兵马在这里分开。簪汪王听后，很难过，但还是答应了兄弟们，只是说：“鼓，你们不能拿走，必须跟着我。”就这样，簪汪王带着家人和剩下的兵马来到麦格定居下来。我们四印苗祖先在麦格定居后，在这里开荒耕地，生育繁衍。岁月如梭，首位到当地定居的老人去世，其下的弟兄及子孙为“老祖公”隆重操办丧事。鼓象征着我们四印苗祖先簪汪王，击鼓打牛祭奠贯穿整个活动。

按照我们祖先来此开支的支系划分，“祭鼓节”是我们这里各个寨子轮流举办，有的虎年举办，有的鸡年举办。就拿我们龙滩寨的四印苗族王氏后代来说，我们龙滩寨每逢龙年“龙月”[2]都要举办“祭鼓节”。我们祖上的长兄迁来龙滩定居后，生育了六个儿子。时间飞逝，首位来龙滩定居的“老祖公”于龙年去世，六房弟兄及子孙为“老祖公”隆重操办丧事。从此以后，凡到龙年，各房都必须集中在一起举行同样的祭祀活动，即祭祀期间各房都要献上牛一头，用于对祖上的供奉，时间从当年农历十月前半月，以属龙之日为主祭日，一连击鼓三天，一直到打牛祭祀结束。

2012年，我作为“宝冒”主持了我们龙滩寨的“祭鼓节”。这是我自学成以来参与的规模最大的祭祀活动，也是我第一次主持这种大型的祭祀活动。祭鼓流程分接鼓、迎客、跳场、送鼓四个阶段。

整个活动从开始到结束，历时五天。第一天，虎日接鼓，全族人到藏

① 德舍呀呕德：苗语地名。

② 龙月：农历十月。

祭鼓节现场

鼓的庙里将鼓请来。经过是：由“背鸠”[①]请掌坛师、歌师、芦笙师以及寨上十多名抬鼓手，一同去庙上，在掌坛师的指导下，把鼓从架上取下之后，抬鼓手抬着鼓，再由“间鸠”[②]击鼓三响，鼓声顿时响彻四方，让全寨人都知道，祭鼓节开始了。接着“宝冒”“吴绕”[③]“葛盖”[④]等按先后顺序，围着鼓从左至右转三圈，边转边唱边跳边吹芦笙。鼓抬出庙后，直接放在鼓东家，摆放好之后，要一直敲击，使鼓声不断，人息鼓不息，一直要敲打到打牛祭祀完毕，方能停止。

第二天，兔日迎客唱诵。大家一大清早就开始宰杀猪，在12年当中，凡有老人过世的家族，都要宰杀一头猪来参与祭祀；回娘家参加祭祀，姑娘、女婿都要身着盛装，还要牵一只羊或一只鸡回家参与祭祀活动。到了晚上，各家分别有掌坛师唱诵做法，在做法中掌坛师所唱诵的古歌，主要讲述了簪汪王带领我们四印苗族人征战迁移的故事。

---

① 背鸠：鼓东。
② 间鸠：击鼓手。
③ 吴绕：歌师。
④ 葛盖：芦笙师。

以酒祭祖

第三天，龙日跳场唱诵。跳场前在鼓场正中央支撑鼓架，中午十二时，抬鼓手将鼓从鼓东家抬到鼓场，安放在鼓架上。鼓象征本族祖先的灵魂，所以要加以装饰，视为簪汪王。接着间鸠庄重地走到鼓前，开始击鼓，以“咚、咚、咚——咚——咚”为号。全族男女老幼听到鼓声，依长次顺序，先后进入鼓场，周边19个四印苗村寨的上千族人都会盛装前来参加。按古规，鼓场设在收割后的稻田里，女子是不能参跳的，主要由寨上姑爷装扮成古代兵士，他们和芦笙手一起，在“宝冒”“吴绕”“葛盖”的带领下，分两层向相反的方向绕场舞蹈9大圈。“兵士”的着装最为亮眼——男子头戴斗笠，手持长“剑”，下身穿着与女性相同的白底蓝花的蜡染裙子，背上还背了老人的故衣。跳场快结束时，家族中的妇女点燃钱纸，寄托哀思。晚上，各家分别由掌坛师唱诵做法。

第四天，蛇日宰牛送鼓。凌晨寅时，由我将打嘎用的牛斧、牛刀、牛绳、木板等物摆放在地上，对无名的先辈进行交代，每交代一项打一次卦，同时在木板上画一下，提示先辈注意：嘎牛已交你们，要认准，木板上画的就是记号，千万不能让别的人夺走。打牛准备就绪后，我提一个火炭圪蔸，在原来位置选择当年属相吉利的方向，向前走七七四十九步站定，用苗语高声诵念：“构掌该，补掌菊，构郎咂斋，补身小扎东。”[①]接着将火炭圪蔸往空抛去，作为行动信号，各位持牛斧的人，将斧猛击牛头脑盖骨三斧，牛即倒地。这时鼓声停下，芦笙吹奏也随着止息。

第五日，马日鼓东招待。由鼓东请抬鼓手将鼓抬回庙，存放到原来的位置，并招待鼓手，就这样，祭鼓活动宣告结束。

作为“祭鼓节”的“宝冒”，我需要穿戴我们四印苗的服装。到了晚上，我通过唱古歌，把“老祖公”们接来。祭祀时，再用牛角装上半角的甜酒，用竹卦挑出甜酒洒于地上，为我们四印苗的“老祖公”及先人亡灵们引路。有时还会请他们坐下来，和我们子孙在火盆旁聊聊天。我在“祭鼓节”时，唱古歌请“老祖公”们回来，这些都是我师父教我的；唱错了不行，“老祖公”们听不懂，也就请不来了。我跟师父学的古歌主要在祭祀的时候唱。一首古歌很长，一场祭祀活动要唱四首，一首就是一两个小时，我们四印苗没有文字，歌词自然没有文字记载，全记在我们的心里。学习古歌需要一个人有定性，只有长时间坚持，才能学会。

（六）

现在回想我当初跟我师父学习古歌，其实是有很多原因的。首先是觉得古歌好听。寨子里会唱这个的老歌师都快没有了，大部分年长的歌师都已经去世，也没有多少年轻人愿意去学。如果我们四印苗的后代真的没有人去学这个了，“老祖公”们不会原谅我们。寨子里有人去世，没有人会这个，没有人送他们一程，寨子里的后辈们也会受到惩罚，生活会不顺利，养的家禽也很难存活。所以，后辈需要去学习。而我，本来就很喜欢古歌，因为年轻的时候家庭生活负担重，没时间去学，不过还好最后我去学还完全出师了，这也算是完成了我的梦想。其次，就是我的哥哥们

① 构掌该，补掌菊，构郎咂斋，补身小扎东：苗语，意为老祖公们，请在此接牛。

对我的影响。我大哥也会唱古歌，能独立做法事，但是他没有我熟悉。三哥也会唱一点儿，但也不是很精。大哥、三哥都会唱古歌，这也促使我去跟师傅学唱古歌。再次，就是为了生活，觉得可以多一个本领，还可以给自己挣杯酒钱，给家里添包盐巴钱。就像现在，我去做白事，主人家都会给一点儿辛苦钱。以前生活拮据的时候，是给粮食或者布匹，不过现在大家的生活都好起来了，就会直接给一点儿钱。做我们这行，收钱首先考虑的是和主人家关系的亲疏远近，其次就是路程远近。关系亲一点儿的会收200元或者300元。如果路程近一点儿，就在我们寨子里的话，就收500元一次。也有人收八九百的，但是这些都是合理的。如果是去做“宝冒”打嘎，因为要“定牛”[①]，所以主人家除了给钱，还会给一只牛后腿。

（七）

我现在年纪大了，腿脚也不太方便，年轻的时候干的重活多，膝盖也落下了病根，主持祭祀活动时，跪久了，站起来就比较困难。但我现在还是持续在做，没空的时候就交给我徒弟他们去做——不过我现在77岁了，可能也做不了多久了。我收了三个徒弟，分别是王正清、郭种强和王正科。

王正清是我三哥的孩子，也就是我的亲侄子。他小时候就喜欢听我给他“摆古”[②]，讲我们祖先簪汪王的故事。他很聪明好学，前几年买了个录音机，我晚上唱一段古歌需要一两个小时，他就会把歌录下来，拿回家去边听边学，两三天他就学会了一段。2016年，我正式收他为徒弟。本来就是自家人，即使作为师父，我也不会接受他任何财礼。只要他愿意学，我就很开心了。他已经跟我学了五六年了，学得还不错，现在也可以独立主持了。不过在“定牛”的时候会叫我去帮忙，因为“定牛”是很重要的；

① 定牛：祭鼓节活动中非常重要的流程，通过唱古歌让牛“定住”不动。

② 摆古：讲述历史。

祭鼓节及《簪汪传》的代代相传，才能不忘祖先，不忘历史

要是“定牛”定不好，会对主人家不利的。

郭众强是木林寨的，他跟我学得也很不错。他是我妻子的姨侄，现在学成了，除了当歌师，也当过“宝冒”，我很放心他。

王正科的声音底子是很好的，但是他出去打工了，觉得在家不能赚钱嘛，也不可能在家专门学唱古歌，所以只有过年回来才学一下；还没有学完，我是非常希望他能学完的，趁我现在还在。我现在已经不收徒弟了，我的年纪也大了，现在带新徒弟，也来不及学完了。

我觉得他们三个都很不错，本事也学得可以，要是再好好锻炼几年，肯定会比我唱得好。时代在进步，年轻人有了更多的谋生出路，都不太愿意去学唱古歌了。所以我常常对他们说，他们要是不好好学，等我们这辈人走了，就没人会唱了！

现在我与家人、朋友平时还是用苗语交流，但是到我的孙辈就不一样了。娃娃们出去读书需要熟悉外面的世界，他们说的就是“明话”，寨子里更小的孩子有的甚至不会讲苗语。看到这些，我还是有一点儿痛心的。

“参天之木，必有其根；怀山之水，必有其源。”我们作为四印苗人，不能忘记我们的祖先，不能忘记我们的历史。我希望我们的子孙，都能明白这一点，希望我们的子孙能继续将我们四印苗人的历史续唱下去。

传承谱系

第一代：“篙舍哇”（苗语名），男，四印苗，1875年出生，文盲，家住茶山，王和清的师傅，已经过世。

第二代：王和清，男，四印苗，1886年出生，文盲，家住麦格苗族布依族乡龙滩村，在家务农，30岁跟师父“篙舍哇”学唱古歌，学习6年后能独立担当“宝冒”，已经过世。

第三代：王德安，男，四印苗，1920年出生，文盲，家住麦格苗族布依族乡龙滩村，35岁起跟师傅王和清学唱古歌，学习8年后能独立担当“宝冒”。已经过世。

第四代：王兴贵，男，四印苗，1944年出生，小学文化，家住麦格苗族布依族乡龙滩村，1984年拜龙滩村的王德安为师父开始学习唱诵古歌，45岁跟师父参加打嘎。在2012年龙年的祭鼓节，担当背鸠（即鼓东）。

第五代：王正有，男，四印苗，1976年生，初中文化，在家务农，2012年4月开始跟师父王兴贵学唱古歌，是王兴贵的两个徒弟里悟性高的一个，也比较勤奋，现初步掌握古歌里的两段唱词和简单的法事。

刘廷荣

古歌传承——责于心而一往无前

传承人：刘廷荣

采访时间：2022年3月1日；3月17日

采访地点：贵州省贵阳市花溪区燕楼镇嘎多村

采访人：温淑琪

文章整理、撰写：温淑琪

※ 人物小传

刘廷荣，男，苗族，1959年6月9日出生，贵阳市花溪区燕楼乡嘎多村人，初中文化，米花古歌的第三代传人。

1976年，刘廷荣报名参了军，于1981年复员回家，此时他的父亲刘朝文已经年迈，身体状况不佳。刘廷荣的父亲是当地受人尊敬的“我弄”（歌师，在丧葬场合唱诵米花古歌），只要有老人过世，寨里寨外的人们都要请他和唐明华两人去唱米花古歌。1983年，刘廷荣的父亲卧病在床，无法为过世老人唱米花古歌，刘廷荣下定决心向父亲和唐明华学唱米花古歌，以接替父亲。一次偶然的机会，家住马铃乡的袁少芳听闻刘廷荣和几个年轻人正在学习米花古歌，便去嘎多村教他们；刘廷荣拜袁少芳为师。刘廷荣有较好的唱歌天赋，跟随袁少芳学习了两三年后，就能独立为过世老人唱诵米花古歌，一唱一整夜，一直唱到天亮老人出殡。附近花苗聚居寨子死了人，常常请刘廷荣去唱。

目前，刘廷荣能熟练唱诵米花古歌30余段，唱完需要12个小时左右。自2018年9月以来，刘廷荣积极参与米花古歌的翻译工作，已经翻译《嘎阿登缪制人烟》等6首米花古歌，共1200余行。

一、光脚孩子努力跑

我叫刘廷荣，男，苗族，1959年6月9日出生在贵阳市花溪区燕楼乡嘎多村。我的父亲是歌师，会唱米花古歌，我是因为我父亲才开始学唱米花古歌的。我母亲现还健在，跟我弟弟一起生活，我们兄弟姐妹经常一起去看望她老人家。我排行老二，上面有一个姐姐，下面有两个弟弟、四个妹妹。我1976年去当兵的时候，我最小的妹妹还是个抱在怀里的小娃儿。从记事起，我就一直生活在嘎多村，据说很早之前老祖宗是从江西那边迁徙过来的。我们村苗族人口较多，民俗活动也比较多，像正月有正月场，二月有跳场，六月六、七月场都有相应的民俗活动。我们当地现在都还说苗语，但像我家孙子，现在在读幼儿园，因为平时父母、老师都教的是普通话，所以他只能听懂苗语，不会讲苗语。

小时候，我家人口多，那个年代经济也不好，放学回家之后，大人出去干活儿没回来，我们就需要帮家里做一些活路。要么照看弟妹，要么就去看牛或者砍柴。我读小学三四年级的时候，每天早上起来天还没亮，就得和父亲快走近半小时的路程，去小高坡那边的山上砍柴；等砍好一捆柴回家后，才能去读书。下午放学回家后，还要去割草喂牛喂猪。刚开始我学习成绩一般，后来才慢慢好起来。因为我们家里面条件不好，自己就发奋读书。上课之前，老师会在班上表扬学得不错的学生，我也经常受到表扬。到初中后，我们一个班有将近30个学生，有时候我能排到第一、第二名，几乎每个学期都是三好学生。不过我的语文成绩要弱一点儿——我们也学语文、数学、历史、地理等课程，每晚回家帮家里干完活我就会做作业，还是蛮用功的。

还记得读初中的时候我去田里面割秧青，拿回来做肥料，大人、小孩儿都去，因为这样可以挣工分。那时候的生活条件很艰苦，家里经常都是喝点儿稀饭，经常吃不饱，而且干得重活多了，胃口又比较好，只能说多少吃点儿。我读初中的时候，成绩不错，老师和校长都挺喜欢我；我初三被选中去当兵，他们都很支持我，也给了我一些帮助。

二、与车结缘40年

1976年，国家有参军的政策，我就报名去当兵。当时加上我我们村有两个人去报名，我俩一起去花溪体检，最后只有我一个人被选上了。到12月份，我初三快毕业的时候就接到了通知。

我是1976年12月出发去部队的。通知下来，快出发的时候，我们村开了个大会，村主任在会上告诉大家我要去当兵的事情，还准备了一匹马送我去燕楼。当时的场景我都还记得：我骑着马去燕楼，全寨子的人都来送我；骑马到燕楼1个多小时，各村的预备兵到燕楼乡集合之后，乡长、书记开了动员会，结束后又开车送我们到花溪。当时我家里人陪我一起去花溪，在花溪待了两三天之后，我们就坐火车去云南了。一起出发的还有一些知青，我们贵阳过去的人还是蛮多的。

我们是第一批到部队的——部队在云南曲靖。刚去新兵连，就是熟悉环境。等到各个省的人到齐之后，就开始分班。我被分在15班。当时我还未满18岁，个子又是最矮的，站队都排在部队的最后面。等到开始进行紧急集合、拉练等训练时，我因为在最后面，经常都是小跑才赶得上队伍。在新兵连训练了3个月，我被分配到汽车连。刚开始，其实我们都不知道自己会被分配到哪里，作为士兵都是听从指挥，服从安排。只记得被分配到其他连队的都是走路去连队，而我们等来了一辆大车。我当时还想我肯定去得远，所有才派了车子接我们。我还跟其他战友说，我肯定去得远，等到了地方要保持联系。谁知道上车才坐一小哈哈（一会儿）就到了。到了汽车连安顿好之后，询问了一些老兵我才知道自己被分配到汽车连了；后面看到了“热烈欢迎新战友——汽车连”的横幅，才确定这个事情。

刚到汽车连，我们每天就是学习（读报）、劳动（养猪场干活），熟悉了之后才开始分配工作。别人都被分配了具体工作之后，我的岗位还没有确定下来。因为我年纪和个子都小，我们连长也很喜欢我，就想让我去做文书工作。我也调皮，说我想学开车，不想做文书。连长跟我说可以先做文书工作，第二年再学开车。我问连长文书工作具体是干什么，连长解释主要是收发报纸、接待等服务工作。我一听就不愿意，脾气有点儿犟，我说既然把我分配到汽车连，我还是想学开车这种技术活。连长见我如此执着，也尊重了我的选择。我后面才被派到教导队学开车。

1977年，我在部队上考取了汽车驾驶执照。我们一个部队有四个团，所有学车的新兵都要来我们汽车连教导队。我们教导队有十来辆车子，所有的学员集中以后就分班，十来个人一个班，一个班一辆车子开始练车。当时考试还是比较难的，不过我们汽车连的学车要方便一些。

1979年，我在部队的时候正好遇到对越自卫反击战。我们部队属于空军，虽然没有上战场直接参加战争，但是我们要负责运输弹药等军需用品，每天的工作都很紧张。

刘廷荣当兵期间与战友合照（右为刘廷荣）

在部队上的时候，我就靠写信和家里面联系。不过，我父亲1980年来部队看过我。对越自卫反击战开始后，我家里人很担心我，虽然我跟他们解释我们部队属于空军，没有上战场，但是我父亲还是不太放心。后面他瞒着我和一个老乡（他家也有人在修理所当兵）一起坐火车过来，等部队通知我我才知道。当时我在嵩明县，离部队有100多公里，听到父亲都到部队了，我赶紧请假赶到了部队。跟父亲相见的时候，我们都很激动，毕竟有3年多没见了。我父亲来的时候，正好是正月间，他老人家还在部队上过的春节。待了五六天，他才回了贵阳。

1979年3月自卫反击战结束后，我跟连长提起了我想复员回家的事情，连长刚开始不同意。后来上面有政策，每个地方有复员的名额，最后还是选到了我。1982年我才复员回了家。

当时国家有政策，从哪儿来退伍就要回哪儿，我们从农村来的还是得回到农村。退伍回来后，我去找了区政府咨询工作的事情，区政府说现在退伍的年轻人太多了，安排不到工作。没办法，我就自己去找工作。刚开始，我在嘎多小学当代课老师，当了一年左右。1983年我们村买了一辆货车，主要是拉煤、收公粮，就叫我去开车。当时开车的收入还是蛮高的，因为会开车的人不多。在村里面开了两三年后，我就去花溪私人老板那里开货车。开了一年多，遇到贵阳市花溪区风云旅游服务部准备开通贵阳到花溪的路线，需要去花溪那边把买的中巴车开回来，就找到我当时的老板，老板就推荐让我去开回来。后面我就到风云旅游服务部去开贵阳到花溪的中巴车。当时还没有设置公交车站，都是随喊随停，只有两个停车点，一个是大十字，另外一个是河滨公园。我最开始跑从花溪往返贵阳的中巴，一天要跑四五趟。坐中巴车的人不多，票价也不贵。河滨公园有一

荣誉证书

刘廷荣 老兵：

您好！作为花溪区退役军人志愿者，您在新型冠状病毒肺炎疫情防控工作期间积极参与、迎难而上、不惧险阻、无畏冲锋，筑起了坚不可摧的疫情防线。您用实际行动践行了“若有战、召必回”的誓言，为保障辖区群众身体健康和生命安全作出了贡献。

特颁此证，以致感谢。

花溪区退役军人事务局

2020年5月

刘廷荣被授予荣誉证书

个电影院，我们就在电影院门口等人，人坐差不多后，就可以出发了。后面我又跑过从花溪到坎坝的中巴车。跑了很多年，又去跑从贵阳到织金的大巴车。因为路途太远太辛苦，没多久我又回贵阳跑花溪到坎坝的中巴车。后面我又开过小车和大货车，直到2016年因为年纪大了，才没有开车了。

在2016年，我们汽车修理所组织了一次战友见面会。贵阳就我和另外两个老乡过去。大家变化太大了，连长都认不出我来了，谁能想到都过去40年了呢。这40年，我除了开车，坚持最久的一件事就是唱米花古歌了。

三、古歌学习与传承

米花古歌主要是在我们花苗丧葬时唱诵，一共30多段。唱诵的时候可灵活选择唱段。一般都是在晚上开始唱。在我们花苗，葬礼上是必须要唱米花古歌的。我们花溪好多地方都有人在唱，像燕楼镇、坝楼、石板、青岩镇等，还有和我们花溪接壤的周边地区，像乌当区、安顺、平坝、惠水、贵安新区党武镇、马场镇、湖潮乡等。不过我们燕楼镇比较多，像我们嘎多村、旧盆村等村寨有人去世的时候基本都要唱。在我们当地，现在这个习俗都还保存得很好——遇到有人去世，都还会来请歌师去唱米花古歌。这是以前传下来的，大家已经改不掉了。

米花古歌有盘古开天辟地、嘎阿登缪制人烟的神话故事，苗族远古英雄杨鲁（亚鲁王）断案的故事，也有古代历史人物杨家将等民间流传的各种人物故事。米花古歌内容丰富，像在《嘎阿登缪制人烟》一诗中，面对洪水滔天、人类即将灭绝，嘎登、阿缪在太白金星的指引下，使人世间有了烟火；如《博德郎故事世代传》故事中，博德郎如何对木头打孔，进行榫接，改变了自古以来的房屋建造方式。

米花古歌唱诵时分为大调子和小调子两种。大调子演唱的内容古老和庄重，第一首是唱芦笙，接着是鼓……逐次从古到今，各种大事都唱。小调子则是演唱青年男女恋爱玩耍的内容。

米花古歌用苗语唱，能听懂的当地人，有时候听到比较感人的内容，都会哭起来。唱诵米花古歌需要多少个歌师是由去世的这一家人家里有几个女儿和几个舅子来决定的。舅子家不是必须要请歌师，但女儿家必须要请歌师，如果没有亲生女儿，那么外甥女就需要顶上。一般一个女儿或舅子家要请两个歌师，因为按照习俗都是两个歌师彼此配合来唱。听老人家讲，以前唱米花古歌是一个男生和一个女生搭配，由男生先唱。后面慢慢地女生不学了，就都是男生去唱了。唱的时候大家都围坐在堂屋里面，歌师唱完一句，一停顿下来，周围的人就要给他打和声（例如：噻诶——哟诶——）。

最早的时候，歌师去唱米花古歌也没有多少经济报酬，就是主人家会准备一捆稻谷，等到丧葬仪式结束后歌师就将稻谷扛回家。但是由于路途遥远，回程的时候稻穗会掉，后来就是主人家准备一升到两升稻谷给歌师。以前唱米花古歌都是要唱一晚上，要唱到第二天把去世的人抬上山入土为安之后才结束。结束的时候也有个仪式，称作“追羊子”①，追到门外后，主人家就会放鞭炮，各个歌师也就带上自己的稻谷回家了，米花古歌的仪式也就此结束。现在都简化喽，歌师们大都只唱几首就结束了，也不搞“追羊子”了，主人家一般就封一个红包给歌师作为辛苦费。

我开始学唱米花古歌，是因为我父亲。我父亲以前也是寨子上的歌师是跟寨上的其他师傅学的。当时拜师很简单，因为学的人也不多。学成出

① “追羊子”指的是请歌师唱米花古歌时，会给每一个歌师准备一两升稻谷作为谢礼，这个稻谷就称为“羊子”。唱米花古歌之前，主人家就会准备好“羊子”放到凳子上，每一张凳子上还会摆一碗肉，主人家唱一段固定词后，歌师们才入座唱米花古歌，然后就把稻谷和肉收起来放到旁边。待第二天仪式结束后，一喊“追羊子”，就抬来凳子，然后将用袋子装好的稻谷和肉摆放到凳子上，一边唱一边慢慢地将稻谷推到主人家门外，这个过程就叫“追羊子”。

师也没有什么仪式，只要你学会了就可以去唱。我十来岁的时候我父亲就开始唱米花古歌了。我们小时候他没有特地教过我们，但是正月间农闲的时候，他偶尔在家摆龙门阵的时候我们会听到他唱一两段，但是那时候我们几兄妹都不感兴趣。

1983年，我父亲因患肺癌，身体情况很糟糕。周围的村寨只有他和另外一个歌师会唱，而唱诵又要两人搭配。他因为身体原因几次推辞后也感到难过。在家看到这个情形之后，我就跟父亲说："您要不教我一点儿吧，等我会了之后，我跟唐老师一起去唱。"我父亲很欣慰，觉得终于有人可以"继承衣钵"了，然后就开始教我唱米花古歌。

正式学唱米花古歌，是1984年，我也刚结婚没多久。我妻子很支持我，她跟我说："你去学嘛，以后有人办丧事就来请你。"听她的语气，好像会唱米花古歌是很值得尊重的一件事情，我也觉得很受鼓励。说起我妻子，我们是1982年我退伍回来后认识的。我有一个远方姑妈，她介绍我妻子跟我认识。我刚开始也没放在心上，结果1983年"玩年卡"（四月八）的时候，我姑妈他们就过来我们这边玩，这样我们就认识了，没多久我们就结婚了。遗憾的是我妻子2012年去世了。我还记得她去世那天，早上起床后，她跟往常一样问我吃不吃早餐，我说不吃了，然后就开车从煤厂装了一车煤送到985厂。我快要到的时候电话就响了，是寨上人打来的电话，说我妻子不行了。挂断电话后，我就赶紧往家赶，通知儿子们也赶紧回家。后面才知道，我妻子是早上去捡柴的时候突发高血压。

父亲教了我两三个晚上，村寨里面的其他人听说后，也跑来跟我一起学，我们当时一共有6个人一起学。后来我父亲的搭档，小高坡的唐明华老师听说我们几个人在学米花古歌，就说等他有空的时候，他也来教我们唱。学了一段时间之后，马铃的袁少芳老师也知道了这个事情。因为他女儿住嘎多村，他过来玩的时候就知道了这个事情。我父亲跟他也认识，父亲说因为他的身体不太好，想要让我来学米花古歌。袁老师一听，就说要教我们唱米花古歌，只要我们肯学，他一定全心全意地教。所以说，我的师傅一共有三个。

1986年，我去花溪煤场上班开车的时候，都还没跟父亲学完。那时候住在花溪，也就是回家的时候跟着学一下，学完第二天跑车的时候就哼唱复习。米花古歌的调子基本是一样的，主要是词多比较难记。那时候只能靠硬记，教一句学一句，能学完一首歌要花很长的时间。后面我想了个办法，用录音机记录下来——录音机还是我去借的。我想的是把它录下来，有时间的时候就自己学。当时是把所有会唱的米花古歌都录下来了，一共有三四十盒磁带。但是由于中途外借，现在遗失了很多，目前我手头还有14盒磁带。

最开始我是跟着我父亲和唐明华老师学；跟着父亲和唐明华老师学了十来首歌，把他们教我的学得差不多之后我就开始跟着袁少芳老师学。袁少芳老师教的跟我父亲他们教的内容不一样，我跟着袁老师可能学了20多首吧。为什么学这么多呢？也是想到只学前面那几首大家都会的实在是没有意思，我就想学点儿新的。最多的时候，我可以记得30多首米花古歌。袁老师还健在，但是身体不如从前了。前年我还去拜访他，他都还能唱米花古歌。去年他的女婿请他唱杨家将，他说现在身体不行了，你去问刘廷荣吧，他录的有磁带的。

刘廷荣录制的米花古歌磁带

学习米花古歌是比较难的，难点在于歌词很长，也没有文字记录。学习的过程也很长，而且当时我在花溪上班，要等晚上下班或者有空闲的时候才能学。学的时候一般是师父唱一句，我学一句。刚开始学的时候，我觉得这个米花古歌太难了，歌词又长，完全记不住。学会一两首之后，我才有了一点儿成就感。

在我学了十来首歌之后，寨子上有人来请我父亲去唱米花古歌。我父亲当时身体也确实不好了，他和办丧事那家的主人就都说让我去唱。就这样，我开始了第一次正式的米花古歌唱诵。当时我和唐明华老师一起去的果落多（地名），刚去的时候说实话心里面也没底，还有点儿害怕——怕自己记不住歌词或者唱错被别人笑话。去到主人家之后，在场的歌师里面除了我还有一个新手歌师，结果轮到他唱的时候，他把大调子唱成了小调子[①]，当时给他打和声的人也不知道该怎么办，我师父唐明华老师就给他喝了一句“哟哟哟呀”，这个人就不好意思地说自己唱错了。一晚上，那个人都不敢再唱了。后面就轮到我唱了，我当时十分紧张，怕忘词，结果唱完之后，没有出现什么失误，唐老师也鼓励我，说我唱得可以，我心里这才踏实了。自从我第一次唱米花古歌得到了我父亲和唐明华老师的认可，我父亲就不再去唱米花古歌了，遇到有人来请，都是由我去唱。但是，我当时还在花溪开车，不经常在家，有时候时间也不一定能对上。寨上还有几个会唱的歌师，遇到哪家办丧事，如果我不在的话，就会请寨上的其他歌师。

我30多岁的时候，有一次去摆古唱米花古歌，遇到一个从外村来的歌师，我不认识他，也不知道他唱得怎么样。我当时已经将所学歌曲掌握得差不多了，会唱30多首歌。他听别人介绍我，就说：“这个人是开车的，他会唱哪样歌？”他端起一碗酒就过来找我唱歌，带着点儿挑衅的意味，周围的人都停下来看着我们，我心想我学会了这么多首歌，还怕你？我就

① 米花古歌分大调子和小调子，两种调子的唱法和词都不一样。唱完一首大调子，要配一首小调子。一首歌2至3人唱，时间长的要唱一个多小时。大小调子的和声也不一样。小调子的和声是“哟哟哟呀”，大调子的和声是“噻哟”。

开始和他唱，唱到第三、四首的时候，他就找不到会的歌曲了，我就跟他说你还是喝酒咯（意思是你还是休息咯，唱哪样歌哦）。

说起来，我学唱米花古歌还是因为责任感吧，当时我也没有想过“传承”这种大的命题，考虑的是我的父亲年纪大了，身体不好，如果我学一些，懂了一点些，就能帮他分担一些，完成他的使命。这一唱，也就是38年，现在有人来请，我也还在唱。遗憾的是，现在寨上的青年大多出去打工了，感兴趣的人也不多，想要把它传承下去也是一大难题。不过，我还是会坚持唱的。如果有来跟我学的人，我也会尽我所能地教。现在大家去唱，都是唱开头的那几首（包括《芦笙和鼓》《住在好地方》《一年算一年，一年十二月》，这几首歌名皆为歌曲大意），后面的基本没人会，要是我们百年之后，没人会唱了，真的可惜啊。

四、幸遇伯乐余未人

2018年9月，余未人老师听寨上的人讲我会唱古歌，问我能不能唱一段来听。我就唱了一段《嘎阿登缪制人烟》。唱完后，余老师问我是什么

刘廷荣、唐明勇等歌师在葬礼上唱米花古歌（中间为刘廷荣）

意思，我就一字一句地翻译给她听。余老师听完后觉得米花古歌很有价值，就问了我们一些基本情况，还说要帮助我们把米花古歌录音和翻译整理出来。后来就开始有老师来我家和袁少芳老师家录音。

2018年10月，余老师说天津大学冯骥才文学艺术研究院要举办传承人“释义”学术会议，需要推荐几个还没有申报为非物质文化遗产的项目去参加。余老师邀请我去，后来我和余老师还有我侄子一起过去参加了这个活动。活动当天，有个环节是安排我上台去唱米花古歌，当时唱了《嘎阿登缪制人烟》，余老师帮我翻译；唱完以后，在场的那些老师都觉得非常好，觉得我们米花古歌很有价值，要好好翻译和整理。活动结束回贵阳后，余老师就开始整理资料，请安顺那边的老师过来录音，我和另外两个歌师还一起到花溪去录了3天。录完后还要用苗语写出来，然后再翻译成汉语，这也是一项大工程。

刘廷荣应邀到天津大学冯骥才文学艺术研究院演唱米花古歌选段

2019年6月，在余老师、花溪区及贵阳市各位非遗工作者的帮助下，我们米花古歌被列入第五批省级非物质文化遗产代表性项目名录。2020年12月，我还被评为第五批省级非物质文化遗产代表性传承人。2021年11月，我受贵阳市非遗中心邀请到贵州省图书馆参加了一个“苗族古歌

（《簪汪传》）宣传交流活动”。活动上我又见到了余老师，还在现场和另外两个歌师一起唱了米花古歌《嘎阿登缪制人烟》。

刘廷荣参加“苗族古歌（《簪汪传》）宣传交流活动”（右上为刘廷荣）

这几年呢，我自己也做了一些翻译工作，包括我自己初译的米花古歌一本，内容有《念王对唱》《藕呢姑，陆对盖》《对表对哟》《尧以对晒》《七郎八虎打幽州》等，共计8首歌；成熟翻译的米花古歌一本，包含《嘎登阿缪制人烟》等6首，共1200余行。做这些工作，也是为了能更好地将米花古歌传承下去，希望有更多的人了解我们民族的历史。

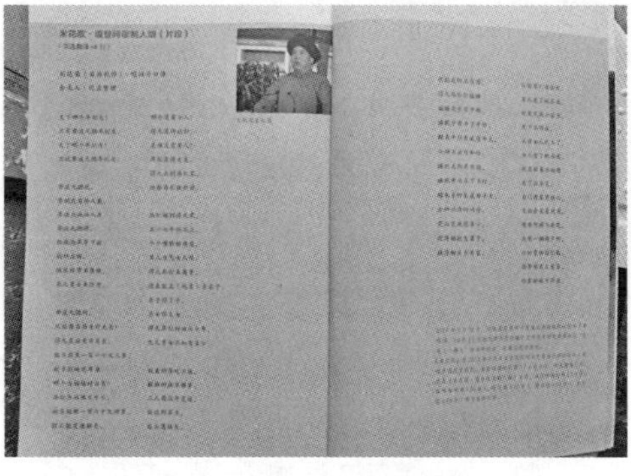

米花古歌《嘎阿登缪制人烟》片段节选

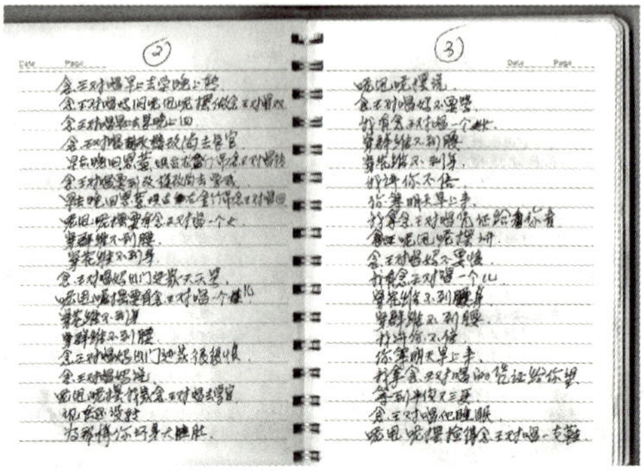

刘廷荣初译《米花古歌——念王对唱》节选

传承谱系

第一代：先祖尧保崽，现可考的米花古歌第一代传人是先祖尧保崽，260年前从江西省区迁徙到马铃乡，因无文字记载，生卒不详。

第二代至第十三代：依次下去是尧可那、杨演伞、尧崽报、尧略椏、尧演少、尧汪要、尧闪要、尧崽报、尧闪就、尧年沤、尧王年、尧闪王。具体信息已不可考。

第十四代：刘朝文（1928—2003），男，苗族，贵阳市花溪区燕楼乡嘎多村人，是当地很受欢迎的“我弄”。后因年迈及身体不好，教儿子刘廷荣唱诵米花古歌。

袁少芳（1935—　），男，苗族，苗名为娄彩寿，贵阳市花溪区马铃乡马铃村联二组人。7岁开始，就经常坐在父亲的膝盖上学唱米花古歌，一直学到16岁。后报名参军，复员回来后又继续跟父亲学唱，能流利唱诵米花古歌37段，段段有名称，是刘廷荣的主要师父。

唐明华（1946—　），男，苗族，贵阳市花溪区燕楼乡嘎多村人。从小跟父辈学唱米花古歌，是寨里寨外有名的“我弄”，也是刘廷荣的启蒙老师。

叶绍芳（1931—　），男，苗族，贵阳市花溪区燕楼乡嘎多村人。

唐化宗（1935—　），男，苗族，贵阳市花溪区燕楼乡嘎多村人。

第十五代：刘廷荣（1959—　），男，苗族，贵阳市花溪区燕楼乡嘎多村人。参军复员回家后，父亲年迈且身体不好，无法继续为去世老人唱诵米花古歌，刘廷荣为替父亲去唱，下决心跟父亲和唐明华学唱米花古歌，后得到袁少芳师傅的悉心培养。

唐正祥（1958—　），男，苗族，贵阳市花溪区燕楼镇同心村水洞寨。

唐明勇（1968—　），男，苗族，贵阳市花溪区燕楼乡嘎多村人。

唐光开（1971—　），男，苗族，贵阳市花溪区燕楼乡嘎多村人。

王良国

我编了30年篾鸡蛋

传承人：王良国

采访时间：2022年3月7日

采访地点：贵州省贵安新区高峰镇狗场村

采访人：吕莉

文章整理、撰写：吕莉

※ 人物小传

王良国，男，仡佬族，出生于1955年，高中文化，贵州省非物质文化遗产代表性项目仡佬族打篾鸡蛋制作技艺省级传承人，精通汉语、仡佬语，现居住在贵州省安顺市平坝区高峰镇大狗村。

王良国自幼开始参与打篾鸡蛋活动。1979年，高考未中的他开始在五七中学（现平坝区高峰中学）任教，之后跟着父亲学习制作篾鸡蛋。能够独立制作后，王良国在祖辈的基础上对编制方法进行了创新，由18根竹片合拢围编的方式升级为将一根锯好的带有竹节的竹筒一端切分为18片后直接进行编制，此方法省时省力，且编制好的篾鸡蛋形状更加圆润精巧耐用，一直沿袭至今。

1988年左右，从烟厂离开后，王良国返乡务农至今。文化保护工作大热，各地开始重视传统文化，王良国便担起传承仡佬族打篾鸡蛋活动的重任。他曾多次组织村民开展相关体育文化活动，积极推广这一民族传统体育运动，并顺应当地村小学开展汉语、仡佬语双语教学的政策，将篾鸡蛋这项体娱结合的运动带到了学校，以一种新的形式进行传承。

我年前去学校问过老师和学生，学生对于篾鸡蛋活动还是很熟悉的，基本每一个都玩，学校还给学生制作了仡佬族的民族服装。看到娃娃们玩儿篾鸡蛋，我很高兴，老一辈的传统文化传到了我这里，我的责任就是不让它断在我们这一代。只要我还在，我就会一直坚持编篾鸡蛋，教更多的人。

黔山秀水孕育出独特文化

我叫王良国，仡佬族，生于1955年，世代居住在高峰镇大狗场村，目前在家务农，平时都以打篾鸡蛋这项活动来锻炼身体。从我记事起到现在，这项活动我已经参与了60多年。

我家祖祖辈辈都住在大狗场村。大狗场是一个本土仡佬族村寨，这里地形平坦，冬无严寒，夏无酷暑，属平坝区中部溶盆稻油区，土壤肥沃，耕地资源丰富，田多地少，优越的自然地理环境造就了这个宜居村寨，非常适宜种植各种农作物，每年都是三季粮食轮换着种：种了水稻就种小麦，种了小麦又种玉米。可以说，在方圆几十里内，这里的地形气候优势还是很明显的，所以我们这里世代务农，只是耕种这些农作物，也能养活一家人。

狗场村包含大狗场、小狗场、上兴普三个自然村寨，我们属于大狗场。这里的仡佬族将近500人，只有三户汉族，其余全是仡佬族。村里主要有王何李涂四大家族，每到重大节日，全村都会在一起过节庆祝。

王良国制作的"篾鸡蛋"

和安顺湾子寨仡佬族村寨一样，我们这个村传统文化保存得比较完整。在我们的说法中，仡佬族又被分为水仡佬、古仡佬，每个分支语言都有细微区别，大狗场的仡佬族语言一直未断代过，民族成分和语言体系从未改变，语言和文化比较原始，文化体系很完整。我们村仡佬语存续情况良好，我曾经受到贵州民族学院（现贵州民族大学）邀请，帮忙翻译了很多仡佬族文献，基本上3600多个常用单词都能翻译，算是为仡佬族文化传承做了一些贡献。

打篾鸡蛋是我们本村本民族一项比较有特色的体育运动和娱乐活动，又称“鸡抱蛋”“抛篾球”和“打竹球”。这项活动历史悠久，据说在汉朝夜郎古国时期便在仡佬族群体中传承至今，文字记载最早见于南宋朱辅的《溪蛮丛笑》，当时名叫“打足球”“打篾球”，后随着时代的变迁，这项娱乐活动逐渐演变成了一个民俗活动。仡佬族人玩篾鸡蛋的最初目的是锻炼身体，没有固定的时间和场地，农闲时邀上三五伙伴、选择一块空地就可以玩儿，如果活动比较大，就会选择放牛场等宽阔的地方。后面村子发展起来了，就会选择在村子旁边的生态园区玩儿，玩儿篾鸡蛋的人数不固定，少则三四人，多则几十人，我小的时候玩月亮（有月亮的晚上在外玩耍）或正月农闲时、农历七月吃新节等，都会有玩儿篾鸡蛋的活动。

篾鸡蛋是仡佬族文化精髓

据我所知，在附近村寨中，打篾鸡蛋这个活动目前只有我们村有，以前也有很多地方在延续仡佬族的活动，如清镇的一些村寨就有“牵羊”“跳杆”“抵杠”等民俗活动。只是我们本民族的打篾鸡蛋比较有特色，它融体育和娱乐为一体，集庆礼与竞技于一身，充分反映了仡佬族丰富而独特的民族文化精神。

篾鸡蛋主要有两种玩法，一是鸡抱蛋，二是相互对抛。

鸡抱蛋的玩法是首先确定一个“鸡头”[①]，随意一人把3个篾鸡蛋放在地上，“鸡头”用身体把三个篾鸡蛋覆盖好，其中一人摸一下“鸡头”的头，证明活动开始，大家便开始围着“鸡头”争夺，参与者要在不被鸡头踢到

① 鸡头：指护住鸡蛋的人，“鸡头”没有任何要求，谁都可以做，但因为要长时间保护鸡蛋和用脚环踢四周，所以相对来说需要体力好一些，灵活一些的人担任。

的前提下拿到篾鸡蛋，而“鸡头”为了保护好自己的鸡蛋，会趴着用脚朝四方旋转着踢，如果“鸡头”的脚踢到谁，谁就得去接替“鸡头”的位置抱篾鸡蛋。如果“鸡头”没保护好篾鸡蛋，让三个篾鸡蛋被抱走，则“鸡头”需要在下一轮中继续守护，直到有人来代替为止。

大狗场仡佬族村民的“打篾鸡蛋”活动

孩子们抛接篾鸡蛋

相互对抛的玩法相对来说简单。对抛时，随意选择一块草坝或家中院坝，参与的人分两队，各站一边，随后用手抛、脚踢、木板拍打等方式相互传递抛接篾鸡蛋。通常年轻人通过对抛传递篾鸡蛋来表达情爱和友谊，中老年人则通过活动来强身健体。这一古老民族文体活动，在我们当地已传承上百年。

打篾鸡蛋没有任何仪式，也没有什么规则讲究，随时可以组织，过程中也没有对唱或者固定的语言对话。篾鸡蛋的主要功能就是娱乐，输赢也不会定彩头，顶多是在被“鸡头”踢中时，会被大家玩笑似的罚去做娱乐大家的“苦力”。

篾鸡蛋是一种两头小中间鼓的双层竹编制品，全部由竹子手工编制而成。篾鸡蛋分为空心和实心，实心含有稻草等柔软之物，空心内装有石子、响铃等，抛接打玩时竹球会发出阵阵响声。

从我记事起，我们身边的伙伴、朋友都比较喜欢这项活动，每年正月十五和吃新节等重大节日期间会有规模比较大的活动。

吃新节是我们仡佬族一个隆重的传统节日，一般在农历七月秋收，瓜豆粮食成熟时举行，是我们本民族庆祝丰收的重要纪念活动。吃新节要选“遇龙狗”（皇历上的吉日）的日子举行。活动当天，全村仡佬同胞盛装出席，经过采新—祭祖—拦门酒—唱歌—接客等流程后，往往还会举办人数众多的打篾鸡蛋活动。吃新节当天打篾鸡蛋已经成了这个节日的重头娱乐活动。

留在家乡的我成了传承人

我有兄弟姊妹五个，我排行第二，往上有一个哥哥，往下有一个弟弟、两个妹妹。

因为家里姊妹多，小的时候家庭条件不好，父母为了抚养我们几姊妹，非常辛苦，除了家庭日常开销，还要担负我们上学的学费和生活费。

父亲除了要挣工分，还要做赶马车的副业补贴家用；母亲是妇女生产队队长，干活踏实，挣工分也多，每个周末赶集的时候还要挑糠去卖。当时两挑糠能卖七八块钱，仅够一个娃娃一个星期的生活费。冬天母亲就织布做裹脚卖，我们那个时候会帮忙拿着母亲织好的成品到村子里叫卖，这样才能维持一家人的正常开销。

虽然很辛苦，但是父母还是供我们五姊妹全部读完了高中。1977年恢复高考以后，我们几姊妹陆续都参加过高考，只有大哥考上中山大学，毕业后在机关工作直到退休。我的弟弟没考上大学就去学了电工，做了十四五年的电工；贵安新区发展起来以后，他就回到家乡，在奥龙生态园负责水电工作。两个妹妹曾经做过民办教师，在长陇、羊昌等地教了十多年的书。一个妹妹嫁到了江苏，后回贵州平坝区生活；另一个妹妹嫁到平坝区罗平镇，务农。几姊妹里面只有我一直是在老家附近工作和务农，所以我就跟着我父亲学习了篾鸡蛋的制作技术。

1975年我在陶关中学（现安顺市平坝区三中）念完高中，毕业后响应政策号召回乡当知青。当时农村搞基本建设，我就在白井河的水利工程上了三年班，其间认识了我的妻子。

在水利厂的时候我是排长，工作是带领大队的年轻人开山凿石堵水坝，当时上班环境比较差，学习时间也少，所以从水利厂出来复习了一年，参加高考也没有考上。我高考落榜后，情绪比较失落，我叔叔就推荐我先去五七中学（现平坝区高峰中学）代课，当时五七中学的陈少林老师是我中学的恩师。他邀请我和他一起负责一个班，一人教数学，一人教语文。考虑到当时我和妻子已经结婚，有了孩子，家庭经济来源少，为了养活一家人，我就在五七中学代了四五年的课。

我们那个时候上班，工资很低。我做代课老师期间，每个月只有40块钱工资，年底学校再补助10块钱，养家压力很大。再加上孩子陆续出生，各种生活重担都压在了我的肩上。于是，在1981年青松卷烟厂在大狗场建厂以后，我就辞掉了代课工作，进烟厂做库管和管理，工资也涨到了每个月100多块。直到1988年左右青松卷烟厂搬到安顺，我才回家开始务农至今。

我是一个“50后”，对篾鸡蛋这项活动有很深的感情。读书的时候，在学校和同学玩的基本都是这个活动：放学后几个同学凑在一起无事做就玩，上山打猪草时也玩，没有篾鸡蛋就用石头代替，苞谷成熟的时候就用苞谷芯代替。我们那时候娱乐活动十分匮乏，在我们这辈人的童年中，篾鸡蛋算是一段难得的娱乐记忆。直到现在，村里很多老一辈的人依然很喜欢打篾鸡蛋。

姊妹五个，只有我会编制篾鸡蛋。我因未考上大学，就留在家乡代课，开始跟我父亲学着做一些；后从卷烟厂出来，又正好赶上各地都在保护传统文化，很多单位都来少数民族地区调研项目。为了保护我们本民族的文化，我就开始系统地和父亲学习制作篾鸡蛋，并组织一些村民在重大节日期间打篾鸡蛋。在我55岁的时候，篾鸡蛋这项活动正式成为非遗项目。

王良国和他的学生们

编制有两个难点：选竹和收口

我学习制作篾鸡蛋花了半年多的时间，当时我们村很多人都会制作篾鸡蛋。我主要是跟着父亲学习，刚开始他做的时候，我就在一边看，后面就自己慢慢上手编制。因为是跟着父亲学，观摩制作的时间比较多，有空的时候就跟着学一下，练一练手，后面看多了练多了也就慢慢地能独立制作了。

我刚开始学习的时候，因为掌握不好划篾片的技巧，经常在分篾的过程中被刀划伤，被竹片弄伤，但我的学习热情一直没有减退，因为我心里很清楚，要学会一项手艺不可能不受伤，而且受的也都是小伤，随着技术越来越好，受伤的情况也越来越少了。

篾鸡蛋的制作材料主要是竹。我们仡佬族自古以来崇拜竹文化，这也和我们世代居住的地理环境有关。本村竹子分布广泛，基本每村每户都会种植竹林，祖辈的一些祭拜仪式都是用竹做道具。据本民族的一些文书记载，仡佬族在过节时要用竹叶祭拜；在仡佬族的日常生活中，竹子的用途也十分广泛，如一些常用农具撮箕、挑粪的粪箩等，都是用竹编制的。可以说，打篾鸡蛋也是我们竹文化的一种延伸传承，因为篾鸡蛋不管是材质还是形状都融合了仡佬族的文化内涵。

制作篾鸡蛋要先学会选竹。选竹时，要选择水分充足、柔韧性好的水竹，因为水竹的竹节长，编制时不会遇到竹节，也就不容易断；要选择竹节长度十五六厘米的大竹，这样编出来的篾鸡蛋比较短巧漂亮；竹节长度不宜超过18厘米，以免编制后剩余竹节较长不好收口。

选竹之前，要给竹王烧三炷香祭拜，寓意我要取它、用它，随后口中要念四句词，“竹王竹王听我说，你生在深山绿茵茵，阳光雨露陪你生，今天师傅把你砍，把你砍去编篾箩”，以示对竹的尊敬和感恩。

砍下来的水竹，要趁其水分充足、韧性好的时候马上进行分篾（竹子剖成两半，分出青黄篾）制作；划篾片的工具大多是就地取材，有时一把镰刀就能操作。分篾要求比较高，需要把竹子划得比较细，这样在编制到一半折回来的时候才不会断。起篾时，除了粗细还要注意薄厚：篾条薄了比较软，编出的篾鸡蛋形状不圆，只能是椭圆；篾条起厚了，在编制时一拉就易断。因为编的时候会一直用篾条围着竹片绕弯折，所以起篾很关键，也很考验手艺。起篾的诀窍除了学习，还要靠长时间的经验积累。

起篾后是分竹。把竹均匀分成18片（18片编出来是比较理想的形状），用铁丝固定好后，中间用分出来的小篾条围拢编制；分竹数量必须是双数，编的时候两个竹片要叠着、压夹着编，这样容易成型，也不会太往里或者太往外飘，形状就比较饱满好看；篾鸡蛋的编织是从小到大，形状为中间大两头略小的双层结构，当编到十几厘米长时就要倒回去进行最后的收口。

俗话说“开头容易结尾难”，编制篾鸡蛋也是一样，最难的地方就是收口。收口的目的是把最后编制的竹片往回收，也可以理解为把竹片藏起来，不让竹子头露在外面，防止竹片到处飞，也防止在打篾鸡蛋的过程中

王良国正在编制“篾鸡蛋”

被露出的竹片扎到手。为了保证收口圆形，传统编法会在编制时用一个竹筒卡在中间，用18片竹片沿着竹筒编制，中途要注意用篾条把18片竹片捆着，还要注意开口要稍微大一些，这样才会比较圆。在长期的制作中，老一辈族人还摸索出了一句口诀：抬三压四插五扎六隔八。这样在收口时就不会手忙脚乱，如果在编制过程中不按照口诀操作，编出来就是岔行的，尾部无法收口。

我学习了很久，才掌握收口诀窍，后来觉得老一辈的收口方式太难，也太费力，就琢磨怎么样才能简化一下编法。我50岁的时候，看到了周边村寨少数民族同胞秋收时，用来装蚱蜢的竹笼，编制原理和篾鸡蛋很像，但是他们的竹笼更美观更方便制作，于是开始采用同样的方式改进：我的方法是直接用整根竹筒分成18片，根部不断，从竹子根部开始往上编，这样就无须考虑编制过程中竹子是否会散的问题；若需要往鸡蛋中装东西，只需要把竹筒捅开即可。原来的编法洞口很难做成标准圆形，现在的方法更简单直接，因为竹筒本来就是圆的。这小小的创新帮我节省了很多工序，编出来的篾鸡蛋不仅美观还牢固不易脱篾，编制效率也由原来的一天两三个提高到一天七八个。

编制完成后的篾鸡蛋是里外两层结构，这个结构让篾鸡蛋十分坚固，竹片倒回来以后中间有了空心，即使在玩耍中把中间拆了，篾鸡蛋也不容易散，外层还能形成一层弹性保护层，对里层起到保护作用，是双层保险。

篾鸡蛋编制完成后就是装饰部分。为了让篾鸡蛋看起来美观喜庆，一般我们会把篾鸡蛋染成红色，寓意红红火火。一般是制作完了以后将成型的篾鸡蛋在品红水里滚一圈沾染上色，若没有上色，也可以用红毛线进行捆绑装饰；捆绑的另外一个目的是，把竹片集中在一个地方，让人不容易发现结尾处的竹片，外观更美观。考虑到抛接时需要甩，我们还会在篾鸡蛋上系上绳子。

做好后的篾鸡蛋分为空心球和实心球。实心球主要用于抛接，是用稻草等柔软物件填入空心球中，使之有一定重量，在抛接过程中不易抛偏，也容易抛远。为了增加趣味性和观赏性，也会在球里放一些石子、响铃等，这样在抛甩中会发出声音。空心球主要用于鸡抱蛋，因为空心球重量比较轻，方便“鸡头”携抱争抢。

60年，我一直坚守

我小的时候，族人对篾鸡蛋这个活动还是很重视的，重大节假日几乎都在玩；玩的时候还会穿上我们本民族的服装，活动现场既热闹又隆重。村里老一辈基本都会制作篾鸡蛋，每家每户都有篾鸡蛋，家里没人会制作的也会请人帮忙编制。后面随着时代变迁，会做的人逐渐减少了，毕竟编制过程中有一定的技艺要求，需要目看、跟学才会编制。现在基本上只有会编制的人家才有篾鸡蛋，需要的时候就来借用或是请我们现编一些。

我很想让更多的人来学习制作篾鸡蛋，但是学习时间比较长，而现在的年轻人都在外务工，只有过年的时候才会返乡，这么短的时间很难学得会；即使学会了，因为活动量少，篾鸡蛋的需求量也很少，做好的篾鸡蛋也不能拿到集市上售卖，导致制作篾鸡蛋不算是一个能谋生的技能，自然学的人就很少了。

现在除了我，村里会编的就两位老人，已经70岁左右，手脚不太便利了；再加上制作中要把篾条划得比较细，老人们年纪大了眼睛不好，做起来就很吃力。

我开始学习制作篾鸡蛋的时候，很害怕这个技艺失传，就想为本民族的文化传承尽一点儿力。我制作篾鸡蛋都是免费的，如果有需要，还可以免费赠送成品。有活动、拍摄等需求，我也会无偿制作。需要的人越多，我就越高兴。但是相比以前，篾鸡蛋的需求一年比一年少，这是我一个人没办法改变的事实。

我从记事起就一直鼓励家里的人参与这个活动。村里举办大型活动时，由我的两个女儿组织同龄人一起打篾鸡蛋。我的儿子也会制作篾鸡蛋，但不是很精通——他常年工作繁忙，没有时间来系统学习。我弟弟的儿子曾表达过想要学习制作的意愿，但同样因为工作繁忙抽不出时间。现在我的孙子回老家看到我制作会比较感兴趣，但是他的年龄还小，只知道大概流程，没有深入学习过。

目前，跟着我学习的主要是我的表弟。他今年40多岁了，是近两年才跟着我学习的。我们这个技术也不存在拜师一说，只要想学我都很乐意教。他和我学的时候也没有举行拜师仪式。我表弟本身对花灯等传统民俗活动很感兴趣，也喜欢打篾鸡蛋，我看他这么喜欢，就想让他也来传承这个项目，叫他跟着我学。我表弟算是我唯一的徒弟。

刚开始，我先让他跟着看，后面从砍竹、烧香祭拜竹王，再到每一步的具体编制，再手把手地教他。他家离我家不远，有需要的时候就把他叫来学习，村里有活动的时候也会特意叫上他一起参与制作。

每次我都会让他从起篾、开头、结尾开始做起，如果制作出来的成品不理想就会要求他拆了重做，即使做好了我也会用手摸一下估摸结实度。

王良国正在向徒弟传授制作技艺

他现在的划篾等基本功都没问题，也可以独立编制，就是在收口这块差一些经验，还不太能成型。我对他的要求是能够独立完整制作一个篾鸡蛋，且编制的成品精致耐用不易散。

除了教授徒弟技艺，我也积极倡导和组织族人在各种节日打篾鸡蛋。从一些机构来挖掘民族文化开始，我和村委会还是有意识地组织了很多活动。因为我曾经是村里仡佬族的县人大代表，有重大节假日的时候有余力就组织。最近的一次大型活动是在四五年前，我当时承包了一个酒店，就出资组织了一次吃新节。那一次的规模还是比较大的，我们还特意邀请了贵州电视台的主持人来主持活动，现场参与的有几百人，只要来了就可以参与篾鸡蛋的活动，也可以无偿吃饭。村委每次换届基本也会组织一次大型吃新节打篾鸡蛋活动，这在村里已经成了一种传统。

我心系篾鸡蛋传承

我今年已经67岁了，余生还希望能努力为推广发展打篾鸡蛋做出更多的贡献，也会督促自己的徒弟和孩子去学习这个技术。现在就希望我徒弟能够把这门技术传承下去，在我年老不能制作的时候他能去编制。当然，想要把这个活动发展起来不太可能了，只是保证编制篾鸡蛋的技艺不丢失。但是，在我徒弟以后还有没有人继续学习呢？这也是一个未知数，如果有人愿意学，我随时可以教，但关键就是学的人几乎没有。

篾鸡蛋不是一项有难度的活动，因为它源于体育娱乐活动，刚开始的初衷就是强身健体，游戏规则也简单易懂、老少皆宜，能玩愿意玩的人也多。但随着时代的变迁，这项传统活动正逐渐被其他更新潮、更丰富的活动替代。过去，我们每年农闲和吃新节的主要娱乐就是打篾鸡蛋，但是这个活动的重视程度越来越低，因为可观赏性不高，也没有表演性质。如果有人组织的话，也有年轻人愿意参与，因为玩法简单也比较有乐趣；但是现在足球、篮球等球类的盛行让这项活动逐渐失去了生存空间，因为球类不容易坏，适合人群比较广，竞技性和观赏性更强；再加上广场舞的流行，这项活动更加没有生存空间。

现在大家都主抓收入，村民一年到头基本都在外打工，活动规模和以前自然不能比。现在大型活动基本要靠村里去组织，目前组织得也比较少，原来吃新节还会玩一下，现在因为经费等问题，吃新节的举办频率逐渐减少；活动也没有过去隆重，再加上民族文化的开放，我们仡佬族人的生活和其他民族进一步交融，越来越多的仡佬族年轻人已经不会制作篾鸡蛋，更不要说玩这种带有体育运动性质的游戏了。可以说，这项活动在过去差点儿失传，直到近些年政府开始重视民族文化，这项活动才又慢慢走进大家的视野，但是规模和频率都和以前没法比。我也很担心篾鸡蛋这项传统活动会被其他娱乐形式替代，提到球类活动大家都知道，但是提到篾鸡蛋就很少有人熟悉。

虽然难，但是我觉得既然传承任务落到了我的肩上，我就有责任和义务把它顺利传承下去。打篾鸡蛋这个活动，不仅是我们仡佬族人对文化的传承，还是我们用来缅怀先祖、铭记历史的一种独特方式。

像我们这种传统文化逐渐被遗忘甚至失传的现象各地应该都有，这是我们无法改变的。日常娱乐活动越丰富，传统娱乐被替代得越快，群众参与度也越低，能留下来的只有一些代表性活动。原来村民在农闲着就会聚在一起玩，现在务农的少，基本都在外省打工，即使留在家乡，闲下来也是去周边打短工，因为不打工就无法维持家庭生活。久而久之，传统文化逐渐衰落就成了一种社会现象。

目前，让我比较欣慰的一点就是，打篾鸡蛋活动走进了校园，这也算是找到了一个传承下去的方式。

因为我们本村是仡佬族村寨，一直都有双语教学的传统，我原来也在村里小学参与过双语教学，那个时候就会有意识地带学生玩一下篾鸡蛋。现在学校里有老师专门教学生唱仡佬族歌，学习仡佬族语言，也会组织打篾鸡蛋。可以说，目前的传承都是靠学校在推进，因为学校有体育课和课间课外活动，学校组织的频率会比较高。

我年前还到学校去问过老师和学生，学生对于篾鸡蛋活动还是很熟悉的，基本每一个都能玩。学校还给学生制作了仡佬族的民族服装，有活动或采访的时候就让学生穿着民族服装玩。学校里的篾鸡蛋没有了或者坏掉了，都会联系我制作。去年吃新节时，就有学生打篾鸡蛋，看到娃娃们

王良国和学生交流篾鸡蛋活动

在学校打篾鸡蛋的学生们

玩，我很高兴。这个古老的活动能传到我们这一代，甚至能够在双语教学的前提下传到学校去已经很不错了，也算是一种传承。

在帮助传承传统文化上，政府也给了我一些帮助。我的心愿就是努力让这个活动顺利传承下去，至少不要在我们这一代失传。希望以后能够有更多的人关注仡佬族，关注打篾鸡蛋这个活动。只要我还在，我就会一直坚持编篾鸡蛋，教更多的人学会编篾鸡蛋。

传承谱系

王良国是从家族传承中学习这一技艺的。其家族中祖祖辈辈均擅长这一民族体育运动。

第一代：王培源（1910年—1962年），男，一生都生活在高峰镇狗场村，其将打篾鸡蛋技艺传至儿子王元楼。

第二代：王元楼（1932年— ），男，将打篾鸡蛋技艺传给王良国。

第三代：王良国（1955年— ），男，受父亲影响，从小喜欢打篾鸡蛋，长期组织村民在吃新节期间开展此项活动。1979年，高考未中的他开始在五七中学（现平坝区高峰中学）任教，之后开始跟着父亲学习制作篾鸡蛋；能够独立制作后，王良国在祖辈的基础上对编制方法进行了创新，由18根竹片合拢围编的方式升级为将一根锯好的带有竹节的竹筒一端切分为18片后直接进行编制，此方法省时省力，且编制好的篾鸡蛋形状更加圆润精巧耐用，一直沿袭至今。

王良国先后教授族中王姓子弟王飞、王青沙、王克强等人打篾鸡蛋的技巧。

池庆升

我以我心荐轩辕

传承人：池庆升

采访时间：2022年2月9日；2月19日

采访地点：贵州省贵阳市南明区

采访人：丰兴康

文章整理、撰写：丰兴康、朱栩锋

※ 人物小传

池庆升，男，汉族，1947年4月出生于江苏六合区，中专学历。杨氏太极拳第五代传人；贵阳市杨氏太极拳研究会会长、拳师；杨氏太极拳贵州省级非遗代表性传承人。

1957年，因缘际会，池庆升得遇杨氏太极第四代宗师顾丽生，并被顾丽生收为关门弟子，名为师徒，实若父子。顾丽生老师将其深藏多年的太极长拳一、二路及小架（用架）拳路倾囊相授。池庆升尽得杨氏老架十三势大功架一百单八式等精义真传。1972年池庆升从部队转业后，一直坚持在原贵州省博物馆、医科大学、筑城广场、河滨公园等地教授太极拳，风雨无阻。自2003年收了第一批弟子后，池庆升现在已是“桃李满天下”，北到沈阳，南到四川、广西，甚至到泰国及东南亚其他国家，都有弟子、学员在练习、传播杨氏太极拳。

1996年6月，在池庆升的多年努力下，杨氏太极拳老架十三势由贵州省武术协会推荐被列入《中国民间武术家名典》。1999年12月，池庆升组建“贵阳市武协杨氏太极拳研究会”，任会长，并担任贵阳市武术协会常委委员。此外，池庆升还专注于太极拳练法的研究工作，于2000年创编了“活步太极拳”，并于2009年撰写《谈练太极拳的“八字心法”》，该文章在中国·贵州·清镇国际太极拳交流大会高峰论坛上获得三等奖。

1950年12月，池庆升随父母到贵阳市都司路9号定居。1954年9月，在贵阳市公园南路读私塾。1956年9月，在贵阳市中华南路达德学校读书。1959年9月，转到贵阳市曹状元路市场路小学读书。

1962年8月，被杨氏太极第四代宗师顾丽生收为关门弟子。1972年3月开始，池庆升收徒教授太极拳系列套路，至今在全国各地已有学生千余人。

2008年至今，专心于太极拳理法、教研工作。

（一）

我叫池庆升，是贵州省级非遗代表性项目杨氏太极拳的省级代表性传承人。

太极拳，综合吸收了明代各家拳法，使太极拳蕴含着丰富的中国传统文化和传统哲学思想。杨氏太极拳，由祖师河北永年人杨露禅首创，其拳承于陈氏拳而别于陈氏拳，于今已有200余年历史。杨露禅传拳于其子杨班侯、杨健侯，杨班侯，杨健侯传于杨少侯、杨澄甫。杨少侯再传其弟子顾丽生。我是顾丽生亲传关门弟子。杨氏太极拳经杨家三代人的不断努力和修正，最终形成了自己独特的风格，为太极拳史添上了浓墨重彩的一笔。当前流传的杨氏太极拳的主要特点包括：内外缠圈的强调；发二回劲；套路架势大方、动作柔和缓慢；完整继承了《太极九诀》的古法和老架的行功走架。2018年10月30日，杨氏太极拳被贵阳市政府列为第五批市级非遗代表性项目；2019年6月2日，杨氏太极拳被贵州省文化和旅游厅列为第五批省级非遗代表性项目。

我是1948年4月22日（阴历）出生的，祖籍江苏六合区，父亲在“上海—南京”段列车上当厨师。1937年日本侵略中国，父亲携全家从南京逃难出来，先逃难到贵阳修文县的扎佐，重操旧业开起了馆子。新中国成立前夕，中国人民解放军来到贵州，驻扎在扎佐的国民党部队待不下去了，当地的人员就少了，都各自去找生存之路了。大概就是因为这样，我父亲在我出生前后，也就是1947年到1948年之间，搬到贵阳，租房子住在博爱路。

江苏南京本地有“怀了娃娃，最好是在老家出生”的习俗，所以我父亲在1948年把我母亲送回了江苏六合区，我的出生地也在江苏六合区。等我长大一些，父亲又把我接回贵阳。我家有点儿钱以后，大约在刚解放时，买下了都司路9号的临街房子，并做起了食品杂货小生意，卖干货食品等。这样一直到了1956年，因为“公私合营”政策，父母被列入“公私合营”的队伍，都司路9号临街的门面无偿交给了国家，我父亲被安排在中华南路的“大城烟酒店”，担任门市部主任。我母亲被调到白云区大山洞烟酒公司下属的“大山洞酱油厂”工作，一个月回来几次。改革开放以后，文件规定，“所有私人的财产都要归还”[①]。都司路9号的房产是我父亲买的，契约上有我父亲和母亲的名字。我们想把这个门面收回来，1989年开始找律师和南明区烟酒公司打官司，因为有购房契约，还在市府路税务所查到我父亲将1楼门面租给顾丽生的协议（租金为每月9元），而且我父亲从来没有领过这房子的股息等多种证据，南明区烟酒公司败诉[②]，我父亲于1992年要回了都司路9号的房子，开了一家“升萍商场”，面积约29个

① 访谈对象池庆升此处的口述与当时实际情况有较大出入。供销合作总社、商业部《关于合作商店入股房产坚持不退换实物的函》和中共中央统战部、商业部印发《关于索要、强占原公私合营企业、合作商店营业用房问题的处理意见》（简称《意见》）的通知提出的相关处理意见，与池庆升的描述大抵相左。但《意见》提出的“原来家店不分的商店，一部分房屋虽然经过清产估价，但事实上并没有入股，也没有领取定息，至今仍由原业主住用的，其房屋所有权归原业主所有”这一条处理意见部分支撑了池庆升的描述。

② 按照池庆升的相关描述，其父亲聘请的律师可能就是依据《关于索要、强占原公私合营企业、合作商店营业用房问题的处理意见》中“原来家店不分的商店，一部分房屋虽然经过清产估价，但事实上并没有入股，也没有领取定息，至今仍由原业主住用的，其房屋所有权归原业主所有”这一处理意见打赢了官司，帮助池庆升父亲要回了房产。

杨氏太极拳传承谱系

平方米，做起了家用电器生意。当时主要是我爱人在经营，她本来在“贵阳工具厂子弟学校”当初中语文教师，后辞职回家经营商场。前后做了5年的生意，后因修都司路高架桥，于1995年拆迁，分到房子在现在的富水南路桥脚那里，当时我们多要了点儿面积，大概分到了35平方米。后来贵阳市搞“三创一办”，需要我们的门面，我把这房卖给国家了，得了100多万。

池庆升幼时全家福

（二）

我5岁以后开始记事，那时候我家里有我父亲、母亲、顾丽生老师及其大儿子（顾作安）、二儿子（顾作贤）。这里有必要先介绍下顾丽生老师。

顾丽生，安徽省怀宁县人，生于清光绪三十年（1904年）。5岁时，随舅父在南京行医谋生，拜在当地拳师高材祥门下学习少林拳。20世纪20年代初，在南京邮政官员王某家当勤务员，恰逢杨露禅的孙子，时任南京中央国术馆教师的杨少侯教授王某太极拳。几经周折，被杨少侯收为徒弟，经杨少侯悉心教导，加上自己勤学苦练，学有所成；后又经杨少侯推荐随杨澄甫学拳，最终掌握了杨式太极拳的真谛。民国26年（1937年），顾丽生随邮政局撤退，定居贵州省省会贵阳。曾担任基督教青年会体育培训班义务武术教师，主教杨式太极拳。由此，顾丽生先生成为贵州省以办班方式，免费传授杨氏太极拳的第一人，对贵州省的太极拳运动起到积极的发起和推广作用。另外，顾丽生的医术也十分精湛，曾在生死线上救回了许多生命，令人景仰。

我刚记事时，顾老师在都司路下面开“中医外伤科诊所”，因为他是安徽怀宁人，和江苏六合区很近，和我父亲是老乡。他们的关系很不错，经常在一起打牌。1957年左右，顾老师请我父亲找人打招呼并租下了都司路9号临街门面，两家几乎吃住都在一起。我们家在楼上，顾老师在楼下，楼上还隔出一个房间来给顾作安住。顾作贤在五中读书，和他母亲住在白沙巷。因为我母亲在“大山洞酱油厂”工作，一个月才回来一次，我父亲又忙他的工作，自1957年至1966年的十年间，我都跟着顾老师学习、生活。上学要先去吃早点，顾老师就会给我一角钱两角钱，我拿去买个烧饼吃。如果没有顾老师管，现在我都不知道

池庆升与尊师顾丽生

成什么样子了。一般在每天上学前和晚饭后，顾老师都会带着我到原来卫校后面的操场上学习太极拳。周末，顾老师带我去河滨公园练习。可以这样说，除了上学、睡觉，我剩下的时间都和他在一起。日复一日，年复一年，在顾老师由浅入深地讲解教授中，我在杨氏太极拳方面进步很快。学习了普及甚广的杨氏太极拳大功架108式后，又学习掌握了杨氏的太极长拳、小架太极拳、刀、剑、枪、棍、推手、散手等杨氏太极的秘传。

我不但学了武术，还跟他学中医。每天放学做完作业后，我就会在顾老师的诊所里帮忙，从碾切炮制中药到跟着读医书、背药方、学推拿，顾老师也总是耐心而详细地为我讲解。我背过很多中医的书，像《黄帝内经·素问》《汤头歌》，凡是学中医的人都必须熟读《黄帝内经·素问》；《汤头歌》主要讲中医的方子。但由于当时年龄比较小，对医学这方面理解得不深，所以我主要和顾老师学的是推拿——这方面学得比较认真——如拿、捏、推、揉等。如“揉”，有顺时针的揉，有逆时针的揉；逆时针为阴，顺时针为阳。“一阴一阳，一虚一实”，病人火重，就要逆时针揉；病人属于凉性，就要顺时针揉；病人体质虚，则尽量顺时针揉。“揉”和“按”之间又有区分，如定点揉用“劳宫穴”整个掌来给他揉，要掌握力度，不能往下直线用力，否则容易伤到内脏。那时候我还小，顾老师给病人推拿时偶尔需要上厕所或有别的急事，就会喊：“小老七，你来推。”从专业的角度来说，我也只是学个皮毛。因为在医学方面，实践是非常重要的，你要去坐诊，要经常去接触病人，而我缺乏实践。现在唯一的实践，就是我的学生练习太极拳不小心把脚崴了，我就给他推，能起到很好的缓解作用。

即使在特殊年代，我们家生活物资也比较充裕。我们天天跟着顾老师在公园练拳，回来后，顾老师就把我们请到馆子里吃早茶、吃饭。

当时的贵州省省长是杨森[1]，杨森很喜欢体育，想组建贵州省国术馆，就把全国各地会武术的人招拢来，协商成立一个馆。但经费从哪里来呢？经过协商，决定要搞一次武术擂台赛，大概选了“三顾”[2]当擂主，其中就有顾丽生，守门的有白志祥等。武术分两类，外家拳和内家拳，外家拳以小洪拳、少林等为主；内家拳以形意、八卦、内功为主。白志祥是学外家拳的，练的是少林寺的拳，非常厉害，一个星期也没有人能打得进来。杨森决定搞个表演赛，顾丽生与汪石海表演太极推手。另外一件事是在1958年，当时的贵阳市医学院（现在的医科大学）的院长看中了顾老师掌握的医学技术，请他到医学院组建中医科并担任主任、老师；顾老师没有推辞，一直干到了1967年。之后顾老师又去了道真县，因为医术高，就没有到地头劳动、干重活，去了人民公社的医院，从事看病的工作。回到贵阳以后，他到处流浪行医，这样一直到1978年，顾老师去世。顾老师这一生只是在新中国成立初期享点儿福，其他时间都是在“流浪”中度过。顾老师让我一辈子不能忘怀。我时常会想起我和顾老师朝夕相伴的10年，因为顾老师对我的教导和恩情，让我坚定了传承、弘扬杨氏太极拳的决心。

（三）

我7岁开始进入达德学校读书。原来的达德学校不是现在的富水南路的达德学校，而是现在的中华南路达德学校旧址。后来达德学校又改名为“科学路小学”。在达德学校上学期间，我记忆非常深刻的是，在做课间操时，每个学生有一瓢稀饭吃。三年级的时候，贵阳成立了一所新的学校——市场路小学——在现在的状元街上。教育局出于生源考虑，把“科学路小学”的部分学生抽到“市场路小学”上学，我就在其中。我在市场

① 杨森，1945年1月，被蒋介石委任为贵州省政府主席。1947年出任重庆市市长；1948年4月，卸任贵州省主席。

② 顾丽生与其兄顾汝章、顾绵章，享有“西南三顾”盛名。

池庆升小学阶段全家福

路小学一直读到1963年小学毕业。那时候我们很调皮，上课、下课我们都从窗子里翻进翻出，有一次我刚从窗户翻进教室，被自然课的徐老师撞见，他让我到黑板旁罚站，举起手来“铲”我的脑袋；我很自然地就拿手挡住了他，他“鬼火搓”①地把我撵出了教室。

小学毕业后，我考取了富水中学——在黔灵西路和下合群路附近。读了一年多，大约是1964年，富水中学被商业局收编，改名为“贵阳市商业学校”。我除了学习语文、数学、自然、物理等学科外，也学习财会方面的知识，如学习经济学、打算盘等。初三时，我们班被分为财会专业，其他班分为如饮食服务专业、统计专业等。但实际上我们一天专业都没有学到。在商业学校期间，我们有武术课，练的是国家编的初级拳、甲级拳。一到武术课，体育老师就把我喊出来：“今天就交给你了哈，你教他们马步初级拳（马步冲拳、弓步冲拳等）。”因为我从小就是练这个的。正规来说，有刀、枪、剑、棍、拳五大类，每一类中又有初级、乙级、甲级三套，这一共是15套，我当时全部学会了。就这样，我代体育老师一直教同学们武术。因此，我在学校里很出名，当时的自豪感是无法用言语来形容的，也因而更加热爱跟随顾老师练拳了。

池庆升在北京参加全国大串联

1966年10月18日和11月25至26日，毛主席分别在天安门和西郊机场第四次和第八次接见活动，我都有幸在现场。看着毛主席乘坐敞篷汽车、跟我们不停

① 鬼火搓：形容人很生气。

挥手，从我们面前缓缓驶过，我心中无比激动，全场高呼“毛主席万岁”，响彻云霄。那场面到现在依然历历在目。我在北京待了40多天，于1967年1月1日回贵阳。回来没多久，我又跑去昆明、广西等地。因为我们有商业学校的学生证，坐车、住宿都不要钱。我们每到一个城市，都会有接待站，发一张乘车卡，随你坐。我在外差不多搞了一年时间，不过在毕业时，学校还是给了我们财会专业的毕业证。因为我初中是在贵阳商业学校读的，属于专业学校，所以没有下乡。

回想我从小学一直到中学的经历，那时我很调皮，跟同学在一起，不是打拳就是摔跤。一直到初二，我的调皮劲儿才缓和点儿。但是，我对太极拳的情感发生了很大的变化，由原来谈不上喜不喜欢到后来的热爱，我深深感受到了学习太极拳的便利之处——让我的身体变得更加灵活，战胜拳友的机会很大。

池庆升军装照

我1967年从商业学校毕业，同年8月份因为工作分配，到“凯福糖果厂”的成型车间正式工作。年底，中国人民解放军空军3892部队来招军人服务社军工，我有幸被选上，到磊庄机场当上了军人服务社的采购员。后来遇到部队调防，因为父母年纪大，便于1972年选择转业安置，重新回到了糖果厂，仍然在成型车间工作。我于1973年结婚，当时我26岁，我爱人在工具厂子弟学校当老师，我们是父母的朋友介绍结婚的。第二年生了我家老大，1977年生的老二。老大是姑娘，老二是儿子，他们在上小学期间也曾跟我学习过杨氏太极拳，但现在都不练了。1984年，我被调到工业品贸易中心，在现在火车站服务大楼对面的这个地方，负责财会工作，一直干到2008年退休。

（四）

在顾老师的影响之下，我一直坚持太极拳的练习。尤其在部队中，因为我是采购员，有自己专门的房间，没有和战士们住在一起。每天天不亮我就起床，跑到离我住房不远的山上练习各式太极拳，在吹起床号之前，回来参加部队的训练、学习。后来因为毛主席倡导打太极拳及各种体育运动的指示[1]，我就不去爬山，就在军人服务社门口的篮球场公开练习太极拳。有一次，我们后勤部的田部长找我，说："小池，现在毛主席号召我们打太极拳，你又是练太极拳的，你来教，我们跟你学。"这样一来，不论白天、晚上，后勤部、车队等上百人每天都来学太极拳，好热闹。

人民日報

毛主席语录

凡能做到的，都要提倡，做体操，打球类，跑跑步，爬山，游水，打太极拳及各种各色的体育运动。

1971年9月1日

1971年9月1日《人民日报》刊登的毛主席语录

1972年，我从部队转业回来后，继续教授太极拳，主要在原来的博物馆、现在的医科大学、师院、广场、河滨公园等地。1982年，李连杰主演的《少林寺》电影上映，全国掀起了练武术的高潮。一九九几年的时候，我受邀到尚义路小学、市府路小学等学校教太极拳等武术课程，其中包括"十二路弹腿"。退休以后，我也曾先后到省老年大学、贵州工学院等大学教过杨氏太极拳24式和51式。我的弟子朱栩锋就是工学院的大学生，他是大一开始跟我练的，我在工学院教他到大二。朱栩锋的太极拳练得好，尤

① 这是1960年毛泽东在《中共中央关于卫生工作的指示》中提出来的，原文为："做体操，打球类，跑跑步，爬山，游水，打太极拳及各种各色的体育运动。"此处池庆升的描述实际上指的是1971年9月1日《人民日报》（第1版）上刊登的毛主席语录——凡能做到的，都要提倡，做体操，打球类，跑跑步，爬山，游水，打太极拳及各种各色的体育运动。

其是小架太极拳。

其实在2010年之前，由于国家编的太极拳套路普遍流行，顾老师传授给我的杨氏太极拳得不到发展。虽然我每天在广场教授太极拳，但是人家都不愿意学我的杨氏太极拳。我曾到杨露禅的家乡即河北省永年区，和当地的太极拳爱好者交流，发现很多人都听说过杨氏太极拳大功架、太极长拳、小架太极拳，但几乎没人能完整地练下来，可以说是失传了。这样的大环境和形势，尽管让我感受到很大的压力，但是将顾老师传下来的杨氏太极拳传出去的决心从没有如此坚定。

2010年以后，很多太极拳爱好者开始逐步接触杨氏太极拳的练法。在杨氏太极拳申报并公布为非遗代表性项目以后，尤其是在我被认定为杨氏太极拳代表性传承人以后，杨氏太极拳迎来了它的春天，得到了广泛传播。2019年，我开始组建固定学习班，实行有偿教学，收费标准为800元/年。这个学习班目前有20多个学员，他们可以练习所有我设的太极拳科目。当然，没有交费进学习班也是允许的，只不过进学习班的学员肯定练习得更深、更细一点儿。杨氏太极拳和太极长拳都已经申报为非遗代表性项目，它们有多种练法——“缓、动、活、灵”，练的时候注重“八字

池庆升教外国友人练习太极拳

池庆升和弟子在北京八达岭长城切磋太极拳

心法”，即静、松、正、圆、舒、匀、轻、稳。学习班的学员每天早上八点半开始练这两套拳，练完需要一个多小时，然后每个人根据自己的情况正常训练。这两套拳称为两个“108式”，天天练，即使下大雪，也照样练。此外，我还于每周一、二下午5点到7点在省磷化集团有偿教授公司员工练习太极拳，现在过年期间没有开课，等过了春节再看是否要恢复教学。

我于2003年收了第一批徒弟，主要来自国企、高校和政府部门。我的第一个徒弟应该是樊英顺。他刚从电力学校毕业，大概是1984年，就跟着我学习太极拳了。他的水平还可以，后来因为成家、工作调动等原因不经常练，但他的腿功特别好，现在有时间也会来广场对我的学员、弟子进行指导。从2003年至今，我起码收了六批徒弟了，获得我颁发杨氏太极拳第六代传承证的起码也有100人。每次收徒都要举行收徒仪式，包括递交拜师帖、敬茶、呈上拜师礼、回赠“入室嫡传证”和太极服、向师爷敬礼、宣读“杨氏太极拳研究会传承戒规”等。当前我最得意的徒弟是李桂芝，她一直跟着我练。她比我小8岁，但杨氏太极拳已经达到了中高阶水平，正在向高级水平阶段进发。她现在已经在多彩贵州、森林公园独立带学生了。

池庆升带弟子们冒雪练习太极拳

可以说，我现在是“桃李满天下”，北到沈阳，南到四川、广西，甚至到泰国及东南亚其他国家。其中河北、山东之交的最多，1997年时，有20余个来自河北、山东在服务大楼做轴承生意的人，在当时的人民广场跟着我学杨氏太极拳，之后就把杨氏太极拳带到了他们的家乡。2008年，河北邢台下属的临西县成了太极拳协会，邀请我去揭牌，并做太极拳表演。

池庆升和他的首批入室弟子

此外，贵州桐梓县郭长江曾经于2011年左右在贵阳跟我学太极拳，并把杨氏太极拳带到桐梓教授，影响了当地一批人，后来还成立了杨氏太极拳桐梓分会，当时贵阳还组织了一批人去进行杨氏太极拳交流。

在泰国我还有一个弟子和一个学生，经常跟我通话。其中一个叫张楚雄，在曼谷，我还练了一套小架录下来发给他，我让他有空时来贵阳待段时间好好跟我学习。他是泰国孔子学院的院长，练了四年的杨氏太极拳，通过网络传播的视频认识我，后来通过他的员工跟我取得了联系，我录制一些视频发给他，让他照着练习，现在正在练太极长拳第一路。另外一个名叫梁德华，在清迈，学武术，包括太极拳。他在五年前通过我的一个学生找到我，我们当时切磋了下，我觉得他练得可以，还练过我们的一个套路——小架太极拳，但不太正宗，始终不是从杨少侯那边来的，后来我给他调整了下。隔了年把，大概是2016年，他第二次来找我，我教了他一个大功架的“51式”，这51个式子包含了所有大功架的式子，没有重复动作。他磕头作揖正式拜我为师，我发了第六代传承证给他。他回到泰国以后，在东南亚很多国家进行了传播，因为得到了杨氏太极拳第六代传承证，他收的学生比他原来翻了几番。

除了常规教学传授杨氏太极拳，1992年3月，我与师兄张卓星组建“张卓星太极拳社”，并任太极拳教练，获省武协太极拳专职辅导员证。1996年6月，在我和几位朋友的多年努力下，杨氏太极拳由省武协推荐被录入《中国民间武术家名典》。我的师兄刘德荣成立了一个太极拳民间组织，邀请我在里面无偿教授太极拳。在他的支持和建议下，我向市武协打了关于成立杨氏太极拳研究会的报告，但鉴于当时某些特殊原因，报告没有被批。隔了一到两年，市武协终于在1999年12月批准成立“贵阳市杨氏太极拳研究会”，由我任会长，一直运行到现在。当前，研究会有1个会长，2个副会长，还有秘书长。每年我们都会组织春季、秋季、年终杨氏太极拳演练活动讨论交流练习太极拳的心得，每次参加的人数在100至300人不等，活动场地主要在筑城广场。

在太极拳等武术比赛方面，1984年9月，我参加了“贵阳市武术锦标赛”，获得传统太极拳、剑第二名，并获贵阳市武术辅导员证。1992年7月，代表贵州省武协参加北京体育大学举办的“全国太极拳、剑、推手比赛”，获杨氏太极拳40式第五名。2001年3月，参加国家体育局在海南三亚举办的“首届世界太极拳健康大会”，获杨氏太极拳40式一等奖。2009年，带领徒弟参加中国·贵州·清镇国际太极拳交流大会，获得多项奖项，我本人考取中国武术段位第六段。2014年10月，参加“武当山国际演武大会”，获传统杨氏太极长拳第一名（金牌）。

在成立了杨氏太极拳研究会以后，我也一直潜心研究太极拳的理法和练法。在多年的太极拳教授时间中，我将顾丽生老师所授的太极拳、器械套路的精髓做了系统的归纳和总结，其内容为：传统老架十三势太极拳108式，杨氏太极长拳一路、二路，杨氏小架太极拳，杨氏活步太极拳，51式杨氏太极拳，杨氏太极剑、刀、枪、棍和推手。其中，活步太极拳是2000年左右我在顾老师“把步伐走活”的影响和基础上，拿顾老师传授的大功架不重复的动作抽选起来编成的，一共有四段，是专门用来练步伐的。与此同时，我还以通俗易懂的语言归纳总结了杨式太极内功修炼八法，即太极吐纳、导气、行经过络的练功方法。2009年，我撰写的文章《谈练太极拳的“八字心法”》在中国清镇国际太极拳交流大会高峰论坛上获得三等奖。

（五）

杨氏太极拳在当下的传承状况还是很不错的。我的弟子李桂芝曾告诉我：“你的杨氏太极拳51式，不但贵阳市的很多人都会练，在外省都有很多人在练。”这是肯定的，因为省内外都有我的很多学生，特别是在贵阳市，有些人没有直接跟我学过，但一大部分都是由我的弟子、学生去传播的。此外，我也经常拍摄一些套路的视频，传播出去，让我的学生、弟子及其他爱好者跟着练习。今年，我准备在5月份再收一批徒弟，协助我传播非遗项目杨氏太极拳。

当前，在教授杨氏太极拳方面，我先教我自己根据大功架编的“杨氏太极拳内功修炼八法”，一共8个式子。学生在主修“八法”的同时，可以跟着我或跟着大家晨练学习其他的套路招式，这样在以后的学习中容易做到融会贯通。并不是非要把“八法”学完，或者把某个套路学完，我再教其他的招式，这样的教学方式对杨氏太极拳的传播大有好处。除了“八法”，我目前在传授的还有杨氏太极拳十三势大功架、太极长拳（一、二路）、传统太极拳72式，太极刀、枪、剑和棍。小架太极拳抖弹发劲的方法藏而不

池庆升在访谈中演示太极拳招式练法

露、迅猛，因为很多人练不到，所以我还没有教。我要把杨氏太极拳“原滋原味”地传出去，可以接受弟子、学员因为身体条件、习惯不同而呈现的风格不同，但杨氏太极拳的练法和套路不能随意改动，这是我要把握的非遗传承的原则。简单来说，套路的结构可以改，但练法和式子的造型不能改。

杨氏太极拳有“缓、动、活、灵”四种练法。年轻人可以练“矮架”“快架”，老年人可以练“高架”“缓架”；大功架里面有个“二起脚”，像我年纪大了，就可以走一个“拍脚”、一个“摺掌”，老年人都做得到。可以说，杨氏太极拳适合各类人员练习，因此我认为它在传承上是不会断档的。尽管偶尔我也会因为子女没有坚持跟我学习太极拳而略感遗憾，但是好在我的孙子已经4岁了，他来我这里玩，我就会跟他说：“来，打架，打架。”他就会站在沙发上和我“推手”。明年一开春我就可以带着他练习太极拳。我跟我儿子、儿媳妇已经说好了，每周五就把我孙子送过来交给我，周末我教他练太极拳。我早已给他准备好了短刀、短剑等。

由衷感谢贵州省、贵阳市和南明区政府对杨氏太极拳，以及对我传承杨氏太极拳的认可。杨氏太极拳被列入非遗代表性项目名录，我本人被认定为非遗代表性传承人，且给予我传承、传播非遗的很好的平台。我希望非遗主管部门、政府部门能给予我更多的支持和帮助，比如以“非遗保护传承”的名字办一个培训班，或建设一个传习所，在固定时间、地点开展杨氏太极拳的集中培训。此外，我有个计划：我准备喊我一个电视台的学生，用他的专业机子，把我掌握的30套刀、枪、剑、棍、拳全部录下来，既可以帮助太极拳爱好者加强练习，又可以留给后世，可谓“功在当代，利在千秋”。我将不遗余力地继续做好杨氏太极拳的传承教学工作，把顾丽生老师传授给我的杨氏太极拳毫无保留地传播出去，直到我抬不起手、走不动路。我希望杨氏太极拳能够真正地发扬光大；如若不然，我将愧对顾老师对我的10年栽培。

第一代：杨露禅，名福魁，号禄禅，河北省广平府永年县人，杨氏太极拳创始人。杨露禅武艺高强，有“杨无敌”之称。杨露禅生前没有留下具体的拳技资料，其拳势和教法后人知之甚少，传世的“杨露禅老架”，据说是得自杨露禅晚年亲授，其特点是每一拳势有左就有右，两翼兼顾，势法也较为紧凑。杨露禅老架现已罕见。

第二代：杨班侯（1837—1892），名钰，河北省广平府永年县人，杨露禅之次子，杨班侯一百单八势中平大架太极拳创拳人。杨班侯自幼随父学习太极拳，又从武禹襄读书，功力、技艺过人。杨班侯个性刚烈，又欠忍耐，每与人较量，出手不留情，对同门及从学弟子，也往往随意发劲，使学者难以忍受，故其技艺虽强，但入门弟子不多。

第三代：杨少侯，其拳技多习自伯父班侯，性格也极相似。拳势架高步活，动作紧小，快慢相间，发劲刚脆，气势逼人。拳技虽然高超，因不善教学，不问对象，搭手即打，所以能传授其拳艺的人较少。

第四代：顾丽生（1904—1978），安徽省怀宁县人，师承杨氏太极拳第三代宗师杨少侯。1909年，随舅父在南京行医谋生，拜在当地拳师高材祥门下学习少林拳。20世纪20年代初，在南京邮政官员王某家当勤务员，1927年时逢杨少侯教授王某太极拳。几经周折，被杨少侯收为徒，经杨少侯的悉心教导，终学有所成，掌握了杨氏太极拳的真谛。杨少侯宗师去世后，经人介绍从杨澄甫宗师进修有年。贵阳地区的杨式太极拳，最早是由顾丽生先生传入的。

第五代：池庆升，1948年出生于贵州省会贵阳。时年9岁，因缘际会，得遇杨氏太极第四代宗师顾丽生，被收为关门弟子，关怀备至，名为师徒，实若父子，终将一身太极精髓倾囊相授。尽得杨氏老架十三势大功架一百单八式、杨氏少侯小架太极拳、杨氏太极长拳、杨氏太极剑、刀、枪、粘杆和推手等精义真传。1972年3月开始，收徒教授太极拳系列套路，至今在全国各地学生已千余人。

第六代：何礼勇，男，1962年生，贵州遵义人，2015年正式拜池庆升门下，成为身边嫡传弟子。一招一式尽得池庆升师父口传身授，潜心随师继承《班侯九诀》古法练法，修练杨氏老架十三势大功架及其杨氏老架等套路的行功走架。

余莉萍，女，1967年生，贵州水城人，2015年正式拜池庆升门下，习练杨氏老架十三势大功架及其杨氏老架等套路的行功走架。

胡正德

传承使命，坚守匠心

传承人：胡正德

采访时间：2021年12月29日

采访地点：贵州省清镇市犁倭镇右八村“胡一刀”工作室

采访人：何俊旺、吴红燕、梅世素、丰兴康

文章整理、撰写：何俊旺

※ 人物小传

胡正德（1946.10.15—2022.3.20），男，汉族，小学文化，贵州省工艺美术大师，行业别号“西南一刀”，主要从事雕刻艺术创作工作。胡正德在紫袍玉雕工艺上的造诣极高，在国内享有广泛的声誉。

胡正德从小就从事各种门类的艺术创作，曾三次获得国家级工艺美术大赛的金奖。胡正德的一生非常传奇，小时候因为家庭原因，在伯父和干爹的指引下走上学艺的道路。三岁时在伯父的启发下学习绘画，六七岁时接触并自学黑砂陶技艺，七八岁时跟随干爹学习雕刻技艺。为研究黑砂陶，1986年胡正德在安顺红山小学创办砂陶厂并开展研究，实验上千次后，最终将黑砂陶制作工序改良完善。2013年1月30日，其研发的“熏烟渗碳原理”获得国家专利，同时获得专业人士一致认同。2016年开始带徒，现有徒弟6人，分别是胡钟幻、胡家文、胡胜、刘梅、郭兰平、周艳林等，都已出师，能独当一面。2017年，胡正德回到家乡犁倭镇左八村发展黑砂陶技艺并创建了“胡一刀工作室”。

胡正德的一生几经波折，甚至险些为了技艺和生活搭上性命，但是他仍然选择坚持下去，始终坚守着自己的匠心和使命，哪怕是到生命的尽头也无怨无悔。

（一）

我叫胡正德，是贵州省级非遗代表性项目黑砂陶制作技艺的省级代表性传承人。

黑砂陶是迄今为止在贵州省境内发现的最古老、最原始的陶种。贵州黑砂陶器具生产已有600多年历史，晚清时期，在清镇犁倭玉冠山山脚下就有专门生产黑砂陶的作坊，生产出的黑砂陶多用于生活用品，外观造型简洁质朴，一直传承至今。20世纪50年代初，犁倭镇河溪村一带有几家传统的黑砂陶作坊，主要生产砂锅、药罐、米缸等，其产品在织金、金沙、清镇一带盛行。“犁倭黑砂陶”是我对原黑砂陶制作技艺进行改良而形成的，具有广泛的生活实用价值和极大的艺术文化价值。犁倭黑砂陶在制作过程中，集雕塑、绘画、美术等艺术元素于一体，具有一定的观赏性和收藏性。目前，犁倭黑砂陶制品主要以民用的茶具、酒具、花器等为主，制作技艺为师徒传承，工匠们卓越的创造力体现了因地制宜的中华工艺智慧以及贵和尚雅的中华审美精神。2018年8月10日，犁倭黑砂陶被清镇市人民政府列为第二批市级非遗代表性项目；2018年10月25日，犁倭黑砂陶被贵阳市人民政府列为第五批市级非遗代表性项目。

A06 城故事 贵州都市报

贵州黑砂陶被他“找”回来了

贵州民间艺术家胡正德历时22年，成功研发出失传多年的黑砂陶烧制工艺

雕刻艺术大师胡正德“玩”泥巴，“烧”金钱，22年如一日，“烧”了不少钱，砸烂了不少半成品，最后终于研发出一项发明专利、非遗项目——贵州黑砂陶。

黑色坛坛罐罐都是非遗宝贝

胡正德和他烧制的黑砂陶。

黑砂陶器。

“找”回失传的贵州黑砂陶工艺

欲引资建厂 传承贵州黑砂陶

贵州都市报对犁倭黑砂陶的报道

我今年75岁，出生在犁倭镇的左八村，我做黑砂陶的地方则是在右八村。我们村以前是一个军事基地，之所以被分为左七、右七、左八和右八就是因为这个“军屯文化”。在犁倭，我家算是一个大家族，家里十几口人生活在一起。我的爷爷和父亲都是富翁，他们做的是农业，直到“土改”之后，家族落难，生活才变得困难。我的爷爷一共两个儿子，一个是我的父亲，另一个则是我的伯父。

我的父亲在1951年离我们而去，家里的重担压在了我母亲的身上。当时我们家的土地和财产被没收上缴，我们家里十几口人也就四处散开。没有了住处，我和弟弟只能跟着母亲借住在一户人家的闲置房子里，平时跟着伯父去学校里读书。我的弟弟因为生病，得了轻微的脑震荡，我只能边读书边在家里照顾弟弟。当时因为家里的情况特殊，别人时不时会来欺负我们，不过好在我小时候性格比较孤僻，脾气又比较凶，看起来不好欺负，所以他们也不敢经常欺负我们。别人瞧不起我们，但我们也不会去特地讨人喜欢，自己过自己的日子就行了。

我的伯父是村里的一名老师，在附近的小学任教。除了教书，他还知道一些绘画知识。所以在我三岁的时候，他就开始一点点地教我绘画，当他发现了我在绘画上的天赋后便开始启迪和鼓励我继续往这方面深入学习，这也为我以后的人生道路打下了深厚的基础。毕竟在那个年代，只有掌握了几门手艺，才能在那个环境生活下去。

六七岁时，我接触到了黑砂陶，这是我人生中学到的第一个手艺。那时候在河溪村，也就是左八村旁边的村子，有一个专门烧砂锅的私人作坊，和我家隔得近，所以我一有时间就会跑到作坊里去看他们做东西。边看边记，时间一长我自然就学会了烧黑砂陶的技术。

除了学会烧黑砂陶，我还学到了木雕手艺。我小时候虽然不爱说话，但是聪明，学东西学得快。我的干爹肖光诚觉得我很有天赋，于是便决定把他的雕刻技术传给我。我的干爹木雕手艺非常好，我也很愿意跟着他学习木雕。但是因为家里的条件不好，我只能偷偷地去学。那时候我连上学的资格都没有，学手艺自然也要受限制。白天我只能在旁边帮忙打下手，晚上周围没人了，才敢烧柴火照明来学习手艺。即使条件这样艰苦，我还是在13岁那年完全掌握了木雕手艺。同时，同学和长辈也发现了我在做木雕，并且做得非常好，完全可以通过卖木雕赚钱吃饭，渐渐地，我的名气就在村子传开了。一些艺术界的人知道我，就邀请我进入圈子，大家一起交流学习技术。

（二）

学成木雕以后，要想有饭吃，就必须跟着大家一起生活。凭借着木雕的手艺，那个时候我家还是能吃得上饭的。家中困难的时候，我会把我的工艺品拿到省城，也就是贵阳新添寨那边去卖。当时，那些文化界、艺术界、收藏界的人喜欢买来收藏，我就卖给他们，价格根据木雕作品来确定，作品越好，卖的价格也越高。

那个年代，我与他们的交易都是私下进行的，买家的信息必须严格保密。合作次数多了，家里的生活也慢慢地好了起来。我们家是农村人，村里面的一些人看着我家富裕起来，心存嫉妒想欺负我们，我一怒之下就离家出走了。

18岁时，我跟着我的朋友跑到云南瑞丽去学习玉雕。因为木雕技艺和玉雕技艺相似，所以学玉雕对于我来说并不困难。干我们这一行的，看多了，自己慢慢领悟，就学会了。在云南我的玉雕生意越做越好，名气也越来越大。我的石雕作品曾三次获得金奖：2004年和2005年两次“西博会”[①]

① 西博会：胡正德先生所讲的“西博会”，其全称为“杭州西湖博览会”。1929年，举办第一届西博会；2000年，举办第二届西博会；胡正德先生所参加的“中国工艺美术大师作品暨工艺美术精品博览会”作为西博会的骨干项目，在2000年的西博会上才举办的第一届“中国工艺美术大师作品暨工艺美术精品博览会”。

金奖，2008年一次“文博会”[①]金奖。我靠着精湛的雕刻手法，在行业中赢得了大家的认可，大家送了我一个别号——“胡一刀”。

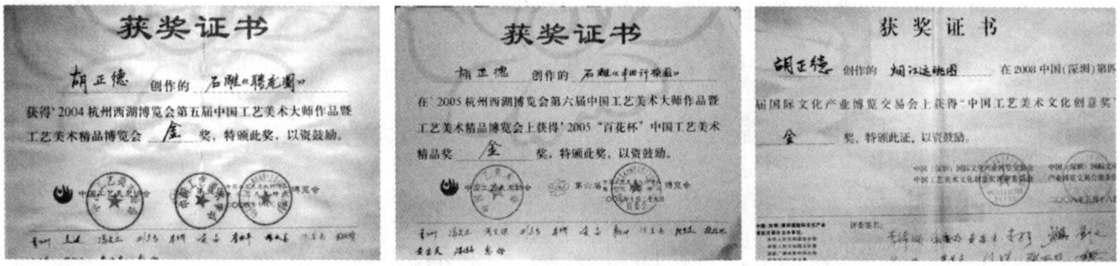

胡正德曾三次荣获国家级金奖

我20多岁的时候就已经成家立业了，1975年有了第一个孩子。这里需要和大家说说我与妻子的故事。我和我妻子在一起主要还是因为我们两家之间的关系。以前我们两家人关系很好，大人在我们很小的时候就决定联姻，后来我妻子的父亲走后，她就被送到寺庙里，由和尚带大。我们在一起，不仅是为了履行家族的约定，还是为了互相有个照应。现在我的妻子在新添寨水田的寺庙里出家，因为她对佛家的心思重，想去寺庙里面出家，我也不好拦她。虽然她现在生活在庙里，但是我们还是会经常联系，我有空就去看她。她的性格很要强，虽然有时候会对我发发脾气，但是脾气过了就没事了，我们的关系还是非常好的。

（三）

1966年，迫于历史原因我出走学艺，留妻子在家照顾孩子。出走期间外面抓得很紧，有时候连住的地方都找不到，可以说是风餐露宿。那时候也有想过放弃，但是回过来想想还是再坚持一下，不管怎么样我是学技术，于是，沉下心来继续学习技术。尽管在外面随时会被查，但是我没有

① 文博会：胡正德先生所讲的“文博会”，其全称为“中国（深圳）国际文化产业博览交易会”。深圳文博会于2004年创办，目前是我国唯一一个国家级、国际化、综合性文化产业博览交易会。

什么历史问题和案底，他们查完之后我就可以走。虽然很想妻子和孩子们，但是很多事情又脱不了手，我只能一直在外面坚持我的事业。

这段时间，我在外闯荡，去过很多做工艺美术的地方，看了不少，也学了很多。妻子和孩子们都很支持我，我也有了继续下去的决心和动力。那个时候只要有钱就往家里面汇，想让妻子和孩子的生活过得更好一点儿。

1979年改革开放以后，平坝那边有人邀请我去开发屯堡文化。之前没有人敢做这个项目，我们胆子大，接下了这个项目后马上前往平坝屯堡开始研究屯堡文化，并且我们最先研究的就是这个地戏面具。当时，那些学者研究地戏面具的资料，基本上都是从我这里拿去的。因为我研究地戏面具时间比较长，也做得比较实在。这些资料都是我深入平坝农村收集当地的野史资料整理得到的，所以学者都比较认可我的内容，屯堡文化也可以说是我宣传出去的。屯堡文化是有历史依据的，在明朝时期，朱元璋派我们家祖先胡大海征服贵州，他们走了之后，部分军队就留在贵州防守。当时没有娱乐设施，也没有娱乐项目，而军队中北方人又比较多，所以他们就决定把京戏和地方戏结合在一起，最终形成了我们现在的傩戏和地戏，来供军队消遣娱乐，当然这也只是民间流传的一种说法而已。每逢过节，军人们就用这些戏种来庆祝或是祈祷吉祥丰收。而这部分军人大部分都是我们胡家人。所以，每次我去下乡走访，谈到胡大海，村民都很清楚，也很支持我，都建议我把这个屯堡文化研究好。研究成功后，我们就开始发展傩戏面具产业，当时我们做出来的傩戏面具曾销往广州、桂林、上海等地。发展最好的时候，厂里面已经有四五十个工人。后来发展越来越好，吸引更多的人跟着做傩戏面具产业，市场逐渐缩小，我们也没必要继续做下去了。这时，我想起家里的黑砂陶很有开发的潜力，于是我就转业开始研制黑砂陶烧制技艺。

（四）

1985年我来到安顺，开始研究黑砂陶烧制工艺。1986年，我在安顺的红山小学开办了第一个砂陶厂。刚来安顺时，本以为一切都能顺利进行，研究却突然遇到了困难。当时安顺当地一些文化底子薄的老百姓，看我们研究黑砂陶成功以后会发财，就给我们出难题。为了不让我们继续研究，他们开始限制我们的水、电、交通。我想，既然他们不让我们继续研究，那就干脆搬去其他地方。于是，我将研究的设备搬到隔壁的村里继续研究。当时我们贵州一些院校和个体户都在研究黑砂陶，仅是个体户的数量就达2000家。

1987年，我将黑砂陶的原材料、配方、烧炉的工序、制作的工艺等步骤全部推倒重新研究。经过3000多次的实验失败，在所有研究黑砂陶烧制工艺的企业中，只有我取得成功。新的黑砂陶烧制技艺，是在原有工艺的基础上重新研究，再借鉴别人先进的技术和理论，归纳总结形成的。当时为了研究黑砂陶，我去了很多地方。我先从我们贵州的工艺技术开始研究，又前往山西、深圳和潮州等地，了解当地陶瓷类的制作经验和技术，再融入我们黑砂陶的制作，才有了现在的研究成果。黑砂陶的研制，工程量太大，还有其他陶类的制作技术需要我们研究整理。如果没有他人先进的技术和理论，单靠我们自己研究，也不一定能够成功。

研究成功之后，我们在安顺继续发展了一段时间。当时安顺不太重视我们的项目，重心都放在蜡染上，其他都不管。看见这个情况，我们也很寒心，但也只能另找地方发展，我们就离开了安顺。恰巧当时新添寨有一个很好的发展趋势，新添寨的日本商人相当重视我们的项目，也舍得投资，我们就来到新添寨发展。

（五）

1993年，一家公司邀请我和他们合作，共同开发一个大型的公墓项目，当时他们的公司是中国的香港、贵阳和日本三家公司合作开办的。因为我有黑砂陶的技术，所以我们就利用黑砂陶来筹备资金。当时，日本人喜欢种兰花，但种兰花必须使用特殊材料制作的花盆。于是，我们专门制作了黑砂陶花盆，销往日本。到后来，我们的黑砂陶销售范围已经延伸到了东南亚地区，销量非常大。赚到钱之后，我们就开始为大型公墓项目做准备。在新添寨，我们购买了3000亩土地建设公墓，并且专门划拨一块地，继续生产黑砂陶，整个产业项目投资达到了3700万。可谁能想到，好好的项目突然出现了问题。最终，我们的项目以失败告终。虽然当时我亏损了1000多万，在那个年代算是一笔巨款，但是好在经过这么多年的打拼，我还是有一些积蓄的，生活也不会很困难。

公墓项目失败之后，我把重心放在了玉雕上，并决定来到缅甸发展。当时我们的玉雕做得非常好，我甚至还创办了工厂。虽然加工厂不大，只有十几个人，但是我们的生意还是很不错的，我在缅甸一待就是五年。每当回想起缅甸的生活，就会想起我最接近死亡的经历，那是我这辈子都忘不掉的记忆。

有一次，我和生意上合作的朋友一起去山上采蘑菇吃，那时正好是吃野生蘑菇的好季节。结果，吃完以后就中毒了。我们两人晕倒后，马上就被送到当地的医院救治。当时缅甸医疗也比较落后，医生检查了我的情况，发现不乐观，给我下达了病危通知书，并通知让家人准备后事。

住院后，我请了一个保姆，在我身边照顾我。一天，我非常想家，感觉自己已经要不行了，就和保姆讲："小妹，明天早上你把我扶出去，带我走一圈，估计以后我都回不来了，想在这里留下一个好的记忆。"第二天早上，我的保姆就把我推出来走了一圈。逛完之后，她就把我推到路边晒太阳，这时，我的运气来了。一个缅甸小老头儿正好从路边经过，他看到我就说："小哥，你搞哪样啊？"他汉语讲得特别流利，我无奈地告诉了他我的情况："我是中毒哦。"然后他又继续追问我说："啊，中哪样毒？"我回答道："我是吃蘑菇中毒。"他接着问道："那你怎么不早点儿搞呢？"我失望地说道："我搞不到了。"老头儿就走到我的身边，把我的眼皮翻开，看完以后说道："还可以还可以。"那时候缅甸人的衣服上挂着一个小布袋，这个小老头儿就从他的布袋里拿出了一根从山里摘的像筷子一样长的草药，对我的保姆说："小妹，你赶紧把这个拿给他吃——这个药苦得很，你赶紧去倒杯开水给他吃了，吃了这个他就没事了。"我的保姆就赶紧把药拿给我吃，我也不管三七二十一，直接就把老头儿给的药嚼了吞了下去。吃完之后，奇迹就出现了，第二天我全身都发黑，连指甲都黑了。三天后，我身体里的毒基本上排出来了，我的身体也好了大半。

为了感谢这个老头儿，我想把我在缅甸的珠宝加工厂送给他，那时候我就想赶紧处理完工作回家，捡到这条命已经很不容易了。可是无论我怎么劝他，他就是不肯收下加工厂。我知道缅甸人不贪心，虽然他不要，我也不能把我的工厂搬走，最后我只能硬塞给他，然后赶紧跑回了家。

回到家后，我一个人生活。那段时间，虽然身体没有完全恢复，但是我还是可以干一些活的，孩子们也会经常来照顾我。在养伤期间，我也没有闲下来。我和我的朋友陈辉亚在新添寨合伙开了一个炼石斋，朋友开厂，我帮他搞技术，边搞边锻炼身体。在炼石斋干了五年，我的身体也是在炼石斋养好的。之后，我决定自己去搞紫袍玉雕加工。2010年，我到深圳发展紫袍玉，干了几年紫袍玉雕。由于紫袍玉开采过多，原材料接近枯竭，我们也只能放弃。如果不是因为原材料枯竭，我甚至可以在深圳把产业做大。

恰好当时的黑砂陶非常有市场，在工艺行业里面也没有人开发。于是，我就决定从深圳再回到贵阳，最终选择发展我们的黑砂陶。

（六）

2013年，我转业发展黑砂陶也是麻烦不断，经历了很多曲折。当时，资金不够，只能在比较小的生产基地生产，生意也不稳定，工厂搬来搬去。因为我在新添寨工作20多年，也有很多的人脉关系，所以回来之后，我最先选择的发展黑砂陶的地方就是顺海。结果，在顺海做的时候，我们发现那边的条件不适合做黑砂陶，后来就从顺海搬到了水田。在水田失败之后呢，我们又在扎佐发展。去扎佐也是一个单位引领我们过去的，他们搞的是物流公司，最后还是没搞成。

大概是在2015年的时候，我们清镇的镇长就去扎佐亲自把我接过来，最终我就落在清镇把黑砂陶带起来了。在清镇，政府也是大力支持我们，镇长知道我是清镇人，有黑砂陶技术，给我提供了很多帮助，例如给我们提供陶土资源、场地、资金、办理手续等。我们利用政府分给我们的这个旧学校，在硬件方面投资了五六百万来买设备、修厂房、搞水电、选购原材料，最后办成了我们现在的“胡一刀”工作室。

（七）

如今，我们的黑砂陶烧制技艺已经有了很大的突破，已经更新到第七代了。

我们的黑砂陶属于陶类，而陶类制作的主要制作材料就是泥土。首先要用我们的粉碎机把做陶的泥土打成粉，再一袋袋装好；装好之后，再将泥粉放入球磨机中加水球磨。球磨的目的是将颗粒状物质的棱角磨去，将颗粒打磨成圆形粒子，使其结构变得稳定。以前，制作黑砂陶还没有球磨机，大家炼泥都会把泥巴拿回去，加水混合，自己穿着水鞋在泥巴里面踩，也相当于我们现在的球磨一样。泥巴球磨好之后，再把它放入我们的榨泥机，等它里面的水分榨干后，泥巴就会成饼掉下来，再把它放到后面

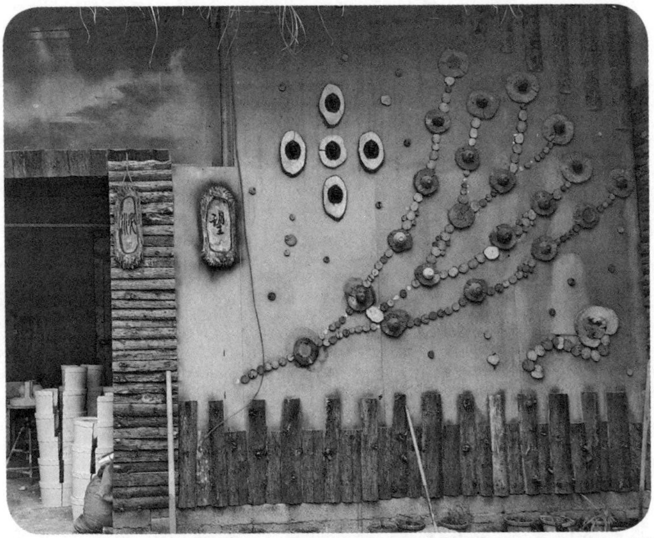

“胡一刀”工作室历代产品展示

的两个机器里接着炼，最后把它炼成一段一段的。反复炼泥的目的是排出泥里的空气，让它更紧密。抽真空以后，它出来的泥不仅结构紧密，黏性还会更强。榨泥这个步骤我们以前也是用手工去做，需要用手一点点不停地去揉。一坨泥要揉至少8000次以上，然后你再看泥的状态怎么样，最后你才能拿来去做这个工艺。

除了做泥，选泥也是很重要的。目前，贵州的泥土分为三种：一种是矿泥；一种是砂泥；一种是胶泥。比如像石头一样的泥土，就是矿泥。最典型的就是我们的紫砂泥，它就是所谓的“五色土泥”[①]，也是一种原矿。紫砂泥中铁含量比较高，所以这种矿泥烧出来就是红色，矿泥独特的性质就是它所含的矿物原子。

而第二种砂泥，是像沙子一样的泥土。砂泥有一个非常好的作用，当

① 五色土泥：紫砂泥料主要包含紫泥、红泥和绿泥等几大类，如果细分则还有天青泥、底槽青、墨绿泥、降坡泥、段泥等；紫砂泥料经过调配或对烧制温度进行控制，又可变换出多种色泽，所以紫砂泥也因此被称为“五色土泥”。

制作泥片

我们把它加入我们的陶类作品里，它可以让我们的作品结构更稳固，就像骨头一样，给作品塑造骨架。但是，砂泥的成分里不含铁，也没有黏性，它的主要成分就是水晶二氧化硅，所以砂泥烧出来的颜色就是白色。

最后一种泥，也就是我们最常用的胶泥。胶泥，顾名思义，它是一种具有很强黏性的泥土。因为胶泥含铁少，所以它烧出来是黄色。我们做土陶和砂陶时，都是要用到胶泥的，当然也包括我们的黑砂陶。我们的黑砂陶与传统的土陶、砂陶不太一样，土陶就是用胶泥直接做的，砂陶是用砂泥和胶泥混合的泥土制作的，而我们的黑砂陶则是用煤灰和胶泥混合的材料制作的。

黑砂陶制作技艺的关键，一个在于选用的煤灰，另一个则是我们烧制的技艺。我们黑砂陶制作选用的煤是一种低硫煤，它的硫含量必须要低于0.6%。我们选好煤后，把它烧断烧成灰，再将其打成沙和我们的胶泥混合，最终才形成我们制作黑砂陶的泥土材料。有了材料之后，我们就可以把它做成坯，利用我们研究的“烟熏渗碳”理论，把陶坯烧制成这个“黑”色。所谓的“烟熏渗碳”就像我们“烌”[①]腊肉一样，我们把产品放

① 烌（qiū）：“烌”腊肉为贵州方言，意为熏腊肉。

工匠手工制作原料

入1000多摄氏度高温的窑子内烧制，当产品完全烧制成红色的时候，再用碳、含碳介质的材料扔入窑内，用盖子给它盖上，不让烧出来的“烟”[1]跑出去，让其不停地熏制，最后它就烧成了我们黑砂陶的“黑”色。我们通过“烟熏渗碳”，强行在它蜂窝状的孔洞里边，把活性炭的因子强行给它注进去，最终形成了这个“黑”色。

相比我们传统的砂陶，比如硬紫砂或土陶，它们的横截面放在放大镜下面可以发现，它们的孔洞结构属于双孔性的多孔性结构。但是，我们黑砂陶不一样，因我们使用的砂和其他的砂不同，在陶坯烧制的过程中，混合泥材料内的煤砂是会燃烧的，而燃烧掉的部分就会形成蜂窝状的孔洞。然后利用我们的技术，在孔洞内注入其他的物质，从而产生特定的功效。

目前，我们的黑砂陶具备许多功效，例如保鲜和抗氧化，这些都归功于它孔洞中的活性炭因子。如今，我们的黑砂陶不仅可以用来制作茶壶、

① 此处所指的“烟”是由重碳物质烧制形成的，在较为密封的环境，碳物质不完全燃烧形成一氧化碳和二氧化碳，一氧化碳和二氧化碳在高温条件下反应生产碳单质存在于空气中，而形成碳烟。生成碳单质的反应存在于空气中，而黑砂陶坯烧制后形成蜂窝状的孔洞也是发生反应的绝佳场所，所以黑砂陶制品能够利用此“烟”，达到注入活性炭的目的。

茶杯，还可以制作很多的餐具、工艺品、酒具等，它的实用价值、审美价值和艺术价值都非常不错。

（八）

虽然现在我的年龄比较大，但是我的这些手艺都没有生疏。我现在最大的愿望，就是把我的这些手艺全部传给我们的下一代。目前，跟我学过雕刻的徒弟估计有上百个，他们现在都在全国各地开厂。因为黑砂陶烧制技艺才刚开始兴起，跟我学黑砂陶的徒弟还没这么多，不过也有一二十个了。我的徒弟跟着我学烧制黑砂陶，学得好、学得快的人，半年之内就能掌握制作技术。但也不是人人都能跟我学，想要跟着我学黑砂陶，需要满足一些条件。首先，年龄有限制，年纪要在18岁到50岁之间，年龄太大了一般都做不了，年龄太小了就是童工。其次就是你的文化水平和身体情况，文化水平一般要初中以上，身体要健康。最后，就是看你的人品，即能不能吃苦、愿不愿用心来学这个东西。

在我看来，学习这些技艺，最难的不是技艺本身，而是人的思想。我在教徒弟做陶类技艺的时候，会先教他们如何去做原材料和配方。等他们掌握了原材料和配方以后，再教他们拉坯和手工雕刻，一步步来，切不可操之过急。有些人在学这些技术的过程中遇到了比较难学的步骤，认为很难，觉得自己没有办法做到，于是就放弃了，之后一事无成。所以说，为什么难的是人的思想呢？因为人的思想决定了你未来的道路，不相信自己有这个能力，没有坚定的意志，你就无法成功。你看看我们现在工作室的工人，你喊他走他都不愿意走，就是因为他们思想上重视，也因此他们才成功得快。

现在，基本上只要是愿意来学我们黑砂陶的人，我都愿意教他们，他们也可以来我的工作室工作，只要他们做得好，工资会非常不错。教他们做黑砂陶也是为了让更多的人传承我们的传统手艺。如今，我的几个孩

黑砂陶花瓶

子，比如大女儿，她已经完全掌握了这个技术，我们这些黑砂陶的作品，她也都能够做出来；老二也掌握了一部分，因为他帮我管理工作室的很多事情，所以他经常在外面跑来跑去，学习的时间也比较少；老三就在工作室帮我一起做黑砂陶。我的孩子们以后就是我的传人，我年纪也大了，可能也做不了多少年，现在我把这个技术传给他们，将来他们还要传播出去，让我们广大的老百姓受益！

未来，我想把我们的黑砂陶的制作范围扩展到建筑材料、装饰品等方面，像我们的灯具、室内装饰品、壁画、雕塑等。在拓宽我们产品领域的同时，我也希望能够把我们的黑砂陶推广到国外的市场。不过可惜的是，我们在国外没有关系，目前推广的想法还很难实现。

黑砂陶的发展，不仅需要我们自己不断地去创新，还需要政府的帮助。如果没有政府的支持，我们的项目也发展不起来。像现在的清镇市政府，他们对我们的黑砂陶项目相当重视，当地人也很看重，在发展过程中给予支持的力度是非常大的。只要我们有传承和发展方面的需求，去找政府帮助，政府都会帮我们解决。

回想我这一生的经历，从我学艺到现在，还算比较顺利，有惊无险。兜兜转转，还是不如回到家乡发展黑砂陶实在。当我走上学艺的这条路，我就知道我没有选错。在我们那个年代，如果没有手艺，我都不知道会变成什么样。在我看来，我去学艺的原因有三：一是因为时代环境，要想吃饱饭就得去学习；二是我天生就是吃这碗饭的料子，不然也不会走到今天，取得这么多成绩；三是因为使命，能将我们的雕刻技艺和黑砂陶技艺担在肩上，这就是我的使命。这个使命就是必须复兴我们的手工技艺和传统文化，哪怕只有一口气，我也会把它继续传下去。

我这辈子的最大心愿，就是能把犁倭黑砂陶的制作技艺继续发扬光大，把它传承下去，一代传一代。别看这个黑砂陶小，它要是能传下，那前途就是无量的。现在像潮州、深圳、福山的陶类，估计都没有我们的黑砂陶特殊。黑砂陶的经济价值，是那些陶类的好几倍。所以，我相信黑砂陶能够作为贵州独特的陶类，在我们这一辈或下一辈做得更好、攀登得更高。这样也就满足了我的心愿，达成了我的使命！

胡正德先生与徒弟的合照

后记

2021年12月29日，我们访谈的一行人来到胡正德老师的工作室准备对胡老师进行采访。那天天气非常寒冷，我们到工作室的时候，胡老师还没有来，我们就自行在工作室参观。后来，胡正德老师与他的儿子胡胜先生到达工作室，带领我们参观。胡老师因为年纪较大，就安排胡胜先生给我们介绍。胡胜先生从材料到工序、再到烧制技艺全部给我们介绍了一遍，而胡正德老师则守在我们身旁。之后，我们跟随胡胜先生来到一间小房间，开始对胡正德老师进行访谈，当时我们觉得胡正德老师是一个非常严肃的人。大家默默地在准备着接下来的访谈，或许是因为紧张，我们都显得格外沉默。这时候，胡正德老师笑着开口说道："哎呀，冬天太麻烦了，不穿（厚衣服）又不行，穿了（厚衣服）又笨。"我们也笑着回应着他。我们准备好后，就开始进行访谈。我们从胡正德老师小时候的家庭情况开始询问，再到他的学艺生涯，成家立业，直至最后的黑砂陶发展之路。胡正德老师回忆起小时候家庭的经历和自己学艺的经历，话语间很沉重，而当他谈到我们的黑砂陶，眼神和表情都充满了希望。或许胡正德老师的严肃都是生活磨砺出来的，其实他的内心和我们一样，都像个孩子，都对自己未来的发展充满着热情和希望。离别之际，看着胡老师的身影，我们以为我们还会有许多见面的机会，可不曾想，这一别便是永远。

2022年3月20日早上7：36，我接到胡正德老师凌晨逝世的消息。回想与胡正德老师的那一别，我依旧无法忘却。我们怎么也无法相信，访谈时充满热情的他，竟然就这样离我们而去。文章即将完成之际，却得知胡老师离去的消息，心中的悲痛无法言喻。本人在此写下文章小传，以表敬意。最后，愿生者节哀，逝者安息。胡正德老师，一路走好！

传承谱系

第一代：肖克晨，男，汉族，1938年生，初中文化，精通雕刻技术。胡正德师父，现已过世。

第一代：王德刚，男，汉族，1940年生，小学文化，金沙县人，15岁时开始学习制陶工艺，20岁就能独立操作，成为当地颇有威望的制砂师傅，胡正德师父，现已过世。

第二代：胡正德，男，汉族，1946年生，小学文化，家住犁倭镇左八村，1958年开始拜肖克晨为师学习雕刻技术，并在师父的指点下到黑砂陶手工作坊学艺，1987年正式拜师王德刚，学习黑砂陶的制作工艺，于2022年3月20日离世。

第三代：胡钟幻（师父是胡正德），女，汉族，1975年9月生，大专文化，从小受父亲胡正德的熏陶，耳濡目染喜欢上了制陶技艺，为此还专门到江西景德镇去系统学习制陶工艺。现今在设计理念上超越父亲。

胡家文（师父是胡正德），男，汉族，1986年生，中专文化，通过师父的言传身教，已熟练掌握雕刻技术，下一步将雕刻技艺传承发展。

胡　胜（师父是胡正德），男，汉族，1978年生，大学本科文化，大学毕业后从事过多种工作，2011年听从父亲胡正德的意见，投入大量资金专门从事黑砂陶制砂和烧窑工艺的研究，并取得丰硕成果，奠定了“犁倭黑砂陶”在制陶业领域的地位。

刘梅（师父是胡正德），女，汉族，1987年生，初中文化，家住犁倭村右八组，2017年开始学习黑砂陶技艺，现在完全独立完成黑砂陶制作工艺流程，最拿手的就是制作黑砂陶的粘接工艺。

郭兰平（师父是胡正德），男，川青人，1993年生，家住水城县青林乡，初中文化，跟随胡正德学艺已有6年，黑砂陶制作工艺技师，熟悉黑砂陶全部制作工艺。

周艳林（师父是胡正德），男，汉族，1998年生，初中文化，家住犁倭镇岩脚村，擅长黑砂陶的烧结和制砂工艺。

刘汉昌

初心如磐，臻于至善

传承人：刘汉昌

采访时间：2022年1月1日

采访地点：贵州省贵阳市云岩区北京东路12号中天未来方舟H6组团8幢3楼6号

采访人：廖苹菲、吴红燕、杨红、严丽欣、张贵容

文章整理、撰写：廖苹菲

※ 人物小传

刘汉昌，1942年1月12日出生于贵阳，祖籍江西南昌。贵州市级非遗代表性项目广陵派古琴艺术的市级代表性传承人，贵州古琴名家，广陵派第十一代传人，贵州琴社继承人，中国琴会会员，贵州省古琴学会顾问，播州古琴研究会顾问，春草堂古琴馆馆主。1960年贵阳六中高中毕业，1962年贵州毕节师范专科学校（今毕节学院）文史科毕业，之后在贵阳市、乌当区等多所学校任教。自幼喜爱音乐，师承广陵派第十代传人、贵州名士桂百铸先生。

（一）

我叫刘汉昌，是贵州市级非遗代表性项目广陵派古琴艺术的市级代表性传承人。

古琴艺术是中国历史渊源最为久远（有3000多年历史）且持续传承至今的一种活态传统音乐形式。因地域、习俗、语言、师承、传谱的不同，琴乐呈现出风格各异的流派。广陵派，古琴派别之一，源于吴派脱出虞山派。隋唐赵耶利对吴派有“吴声清婉，若长江广流，绵延徐逝，有国士之风”的评价。明末，吴派中分出虞山一支，清代又分出广陵一支，因扬州古称广陵而得名，创始者为明末清初江苏扬州琴家徐常遇。从徐常遇清康熙二十五年（1686年）开始，到1937年7月7日抗日战争爆发为止，广陵派据不完全统计总传十代。近代著名琴家黄勉之（1853—1919），在北京开设“金陵琴社”，开馆授徒。贵阳艺坛名宿桂百铸（1878—1968），1903年中举，应朝廷召赴京，拜黄勉之为师，传承广陵派古琴艺术。1917年，桂百铸回筑后，在桂宅百蕙堂教授古琴，当时跟随学习的弟子有六七人，唯有我一人传承至今。广陵派的特点是指法细腻、跌宕多变，它在萦绕这一块运用得非常仔细，名目繁多，是一个在清朝发展得比较好的派系。温润繁华的扬州孕育了非常丰富多彩的文化，比如昆曲等其他方面的戏曲，古琴也在其中，特别讲究指法细腻。琴师弹给老板听，如果每回弹的曲子没有变化，老板会心生腻烦。因此，琴师在弹奏的过程中每次都要有变化，要让老板开心，这样才能得到提高。其中《梅花三弄》就很明显地反映出广陵派多变的特点。

我出生于1942年1月12日，祖籍江西南昌。我们家族大概是清朝时期就从江西那边迁过来的，到我这里，已经算是土生土长的贵阳人了。我的爷爷曾是清朝的一个小官吏，在贵阳任职。我的父亲是医生，学的是中医，曾在贵阳中医院工作。我爷爷虽然当官，但是也懂得医术，所以我们家里有很多年代久远的古医书，还有各种关于医学方面的资料。受此影响，我父亲也向往医学这条路，他长大后在重庆读了一个医科学校。而我母亲就读于贵州省立女子师范学校，毕业以后便一直从事教育工作，是一名教师。

2021年端午受邀于贵州省图书馆举办雅集

我的母亲和父亲是在桂家结识的。桂家，也就是我的师父桂百铸老先生的家。那时桂老先生是举人，又在北京做过官，所以回到故里以后，文人影响力很大。同时，桂老先生也是一个通才，琴、棋、书、画这些都精通，对文人墨客有强大的吸引力，当时贵阳市的文人雅士都喜欢到他家相聚，谈论一些诗词歌赋和时政文化。在这其中便有两拨人，按年龄来区分，一拨便是长辈，一拨便是青年。年长的一拨文人就在大堂里以坐唱的形式，唱文琴戏。文琴戏，当时是流行于贵州的一种戏剧形式，黔戏的前身，主要流行于贵阳和黔西两个地方。当时有两种，一种是文琴，一种是梆子，那些精通文琴戏的长辈们在桂老先生家的堂屋（百蕙堂）里作唱。年轻的这一拨人就在厢房里，我父亲母亲他们这些年轻人唱的是京戏和话剧，在那时候叫“文明戏”，20世纪三四十年代叫“新生活运动”，20世纪五六十年代的时候就直接改叫“话剧”了。在当时，他们有一个主张抗日的沙驼剧社，其意为沙漠里头的骆驼。他们还排演了《放下你的鞭子》，举办了烛光音乐会等。我母亲和父亲就是在这种环境里认识的，情投意合，由桂百铸老先生的岳母做媒，两个人便在不久后成婚。

我父亲是1901年出生的，我母亲是1905年，他们于1941年成婚。那个年代的生活比较颠沛曲折，我父亲本来是打算到重庆求学的，结果碰上了日本人轰炸，被困在了四川。回家需要很多盘缠，还会面对各种困难，所以我父亲回来得晚，相较于同龄人，成婚也比较晚。

我们家一共有四个兄弟姐妹，我是最大的。我的妹妹是1944年出生的，退休前是教书的。弟弟在1947年出生，退休之前是建设管理站的站长。最小的一个妹妹是1950年出生，退休之前是工人。我们兄弟姐妹的关系都很好。还记得小时候，象棋是我们小孩子的心头向往，大家都希望能够拥有，我们一起动手做。那个时候要画一个棋盘，简单找一个纸就能把它画起来，但是做棋子就麻烦多了。当时我们想了很多种办法，最后还是选择用黄泥巴来做，先用瓶盖把它塞进去以后，把边缘拍平，再放在阴凉处，干了之后，请伯伯来帮我们写字。写好字之后并不算完成，我们还得要用雕刀来刻。那时候的生活虽然没有五花八门的娱乐方式，但是也有很多游戏消遣，比如折纸、玩和平圈、玩手指等，丰富又快乐。在1949年的时候，我们自己还排演过话剧呢。

我父母的性格都很乐观平和，他们的教育方式并不特别。那个年代不像现在，对儿女要求严格，我母亲关心她班上的学生反而比关心我这个儿子还要多。她全身心扑在自己的事业上，尽心尽力，她的很多学生都叫她“妈妈”。父母在教育我的时候，并不会对我有一些“好好学习，出人头地”的要求，反而让我自由成长。但当时的环境，同学与同学之间会自发竞争、影响，都争取做一个对社会有用的人。特别是新中国成立以后，全国人情绪都高涨，我们也很高涨，就要做一代热血青年，我们要对国家做出贡献，对国家充满信心。在这个大环境下，整个国家都积极向上、非常团结，所以我们也斗志昂扬地追求成为更好的自己，以便报效祖国。

（二）

关于学琴，我最初的启蒙老师应该算是我的爷爷。我的爷爷是读书人，那个年代（清朝末年和民国初年）的文人对于古琴都比较向往。无论是否会弹，每个人家里头都挂了一个古琴。古琴在当时是一种时尚、一种向往。但我爷爷家不只是挂，他也会弹，只不过相对桂百铸老先生来说比较业余。所以我最初我跟爷爷学，并不算专业。除了在学琴上的启蒙，爷爷在那个年代还教我认字和诗词，教导我要做一个好人，对我的成长影响很深远。我的名字是桂老先生给我起的，寓意像汉族一样昌盛。我爷爷就经常用这个名字来鼓励我、鞭策我，要昌盛，要像大家给予我的期望一样。在我的心目当中，爷爷慈眉善目，他没有外公（桂百铸老先生）那么严厉，令人敬畏。我奶奶也是一个很有智慧的人，经常给我讲很多民间的故事，那个时候我还不会看书，听她讲了好多佛教的故事，“目连救母”这些趋人向善的故事就是她告诉我的。她教导我人要向善，要有爱心，不能做坏事，不能说谎。我到现在都还记得她曾给我讲过的一个故事：小和尚得到师父的嘱托，要把这个伞给某人送去，中途不能打开。结果他送伞的路上下雨了，最初他没有打开，后来他违背了自己的意志，把伞打开，师父就从伞里头跳出来了。从小我就受到这个教导，你不能说假话，不能不守信念，要诚实。

真正教会我学琴的，让我最尊敬的老师是桂老先生。他是我母亲的义父，我也叫他外公。因为我外公过世早，所以在我心目当中，桂老先生就是我外公。桂老先生是我们非常尊敬的人。他于1878年出生，1903年中举。中举之后，他就在北京做官，那时候是在吏部当官，主要是管教育这一块，类似现在的教育部。鲁迅先生是他的对桌，很喜欢他的书法，多次向他讨要书法条幅，对他的字和诗都十分欣赏。桂老先生在北京做官期间，一有空闲就去跟广陵派的大师——黄勉之老先生学琴。他在北京做官做了15年，也学了大概15年的琴。黄勉之老先生出道的时候没什么名气，后来名气就很大了。跟他学琴的人，除了像桂百铸老先生一样的官员，还有清朝末年的名臣——张之洞，皇族的溥雪斋也跟黄勉之老先生学过琴。

与夫人切磋古琴

1917年，桂老先生从北京辞官回到贵阳。在贵阳定居之后，他的女儿也随之在贵阳就读。桂老先生成为我母亲的义父，主要是因为他的女儿——桂礼钦。她跟我的母亲当时都在贵阳的女子师范学校读书。贵阳女师是当时的优级师范学校，她们是同学，也是非常好的朋友。因为当时正处于抗战期间，所以大家都集中在青岩上课。一有空闲时间，她们就会一起回贵阳到桂老先生家玩儿。我母亲和三娘（桂礼钦）两个人的成绩都很好，总是不相上下，这学期你第一，下个学期她又第一，旗鼓相当。桂老先生很喜欢我母亲，为了有人跟他女儿做伴，所以就收我母亲为义女。之后，我母亲就一直住在桂老先生家，直至出嫁。我母亲出嫁的时候，桂老先生还亲自作了一幅画作为嫁妆，在上面题了字。

（三）

我爷爷家有古琴、萧等各种乐器，桂家也有。从小生活在这样的环境里，我很小的时候就愿意接触这些，比如吹箫、弹琵琶、拉二胡，我都会一些。看我这样喜欢这些乐器，等到我五六岁的时候，我母亲就跟桂老先生讲："爹爹，你是不是可以教他弹琴了？"桂老先生说："他太小了，还不懂事。"所以，我12岁的时候才正式学古琴，但此前我基本上自己也会一些。

我四岁开始读幼儿园，六岁读一年级。当时的幼儿园叫"雪崖幼儿园"。我母亲是教师，后来读小学的时候，因为工作调动，一会儿在这个学校，一会儿在那个学校。因为那个年代有"六腊之战"，六就是六月，六月是暑假，腊就是腊月，腊月就是寒假。这两个假期对于老师来说，就像打仗一样，要自己去找学校聘用她们。1949年以后，才变成组织上分配你到哪一个学校，就是哪个学校。我的母亲一直频繁换学校工作，我就跟着她到处转学。但就学时间比较长的小学还是市北小学，我从市北小学读到六年级毕业，在此之前我已经辗转过十几个小学了。小学毕业之后，我又去了贵阳六中学习。

那时，我上初一了，也长大了，就开始跟着桂老先生学琴，一直学到我高中毕业。后来我读了师范专科学校以后，被分到毕节师范工作，学琴的事中断过一段时间。两年后我工作调动又回到了贵阳，才又继续跟他学古琴。

初中的时候我要读书，只有晚上才可以去学琴。所以，我每次都是下了晚自习，差不多九点多之后，才能去桂老先生家学琴。那时从六中走到他家需要一刻钟。到他家以后，那些老的一班子就在堂屋里唱文琴。每个人面前都摆有一样乐器，他们围着一个大桌子，每个人的前面都有一本厚厚的线装书，那是他们的剧本，都有台词，要完全用贵阳话唱。我们不敢去干扰，就在旁边听。但是我到的时候接近九点五十分了，一般再过十分钟、五分钟差不多会结束。有时接近十点钟，有时候还不到十点。

散场之后，外婆会拿一个很讲究的方盘子，将一小碗面、一对银筷子、一个银酒杯和一小杯酒端出来给外公。这时我就会去把琴搬下来，把弦调好。等外公吃完面条，捋捋胡子，听琴弦调好了之后，径直起身走过来，他也不讲话，直接教我弹琴。这时，我首先得把前一次学的弹给他听，他觉得可以了，才能弹今天的。他从不给教材，而是坐在对面弹一句，我跟着弹一句，他弹一遍，我再弹一遍。一般情况下，他要教其他人四五遍别人才会，而我一遍就会，并不是因为我悟性高，而是我私底下偷偷学过——因为我想表现得好一点儿。只不过我看到他老人家弹的那一招一式，就知道学得不对了，我自学的东西只是表面上的皮毛而已。

发现自己的错误之后，我跟着他认认真真地学习一招一式，基本上两三遍就会了，之后他才开始教第二句，顶多不超过六七句，基本上是一个段落。我跟着他弹，招式、气息都要跟他一模一样。他满意之后，就会站起来，把教材抽出来放下，让我把今天的琴谱抄了。他从不跟我指出琴谱在哪几页，而是要我自己翻开来自己找，教学过程大概有20分钟到半个小时，不过并不是每晚都如此，有时一个星期一两次。学琴的时候，只有我觉得自己有把握了，才敢去。当自己练得差不多心里头有数了，我才去。因为如果不过关，老人家手一背站起来，在那屋子里不说话，只是脸色阴沉沉地踱步，那实在让人太不是滋味了。他很少说话，我们看见他心里都有点儿怕。当他高兴的时候，一捋胡子，微微一笑，我就能感受到极大的欣喜和安慰，学琴遇到的困难都全部化解，那种想再学的冲动就又油然而生了。我从小就在这样的一个过程里学习。

那时候我抄的琴谱到现在我都还保存着，它是写下来的，没有旋律，只有指法。这种指法就是古琴的一种特殊的记谱方法，这种谱叫减字谱。它充分体现了中国古人的智慧。在唐朝以前我们的谱是文字谱，比如说现在这个《幽兰》就被日本抢去了，后来一个在日本做大使的贵州人，在清朝时找到了这些东西，经过交涉，我们能把它录过来。当时这个《幽兰》

就是记录谱、文字谱，完全文字记叙的。在唐代之后，有人觉得这个太烦琐了，就把汉字不需要的部分减去，用一个字代表这个音该怎样发出来，根据谱子你就能很准确地把音弹出来。所以很科学，到现在我们都还一直在用。

像这样记下来的谱我们有几千首，这是一笔庞大的、宝贵的财富。但是这个古谱没有旋律，没有节奏，还没有速度。所以，还是得琴家来把它还原成为原来的模样，这个过程就叫打谱。打谱是一个很艰苦的过程，艰苦的地方在于需要你一次次摸索，要按照古人的意念来还原，比如说《鸥鹭忘机》，你就应该忘掉你险恶的心机，内心就是一个很平和的样子。但是那谱子上只有一个音，两个音，三个音，四个音，这一串的音你要把它串起来，同时要让人感觉到，这是一个心里很平静的人在弹琴，他没有险恶的心机。这就是打谱困难的地方，也是一个很艰苦的再创作的过程。

传承古琴技艺

在初一到高三的这6年当中，我学了很多东西，基本上桂老先生的曲子我都学会了。即使学到这么多，他在我心中仍然是一个望尘莫及的存在。听他老人家弹琴你会发现他下指的老辣，沉着干练和飘飘欲仙，那种境界是我们怎么学也学不到的，每一次听他弹，都是一种极大的享受和震撼。我最开始学的是陶渊明的《归去来辞》。我认识琴谱、琴弦，调琴弦、指法这些完全是桂老先生教我的。但严格地讲，你要从老师那儿把东西完全学过来，是不可能的。知识听他讲，能掌握，但技能和道，这两个东西学是学不到的。只有跟着他的步调努力，去练去修，自己才有可能真正体会。而悟这个过程就可能比打谱还难。“境界”这两个字说起来倒是轻轻松松，大家都会，但是要实际上做出来，谈何容易，是必须要依靠一步一个脚印走出来的。学古琴的过程，可以说是和琴声一起旅行的一个过程，它不会产生任何危险，不会令你掉下悬崖死去。但是其中遇到的困难，如果不去披荆斩棘地克服，绝对是没有收获的。所以学琴的过程，也是一个人的心态趋于平和的过程，你不能抱着付出多少就能收获多少的心态去看待学琴这个事，必须把它当成一个要用心用生命去付出的事情。时至今日，弹琴几十载，我都不觉得自己弹得好。毕竟见识过桂老先生在这方面的造诣，早已"除却巫山不是云"了。止于至善，至善是不可能的，人的成长是需要不断学习、不断成长的一个过程，这是永远没有尽头的。

学琴的时候，桂老先生还教过我一个很有趣的游戏——蝴蝶振动，用现在的话讲就是共振的关系。比如说这张琴和那张琴的四弦，也就是最中间的那根弦，四弦的七徽，就是两张琴的最中间的那个位置，如果你已经调得很准了，那么它会产生频率的共振。你这张琴的振动跟它的频率相等，你没有碰到那张琴，那张琴的琴弦也会振动。这个道理是我成年读书了之后才真正理解的，以前还是小娃娃的时候，只是听老师说你搞一个小纸片做蝴蝶，放在那张琴的四弦七徽上，你弹着一张琴的四弦，那张琴上面的小蝴蝶就会在上面"咚咚"地动。我当娃娃的时候就乐此不疲了，经常自己做着玩。

（四）

我初中就读的是贵阳六中，一个在当时很受贵阳市重视的学校。它的外形就是仿照苏联的卓雅学校修的，是非常讲究的一个建筑。我们要开大会的时候就去贵州省人民政府的大礼堂。学校的师资力量也很强。在当时，满分是五分，四分是红分，三分是蓝分，刚刚及格，我的成绩是四分。因为我喜欢音乐，所以我觉得成绩能有四分就已经很不错了，没必要非要争取五分。琵琶、二胡、叶琴，我都放在班级的座位背后。下课十分钟，我弹琵琶，再下课，我拉二胡。同学们到外面去玩，我就用休息时间来学乐器。中午我们都在学校里吃饭，学校的大喇叭放什么音乐由我朋友负责，他一般喜欢播民族音乐，像《二泉映月》《良宵》《病中吟》。我16岁，差不多是高一，那时我当上了学校乐队的队长。乐队是学校在我初二那年建立的，开始是由老师负责，老师在学生里头发现有积极分子，就指定搞得比较好的学生当队长。乐队的工作基本上就是课余的时候排练，有需要的时候就演出，参加贵州、贵阳的中学生比赛，节日的时候到公园去演出。

从高中毕业之后，正处于人民公社化运动时期，那时候全国都是一样的。当时我在师范专科学校上大学，我们不需要支付学费，每个月还有六块钱的补贴，男生要发六包红炮台的香烟，伙食就是学校里头固定的，学校做什么我们就吃什么。我们学校的学生没有做其他的事，就在学校学习。到现在我仍然觉得学校的师资力量非常强，教学质量也非常棒。虽然这是一个专科学校，但是学校里好多老师都是北京、上海这些地方过来的，他们对国家爱得非常深。他们的学问也很好，那种做学问的一丝不苟的精神，认真的态度，真是让我受益匪浅。比如这个星期要讲《红楼梦》，我们首先要把书借来，提前一个星期读完了以后，下星期老师讲。老师讲的时候基本上不会翻书，但是你能感觉到他在讲的这个过程中就把这个人物都讲活了，他对书非常熟悉。他讲《三国演义》，讲《水浒传》，我们都必须先把原著看了，看得快的就看两遍。那个年代，虽然吃的缺乏，但是我们都饿不着，只是没有什么花样吃罢了。我们的精神生活十分丰富，有好多苏联电影可以看，一个星期两次，露天的，都是名著翻拍，《带阁楼的房子》《白夜》《海军上将乌沙科夫》《复活》《安娜·卡列尼娜》，这些都是好片子。

其实我高中毕业之后报考的并不是专科学校，因为我的成绩在当时并不差。我填的第一志愿是中央音乐学院，但因为历史原因，我就被分到和我梦想的学校相差甚远的学校去了。当时比我的条件差很多的考生都能被分到中央音乐学院，那时候说实话我是有些遗憾和消沉的。但来到学校之后我的想法就彻底改变了，因为学校的老师实力都很强，其中有一个弹钢琴的老师叫石应宽，他的钢琴作品曾在世界青年联欢节（于莫斯科开办）获得银奖。他是我们的音乐老师，在指挥我们唱《黄河大合唱》的时候真是令我大开眼界。那种对《黄河大合唱》的诠释，对冼星海内心情感的挖掘，令人震撼。那时候我在贵阳市中学生歌舞团，歌舞团的指挥是贵州省歌舞团专业乐队的师傅，他跟石应宽比较起来十分不同。石应宽老师是学者型的，会给我们分析冼星海的内心。即使是不懂音乐的人，也会因为石应宽老师而听懂音乐，热爱音乐。而本身对音乐就很热爱的人，会因为他而对音乐有更深刻的感受。因为他唱歌是带着情绪去唱，所以他演绎的《黄河大合唱》真的能令听众感受到民族在那种压迫之下，从内心发出的那种呼喊、怒吼和激愤。作为学生，我们是能切身感受到他是用心、用生命去对待音乐的。短短两年，这些老师给我们做出的表率，让我发自内心地赞叹和认同，这就是做老师、做人应该有的样子。所以，即使我没有读到音乐学院，也不遗憾。可以说，是这些老师拯救了我。

大学毕业之后，我就回到贵阳工作，工作期间依旧跟着桂老先生学琴。说是学琴，不如说是去陪他老人家，因为他年纪也很大了，当时他80多岁，耳朵也听不见了。他是在1968年过世的，享年90岁。1976年，他的

与学生小谈古琴

追悼会在省政协大礼堂举行的，十分盛大的葬礼。大会堂二楼大厅可能有近千人。

（五）

我们贵州从地理位置上来讲比较偏僻，发展也比较落后，古琴传承的源起就是因为桂老先生，他是正统的广陵派传人。那个年代，几乎没有什么人弹琴，贵州就三个人。本土弹琴的就是我，另外就是关崇煌。他的父亲是北京人，是皇族。他是九嶷派，是从北京到这个地方来的。他的父亲关仲航老先生是我老师的师侄，他叫我的老师师叔。九嶷派是从广陵派派生出去的一个派。从年纪上来讲，我是桂老先生的孙子辈，但是从琴的这一块来讲，我跟关仲航老先生是一辈。除了关崇煌，还有遵义的卫家理，我们三个人会弹琴，当时号称“三驾马车”。我们都为贵州古琴的传播、传承而努力，只是现在他们两个都作古了，剩我一人。

自20世纪90年代开始有人找我学琴，还记得我收的第一个徒弟叫李楠，是女生，找我的时候还是高中生。她是音乐学院的，主修琵琶，现在在师大教琵琶。当时教了她一两年，她学得很好。20世纪90年代末，想跟我学琴的人越来越多。我就想：如果我的学生能够像春天的草一样茂盛地蔓延开来，那这个古琴的传承不就是有希望了吗。秉持着这个想法，我开了一个琴馆，名字就叫“春草堂”。同时，春草堂琴馆也因为有一个春草堂琴谱而得名。春草堂琴谱的作者是清朝晚期的一个贵州人。

琴馆的门槛设得比较低，刚开始的时候我们只是几十块钱一节课，现在也只是象征性地收一点儿学费，在全国比较起来，就更低了。想学琴的人，如果门槛设高了，价格贵了，他就学不了。因此，我们基于这种情况，门槛设得比较低，让想学琴的人都能来学，而且我们都是一对一、面对面教学。我从没想过用古琴教学来赚钱，因为我的老师也是羞于跟人谈钱的，而且我开设琴馆的初衷是传承古琴。

"操缦63年师生音乐会"

对于徒弟，我的老师怎么要求我，我就怎么要求我的徒弟。我的老师有一句话：学琴之人不患心中无琴，患手上无琴。心中有琴是你有这个旋律，但是并不是心中有了旋律就能弹出来的，那是要付出劳动，是要艰苦跋涉的，所以学琴的人就要不畏艰难。一个曲子，如果没有弹上千遍，那是没办法听的。这个理论换一种科学的讲法，就是"一万个小时定律"。其实人类的发展，人类的进步，都得益于对一个简单的动作进行重复。关于教学，我们结合现代音乐理论，系统地、循序渐进地应用一些科学的方法，先让学生脑子里头有旋律。旋律是由音调、节奏、速度这些基本要素组成的。当然，除了这些，还有其他要素，如音色、力度、对比、色彩。你脑子里头有旋律了才可能弹琴，这个不是一种纯粹的技术，只有技术没用，这个技术主要是音乐的表现方式，如果没有技能作为基础，是无法表现自己的音乐思维的。教学的时候，最难的是学生的耳朵听不清，听不准音。也有对音准的敏锐程度很高的学生，这种学生都学有所成，已经开馆教学了。有的人学琴的激情是很高的，但他不一定有这方面的条件，所以我们就要帮助人克服这种困难，让他的耳朵慢慢地好起来。其实我跟学生亦师亦友的关系也主要体现在这个方面。我能理解学生想学，但是有困难的心情，因此我是持鼓励态度的，是站在他的角度完全替他去想的。音准听不准也别着急，有的人从小第一次唱歌，因为音不准就被他爸骂哭了，几十年都不敢唱歌。到了我这里，我承认他，我鼓励他，他发现自己原来是可以唱的。

有一种说法，是老师要准备一桶水，然后给学生一碗水。我不太同意这个观念。我认为我们人对水的需求是源源不断的，因此我们应该教学生怎样通过自己的努力寻找到泉水。泉水是源源不断的，是活水。这样一个过程是人生的过程，所以我们教学生是从根本上来教的，教技能技法就只是表现的一种手段，我们要讲道，要把这个道贯穿在平时的教学过程中，随机点拨，放在平时教学看似不经意的细节当中。古琴教学不是满堂灌，而是学生可以发表意见，讲讲这一个星期有什么体会、什么提高，在什么地方遇到困难了，困难的原因是什么——困难的原因百分之八九十不是在技法上，而是耳朵跟不上，还有一个是在道的上面。不能到达一个高度，上不去，就还得沉下来，才能再上去，不可能定个目标下一次就一定能上去，那不是教学。我们必须是科学的，有基础的。跟老师学习是一个根和泥土的过程，学生是根，老师是泥土，根和泥土的结合是心挨在一起，学生可以体会老师的呼吸。

广陵派古琴是代代相传的，而下一代传承人就是我的女儿——刘怡。她跟我儿时一样，很小就摸着琴了。她喜欢钢琴，喜欢电子琴，也像我一样喜欢二胡、笛子、箫、琵琶。成为传承人之后，我们感谢国家有一个这样安定的、繁荣的、和平的环境。我们整个社会的繁荣发展，政府对申遗的提倡，这些都是对我们的支持。现在古琴被越来越多的人知道，形成了一种古琴热。在我看来这是个很好的现象，只有太平盛世，国家发展兴旺，老百姓的心才能够平静下来有所追求。我们现在叫它古琴，其实古时候就叫作琴，它没有“古”字，因为它琴声美，所以就加了一个古字。昨天对于今天来说是昨天，我们今天对于以后的人来说也是古代，古琴也是要发展的，应该与时俱进，应该吸取外来很多的因素，不能把门关了。古琴的属性是温润的、包容的、接纳的，而不是排他的，没有攻击性，所以古琴的发展必然是与时俱进的。

传承谱系

因广陵派古琴艺术传承历史久远，第一至第八代已不可考。

第 九 代：黄勉之（1853—1919），师父空尘和尚。

第 十 代：桂百铸（1878—1968），师父黄勉之先生。

第十一代：刘汉昌（1942— ），师父桂百铸先生。

第十二代：熊仕惠（1948— ），刘汉昌之夫人，受刘汉昌影响，一直跟随刘汉昌学习古琴艺术，已基本掌握广陵派古琴演奏方法。现协助刘汉昌开展传承教学工作，与刘汉昌一同以贵州琴社•春草堂古琴馆为传习机构，精研桂老先生技艺及传谱琴曲，坚持一对一传授古琴艺术。

第十三代：刘怡（1974— ），刘汉昌之女，从小热爱古琴艺术。在父亲刘汉昌的影响和传授中逐步掌握了广陵派古琴的演奏，已成为广陵派古琴艺术传承发展的中坚力量。

罗朝贵

以笙伴舞以歌传情，生于山林无愧匠心

传承人：罗朝贵

采访时间：2021年12月30日

采访地点：贵州省贵阳市花溪区高坡乡批林村

采访人：何俊旺、梅世素、杨红、丰兴康

文章整理、撰写：何俊旺、丰兴康

※ 人物小传

罗朝贵，生于1939年5月，小学文化，现居住在贵州省贵阳市花溪区高坡乡批林村。

出生于“芦笙世家”的罗朝贵，从小跟随父亲学习芦笙制作技艺，其父亲与伯父都是当时很有名气的芦笙匠人和银饰匠人。罗朝贵自1959年学艺至1964年，可独立行艺，习得父亲技艺后，在家中为周边苗族人制作芦笙。在以前艰苦的时代，罗朝贵一家生活在大山之中，通过家族的手艺帮助过许许多多的同胞。罗朝贵从艺40余年，为当地苗族村寨以及相邻的龙里、惠水苗族村寨出售芦笙3000余支，为海内外游客售出芦笙近万支。罗朝贵接受中央、省市区有关新闻单位的采访10余次。2006年，作品参加花溪区“两赛一会”活动，荣获组织优秀奖。

罗朝贵，一位淳朴的先生，是他让苗乐在林间响起，是他在人间默默奉献。

（一）

我叫罗朝贵，是贵州省级非遗代表性项目高坡苗族芦笙制作技艺的代表性传承人。

苗族芦笙，是我们民族的传统乐器，也是苗族文化的符号和象征，蕴含着苗族人民的智慧，现在被广泛应用于苗族的各种节日活动。高坡苗族芦笙由笙管和笙斗两部分构成。笙管由苦竹制作而成，笙斗则由杉木制作

罗姓家族传承谱系

而成。芦笙的笙管和笙斗几乎垂直，所有笙管伸出笙斗下部的长短约为一拳。高坡地区的芦笙笙管的按孔为菱形状，其他地区则是圆形状；并且高坡芦笙的孔位与笙斗的距离比其他地区的芦笙要高，在笙管上没有任何共鸣器之类的东西。高坡芦笙的表面没有过多的修饰和色彩，主要依靠捆扎笙斗的桦树皮条对芦笙进行固定和修饰，颜色也为杉木和竹子的本色，在一定程度上保留了芦笙自然本真的质朴风格。高坡苗族芦笙是由我的祖父传入族中经过几代人的改良而形成的，具有我们支系苗族特色的乐器。目前，我们能制作六管、八管、十五管、二十一管、二十五管、二十九管类型的芦笙，所涉音域在“哆瑞咪发嗦啦”之内。高坡苗族芦笙技艺目前无文字资料记载，仅存于我们这些传承人的记忆之中。

（二）

我于1939年5月出生，从小就生活在高坡乡批林村。我们的苗族祖辈最早并不是生活在批林，而是从其他地方迁移过来的。据寨中的长辈们

“摆[1]”，最早的“茂裴”[2]罗姓支族本属江西籍。我们的支族迁到西江后，又从西江“箩（罗）氏巷”迁徙过来，最后就定居在现在的摆郎寨，所以我们也叫“摆郎苗”。但是我们这支苗族到底是从何时何朝代迁来的，老人们说不清楚，也没有相关的资料来供我们考证。

在我们“茂裴”罗姓支系中，最先居住在摆郎的老人叫“地麻”[3]，“地麻”有个儿子叫“地贡”。“地麻”主要以割藤条为生，赚来的钱都用来补贴家用。那个时候的藤树长得很茂盛，今天割了明天照样长出来，每天都有割不完的藤条。有一天，“地贡”看着父亲一天天地变老，于是便问父亲：“您百年归天后我们要把您葬在哪里呀？”父亲说：“我生有藤养，死有藤埋，你就把我埋在这藤树脚下好了。”不久，“地贡”的父亲便去世了，“地贡”就按照父亲的遗愿将他葬在了藤树底下。后来“地贡”也去世了，他的儿子们也把他埋在藤树脚下，并把那地方叫作“颂麻颂贡”。时至今日，每当高坡支系苗族在唱诵古歌时，都会把现在杉坪和批摆的罗姓称为“颂麻颂贡”。

而后不知何时何因，居住在摆郎的罗姓苗族又迁徙到现在的水塘村国棒寨，并在国棒寨繁衍了三代。传闻，当时环境艰苦，家庭生存得很困难，几乎过着舀水不上锅、捞柴不上灶的日子。因此，每当有老人去世后，都会装入棺木，抬到陡峭的“半悬崖”[4]上安葬。

可是随着老人安葬以后，一家人的生活越过越恼火，甚至已经再也无法生活下去了。这时，一家兄弟俩商量决定把家中仅存的一面老铜鼓卖了换钱来维持生活。某天，兄弟两人拿着铜鼓到摆榜寨去卖，当晚，兄弟二

① 摆：贵州方言，意为两人或多人进行面对面的交谈说话。

② 茂裴：“茂”，汉语是民族“苗”的意思，“裴”是本家族最先到批摆居住的苗族老人的苗族名字。

③ 地麻：“地”是苗语中的一种称呼词，“麻”是苗名。“地麻”在苗族中相当现在的姓名。

④ 半悬崖：位于现在的摆弓岩瀑布。摆弓岩瀑布位于贵州省境内，其溪水从峡谷绝壁上飞流而下，分为三级，十分壮观。在瀑布内，放置的正是摆弓岩悬棺。

人借住在买家家中，买家等他们两人睡着后才偷偷拿来铜鼓试敲。谁知听响不响，敲一棒，铜鼓叫“喝”一声，又敲一棒，铜鼓又响“喝”（保佑的意思）。买家便问铜鼓：“你一直叫‘喝’，那为什么他们要拿你来卖？”铜鼓说：“他们家老人死后，把老人抬到悬崖上去埋，并把老人的脚顺水摆放，怎么会不穷吗？他们要想富有，就必须去把老人摆斜过来，朝向前面的那个山坡。”谁知，买家与铜鼓的对话被睡在楼上的兄弟听见了。第二天天还没亮，兄弟俩就下楼拿来铜鼓，并对买家说，我们的铜鼓不卖了，我们要把它带回家。

岩上摆弓岩悬棺葬

兄弟俩回到家之后，立即爬到安葬老人的悬崖上，按照铜鼓的说法，将老人的棺木方向调转过来。果然从此之后，田里每年种的粮食都是丰收，生活一年比一年好了起来，家中的人口也在逐渐增加。后来兄弟俩又商量说：“我们居住的地方比较窄，以后我们家人多了坐不下，还是想办法换个地方吧。”弟弟问：“有什么办法吗？”大哥说：“我挖来了很多小树苗，我们拿去一处栽一对，看哪个地方的树苗长得好，我们就住哪个地方。”后来，栽在杉坪一、二组后坡上的那一对长得特别好，枝丫也特别多，所以兄弟俩最后决定居在这个半山腰，并启用原来老祖

栽在杉坪长寨寨后的两棵古树

2015年的“茂裴”林道

宗居住在摆郎寨的那个地名“若旦”，至今杉坪一、二组所居地名仍然叫“若旦”。

卖铜鼓的兄弟俩在“若旦”稳居后，又生育了两兄弟。大哥叫勾欠，二弟叫二欠。勾欠和二欠由于各方面也很富有，为敬献自己的祖先，就杀了一头牛来祭奠他们，并给二欠封号“咬二”。在勾欠和咬二的带领下，寨里的人口越来越多，于是便搬迁到现在的杉坪一、二组处居住。勾欠、咬二管辖的地盘是现今的批林村。由于茂裴和若旦这两个地方依山傍水，土地肥沃，所以当时“裴拱”（现在惠水县大坝乡批弓村）陈姓家族想把这两片土地夺到自己手里占为己有，于是两家族便爆发了争夺地盘的冲突。为把茂裴这片土地保住，勾欠、咬二商议决定安排勾欠的后代——“耿裴”在批摆寨坚守。据说林道[1]寨的唐、王二姓也是为了守住这块地盘才从现在的五寨村迁入。

据《元史·世祖本纪·卷十七》记载：“（至元）二十九年春正月……从葛蛮军民安抚使宋子贤请，诏谕未附平伐、大瓮眼、紫江、皮陵、潭溪、九堡等处诸洞猫蛮。”“皮陵”即今高坡乡批林村。最早的历史记载也只能证明，1292年我们的祖先已经生活在了现在的批林村。据1988年杉坪

① 林道：由苗语翻译而来，在苗语中为“领到”。

长寨、批摆罗姓两寨老人们统计，长寨、批摆罗姓共214户，939人，而勾欠、咬二后代至2017年已经有699年的历史。这就是我们批摆罗姓家族迁徙发展的故事。

（三）

在寨子上，我家被称作“芦笙世家”，我的祖辈到现在一直都在制作芦笙，传到我这里已经是第四代了。我的祖父是一个教书的文人，懂得很多知识，性格很好，从不打骂呵斥他人。你学什么，他都会耐心慢慢教。祖父喜欢研究阴阳、地理名利之类的东西。当时，不管是直系还是支系，都要有人来学我们民族的手艺，我的祖父就前往龙里那边，学了芦笙和银饰技术。祖父学成而归之后，就在我们村子里做银饰和芦笙，并把这些技艺传给他的五个孩子。我的父亲有四个兄弟，而生活最好的兄弟则是我的三伯。

我的三伯叫罗仕珍，他不仅会制作芦笙，还会制作银饰。三伯在当地很有名气。因为三伯喜欢结交朋友，待人也非常热情，所以很多周边的地方像惠水摆金这些，对他都很尊敬。三伯的银饰制作技术很厉害，即使他的一只脚不好，并不影响他的手艺。而更加巧合的是，我的三伯和毛主席是同一年生同一年死的。他这一生虽然没有毛主席那么伟大，但是在我们普通人看来，也是非常精彩的。

三哥结婚时的合照

我的父亲叫罗仕发，在家排行老四，虽然他没有三伯的经历丰富，但是在寨子上也是比较有名的匠人。1970年，我们当地遇到大冰雹。当时，冰雹把粮食全部打坏了，甚至把房子都打穿了。因为没有粮食吃，我们这片受灾的人就只能全部去没有受灾的地方讨饭。讨饭的人去到惠水摆金那边，恰好那些人知道我们家父亲和伯父是很有名气的芦笙艺人和银饰制作艺人。当时，基本上附近几十里甚至上百里的人都晓得他们的名气。所以，摆金那边的当地人问乞讨的人是哪里来的时候，他们就说是批摆那边来的，是银匠家寨子里的，谁谁是银匠工家的媳妇。他们这么说以后，那些来过我们家定过芦笙、定过银饰的，就非常同情我们。看到我们遇难就喊我们坐在一起吃饭，吃完饭后还要拿粮食送给我们，让我们抬回家去。后来，那些人第二次来到我们家定做东西，说："哎，上次到我们那边乞讨要饭的不是你们啊？"这样大家才知道上次乞讨的是其他人，但他们也没有生气。那时，我父亲就说："大家都知道我们这家人是做芦笙的，因为天灾大家也没有办法，你就当寨子的媳妇全都是我家的咯。"说完之后，大家哄堂大笑。当时，父亲说话很幽默，这句话也是开玩笑而已。从这个故事也能看出我的伯父和父亲的为人，在惠水摆金那边，只要听说有芦笙家、银匠家的人遇难，大家都会热心地帮忙，送粮食，给饭吃。

我小的时候，我们家有五个男孩儿、两个女孩儿，家庭生活非常困难，每天吃饭都成问题。父亲不仅要养活我们一大家子人，还要把他的手艺传给我，所以我也很懂事，跟着父亲认真学。当时，大哥学银饰，我学芦笙，老三在家帮忙，老四去厂里上班，老五去读书。

我的大哥性格比较凶，但是我们兄弟之间非常和睦团结，一般不会吵架，也不会说谁看不起谁。那个时候，做活路也就是种种田，搞搞农业，但大家都一起做，彼此之间相互帮忙。后来，家里因为我做芦笙赚的钱多一点儿，生活条件比较好，所以我也经常帮助家里的兄弟，像兄弟娶媳妇，全部都是我去给他们找；家里的房子我也出钱盖，一家人一起吃住。现在我们年纪大了，大家也分家了，大哥和三弟去世了，老四和老五也都差不多70岁了，不过都还在各自家中。

（四）

1945年的时候，我们村里有一个关于剿匪的故事。当时，100多个剿匪的解放军从我们这里经过，解放军走到我们村的时候，看到村里的老百姓，以为是土匪，就架起机枪准备攻打我们。这时候，恰好我们寨子上有一个人，他曾经被国民党抓去当兵，打仗没打赢退回家准备参加共产党。就在剿匪部队准备进攻的时候，他看出了解放军的意图，于是就跑去和解放军解释：前面的人不是匪，是人民群众，你们不要打，土匪已经跑了。于是，解放军们也就收枪，按照我们提示，顺着另一条路继续前进。最后，解放军走到惠水摆金的一个村寨，也就是现在的摆金甲烈村。当时，那些土匪看到解放军，立马就开枪打解放军。解放军见状立马就展开反击，集中火力攻打寨子。因为当时寨子的墙壁都是木板，所以最后木板墙全部都被打穿，好多土匪都被打死在那个地方。

在1949年，当时虽然我的年纪还小，但是我还记得那时候的场景。那天，很多工作组就来到我们这个地方。村里面非常热闹，大家都来迎接解放军。解放军姑娘们还教我们唱民歌，歌词是：

今天望啊明天望，望这个老天出太阳。

太阳出来照四方，大家喜洋洋①。

除了这首民歌，她们还教我们唱《东方红》：

东方红，太阳升，中国出了个毛泽东。

大家都跟着解放军一起唱，人声鼎沸，到现在我仍然记得那个场景。

等到1958年，大家把粮食和田地分好，就开始发展农业。随便做完之后，大家就一窝蜂地摆“龙门阵”。当时，大家做活路基本上是出工不出

① 这首歌是毛主席1925年回到韶山后，在杨林熊家冲白鸭塘办的农民夜校教唱的一首民歌，后被创作为《金凤籽》。原版完整歌词为：金花籽，开红花，一开开到穷人家，穷人家要翻身，世道才像话。今天望啊明天望，只望老天出太阳，太阳一出照四方，大家喜洋洋。

力，最后没生产出粮食，大家都有责任。我家姊妹多，粮食不够分，所以我们也会吃树皮、树根来代替粮食填饱肚子。当时虽然有大食堂，但是一个人一顿只能吃二两米。每次分得的粮食，我都会拿来混着菜吃，吃不饱也只能这样。那时候，靠做芦笙的手艺，家里也不会特别困难。

那时，摆金那边的人找我家定制芦笙的次数比较多，我们经常做芦笙，名声慢慢就在羊场那边传开，大家都知道我们会做，结果来的人更多了。最后，开阳、龙里、贵定、惠水、贵阳等周边苗族村寨知道我们这儿有芦笙匠人，纷纷来访。遇见人就问芦笙师傅在哪个寨子，在哪家，一路访问过来。那个时候没有汽车，大家都是背着粮食走到我家来定做芦笙。考虑到当时大家的生活都比较困难，来到我家，我也不会让他们饿着回去，他们带了粮食来我家，大家一起吃，吃完了再把粮食带回去。

来我家定做芦笙，要先把需求告诉我。是要大的还要小的，要多少只，规定什么时间拿货，然后再拿出东西交换芦笙。当时，找我们定做芦笙虽然没有签协议，但是不签协议也比现在的合同协议还要严。因为大家定做的时间都是在节日之前，就比如马上过春节，在冬月二十八之前我们就必须帮人家做出来。因为春节举行活动，要"跳场""跳洞"[①]，他必须要拿东西过去才能行。如果你错过规定的时间，你的信誉就差，别人就会说你不守信用，以后也不会再找你定做芦笙。

因为大家都没什么钱，所以就拿粮食来换芦笙。当时一把芦笙可以换18斤粮食，靠着卖芦笙换来的粮食，家里的生活还算比较好。我大哥在那个时候的生活还是不错的，他会打铁打银，还会做芦笙，别人经常找他来做这些东西。我大哥又是一个人生活，平时一水杯粮食就够他吃一天，所以他天天都是吃白米饭。

进入生产队，大家每天都要做活路赚工分。那个时候，分粮食看的就是工分，你有多少工分就可以换到多少粮食。而每人每天的工分又有一个

① 跳洞：一种苗族人民的祭祖迎新活动。

标准，男人一天10工分，女人一天8工分，小孩子则是6工分。当时，我们生产队有一个记录员，每天都会通知大家出工，该出工的时候必须要出工。在生产队，平时干的都是一些种菜、割草、犁田犁土、喂牛的工作。那时，我被分到做农活，白天挣工分，晚上就去做芦笙。做芦笙属于我的副业，不能算在工分里，所以我只能晚上加班来做，赚点儿零用钱。每次我做好了芦笙都会带到邻近的苗寨去卖。当时，一对芦笙才10块钱，但是你别小瞧这10块钱。那个时候的10块钱可以买30多斤的苞谷。做出一对芦笙，基本就够一家人一个月的生活开销，然后平时生活再节俭一点儿，也能存下钱方便以后急用。做芦笙不仅能提高我家的经济水平，还可以接济家里的生活，供孩子们上学读书。

1966年，我已经四十多岁，家里有四个孩子。大儿子在读小学，而其他的孩子年纪比较小，还没到读书的年纪。家里面粮食不够吃，我和妻子每天都在外面做活路挣工分。我们两个人挣的工分，要养活一家6口人，每天每人分的粮食很少。家里实在没有粮食，我就带一堆口袋和扁担，拿着做好的芦笙去惠水摆金那边卖。如果当天把芦笙卖出去了，靠着芦笙赚的钱，马上就在市场上买粮食回去。从家里走到惠水摆金那边，再快也要四个小时，还要把二三十斤的粮食从市场上挑回家。那时候，不是每天都能吃上米饭，有时吃苞谷，有时吃其他的杂粮，或者自己用磨子磨面吃。靠芦笙换的一袋粮食不够吃，我们还会拿白菜或者莲花白，摘下来洗好，放在饭里蒸，混饭混苞谷面吃。虽然吃不饱，但是也不至于让孩子饿着肚子。大人就随便弄点儿草根和菜根吃，靠着芦笙慢慢把生活扛过来。

1979年改革开放后，国家的政策也变好了。当时，国家提出家庭联产承包责任制。每个人分得田地后，各自出工出力。你要想吃得好、吃得饱，就自己去种粮食、多施肥料。在这段时间，我们的粮食比原来增加一半。有了田地以后，大家就不再拿工分换粮食了。自己种出来的粮食，全部都是你自己的。之后，大家的生活好起来了。

1985年之后，袁隆平发明的杂交水稻造福百姓，让我们都能吃上白米饭。在以前，我们种田播种的是传统的谷种，大家买来五斤到六斤，把它撒到田里，也就只能收获30多斤粮食。传统谷种播种出去，很多都发不了芽，产量很低。而袁隆平研究的谷种，我们只要播种三到十斤，每斤种子平均就能收获10大袋谷子。10大袋谷子称下来就是七八百斤。这就是我们中国的科学家研究出来，造福我们老百姓的礼物。现在，即使你种子撒得少，最后收获粮食也还是很多。种三四斤、五六斤谷子，一年你都吃不完。家庭联产承包制以后，第一是提高生产，第二就是抓经济收入。我大儿子在学校读初中时，一个月要40块钱。我做一对芦笙赚的钱，就可以供儿子在学校一个月的生活。靠着芦笙手艺，我可以将孩子送入学校，把他培养长大。家里需要用钱的时候，基本上卖一对芦笙就可以解决。所以说，我们的传统手艺在以前可以救命，现在也可以保障生活。

（五）

谈到学艺，我就会想起父亲对我们的教诲。我10岁那年，我的父亲就开始教我如何制作芦笙。但父亲对我们非常严格，要求我们必须学会这些手艺，做不好就要打骂。父亲的严格也是他对我们未来的一种担忧，他怕的是，如果我学不会这些东西，以后就没法在当时的环境中生存下去，他的严格也是为了我们好。

跟随父亲学习芦笙，父亲最先教我的工序就是打铜片。因为铜片是用来制作芦笙的簧片，所以处理它的时候需要有耐心。只有最好的铜才能做出好的簧片，像黄铜、钨铜这些都可以，做出来的簧片一般可以用八到十年。而红铜就不能拿来做铜片，因为红铜的弹性不好，做出来的簧片用一两年就不行了。

我们的铜材料一般都是从收废品的地方买来的，如果能找到好的铜，我们就会加工。加工时，首先要把铜片放在风箱炉里用大火烧，等熔化之后，再把它倒在一个小槽里，冷却以后再用锤子慢慢敲打。先把铜敲打成铜条，再用火烧，然后继续敲打，通过反复处理，打成薄薄的铜片，之后就可以放在旁边备用。打好铜片之后，挑选竹子制作笙管和笙斗。

加工簧片的铜条

在竹子的选择上很有讲究，采集时间必须在春前秋后。开春时，竹子所带的水分是最多的，因为它要吸水生长。春季到夏季这段时间，一些虫子容易在竹子上分泌毒液，如果采集这段时间的竹子来做芦笙，很容易长虫，就算再好的芦笙也会坏。而秋后的竹子已经长定，并且不再吸水，易晒干。制作芦笙使用的竹子水分越少，寿命就会越长。我们采集的竹子，都要立马拿去河里面“纱洗”[①]，目的就是把竹子的斑点和竹节打磨掉。打磨完的竹子就可以进行晾干。晾干时，如果太阳很大，一直晒很容易晒炸。因为你不能确定采集的竹子是否有老竹，如果砍到前年的竹子，你拿去长时间晒，它里面就会炸开，所以要慢慢晾。最后，等竹子晾干就可以继续下一步的制作了。

晒好竹子，接着就来制作笙斗。笙斗的木材一般选用杉木或梓木，选用的木材必须木纹细直。用斧头劈开圆木后，把它砍成梯形，再将其推刨推平，削成葫芦的形状。然后，我们就可以使用挑刀，把笙斗内部挑空，最后用桦树皮将它箍紧，整个笙斗部分才算制作完成。

制作完笙斗，我们再拿来之前晒好的竹料进行笙管的制作。根据芦笙型号的大小，我们先为大型芦笙挑选竹料。挑选完后，剩下的材料就可以用来制作小型芦笙，如果先为小型挑选，那么剩下的材料大型芦笙又无法

① 纱洗：是利用纱布对竹子进行搓洗的一种方法。

使用，就会造成浪费。确定好笙管，再煨火进行烫烤，用脚轻踩弯曲的部位，让笙管变直。然后，将全部的笙管烫烤定形，笙管也就制作成功。将笙管与笙斗的插孔进行反复比对，必须让插孔完全与笙管的粗细吻合。

最后也是最为关键的步骤，把我们最先准备好的铜片拿来割簧片。为对应的笙管割簧片时，还需要进行调音。笙管的长短与粗细不会影响它吹出的声音，所以我们调音的时候要通过笙管的声音，来选择簧片的声音。先用嘴轻吹笙管，仔细听其发出的声音。如果笙管发出的声音与簧片发出的声音相差很大，那还必须再调；当簧片发出的声音与笙管发出声音完全一致，调音才算完成。全部调完音后，在笙管固定的位置上，根据簧片的长短和宽度，用割刀将管壁割平，把簧片安装上。主管装三片，单管装一片，依次按照顺序组装簧片。装好簧片的笙管再插入笙斗的孔洞，伸出笙斗下部分的笙管都为一拳长。最后，再用桦树皮将笙管固定，根据捧握芦笙手指的位置，用尖刀凿出发音孔，这样整个芦笙的制作就全部完成了。我们制作芦笙的这一整套程序，大概要花费5～7天的时间，而光制作一排芦笙要花的铜片就需要做1～2天的时间。

芦笙制作加工

（六）

芦笙可以说是我们高坡苗族人习以为常又喜闻乐见的社交和娱乐工具，无论是在当地苗族的重大节庆或丧葬中，还是在恋爱以及其他娱乐活动中，都能看到芦笙的身影。在我们的村寨上，女生必须要会挑花，男生必须要会吹芦笙。小姑娘会挑花，说明她心灵手巧；小伙子会吹芦笙，说明他聪明能干。在我们那个年代，没有电视机和手机，只能在家专心学手艺。如果你学不会，长辈会说你笨，同辈也会觉得你不聪明。现在学校老师也会教孩子们吹芦笙，是基金会组织的。但在我们那个时候芦笙都是父母教的，如果父母不会，还可以找其他的叔伯弟兄来教。男生会吹芦笙在村子里会很受欢迎，不管你到哪个场合去交朋友，别人都会说你很不错，而且去哪里都有同伴，别人和你玩也觉得有面子。再一个就是找女朋友也方便，男生会吹芦笙就算你不找女朋友，女生都会主动去找你。

我们苗族的孩子，不仅要会吹芦笙，还要会唱民歌。唱歌与芦笙一样，都是我们民族的传统，但是我们的唱歌并不是随便唱。比如，来到寨子里你要唱“从民歌”，唱完“从民歌”以后，进入家门有“板凳歌”，家里有烧火的炉子还要唱“火炉歌”。唱完这些之后才摆桌子吃饭，再唱“桌子歌”，然后是把碗拿上桌，还有“碗歌”“筷子歌”“酒歌”。这些歌

芦笙成品

唱完以后才吃饭，最后还需要唱“吃饭歌”。来做客就必须要走完这些程序，不能随便乱唱。如果你不懂得这些道理，不按程序来，别人会觉得你不懂规矩，不喜欢你。

唱歌对于苗族来说就像说故事，唱的是民族从开天辟地到现在的发展历史，是苗族人民抒发情感的一种方式，也是一种特别的表达方式，我们能通过歌中优美和委婉的话语来表达我们的心意。

（七）

如今，我们的芦笙经常作为参赛项目参加比赛。我们每年春节都参加花溪区举行的民族民间歌舞大赛，每年都是第一名，现在还是五连冠。可惜2020年到2021年没有举办大赛。目前，政府对于我们的手艺也非常支持，鼓励我们多传多学，给予我们资金支持。虽然现在区级传承人没有经费支持，但是政府也会给予项目保护。区级的项目经过不断完善，获批市级传承项目之后，就有经费支持了。政府给我们传承经费的目的，就是鼓励我们把技艺传承发展下去，虽然经费不是很多，但是我们理解政府，也愿意把我们的技艺传给我们的下一代。

政府从乡村振兴考虑，准备开发一个文化广场，让我们来展示、表演，即他们出场地、资金，我们出技术。这个想法非常好，但是还有很多事情需要去准备。我们去那边，一个是场地的问题，要有作坊间、工序间、成品间、半成品间来让我们制作；另一个就是材料的问题，要成批量地做芦笙，竹子一定要备足。

只有把这一系列的设备材料完善好，我们才能让游客体验到完整的流程，最后才能开发出芦笙的经济价值。因为需要考虑很多方面的内容，所以这个项目现在还没有落地实施，但是我还是对此抱有很大的期待，我们民间手工技艺在当地做效果会更好。

目前，我们做芦笙的艺人很少，场地也缺乏，大家都是在家里制作芦笙。芦笙的手工制作又比较细致，做的时候要很细心。完全学会制作芦笙至少需要两年时间。目前我有三个徒弟可以制作芦笙，他们都是我的叔伯弟兄，平时隔几天就来我家和我一起制作芦笙。徒弟们来我这里做，我就出材料，在家大家一起吃饭，卖芦笙赚的钱大家一起平分。现在我的年纪也大了，其他人要是来找我学，我也不敢答应。像我年纪这么大的人，头脑还有眼睛都还不错的，我们寨子上可能就只有我了，其他人做不出来了。

如今，我的"孙孙"[1]也愿意和我学做芦笙，致力于把我们这个民族的技艺给传下去。现在很多年轻人都觉得我们的手艺赚不了几个钱，就都出去外面打工。我们做芦笙一个月虽然只能赚几千块，但是几个人一起做的话也能赚不少钱。最小的芦笙是300块钱一支，10支就是3000元，30支就是9000元。9000元我们在家做，三个人一起做，一个人也有3000元，而且在家也没有风险，去打工又苦又累。年轻人没想到这儿，所以现在民间的技艺很少有人来做。政府现在也很努力，想办法鼓励年轻人来学习我们的手艺，对此我是很感谢的。即使不能做出芦笙，会吹也是很好的，千万不能让吹芦笙技术失传了。

现在我的年纪越来越大，未来就靠着我的孩子和我们的小辈，把我们的技艺传承下去，保护我们民族古老的乐器。无论是寨子上的同胞来学，还是其他亲戚朋友，只要他们愿学，我都愿意教给大家。希望未来我们民族的传统文化能够走出世界，发扬光大！

① 孙孙：贵州方言，是形容孙子、孙儿的一种称呼。

第一代：罗孟种（1853.7—1923.10），苗族，男，生于花溪区高坡乡批林村，熟练掌握芦笙制作技艺，以此为生。

第二代：罗远夺（1874.5—1955.12），苗族，男，生于花溪区高坡乡批林村，继承了父亲的芦笙制作手艺，以此为生。

第三代：罗仕珍（1892.3—1976.9），苗族，男，生于花溪区高坡乡批林村，继承了父亲的芦笙制作手艺，以此为生。其制作的芦笙销售到周边村寨，广受好评。

第四代：罗朝贵（1939.3—　），苗族，男，生于花溪区高坡乡批林村，继承了父亲的芦笙制作手艺，从艺40余年，为当地苗族村寨以及相邻的龙里、惠水苗族村寨出售芦笙3000余支，为海内外游客售出芦笙近万支。罗朝贵接受中央、省市区有关新闻单位的采访10余次。

第五代：罗廷开（1966.12—　），苗族，男，生于花溪区高坡乡批林村，受父亲影响，从小学习芦笙制作，熟练掌握了芦笙制作技艺，现为该项目的省级非遗代表性传承人。

杨明秀

半生执念，一身所爱

传承人：杨明秀

采访时间：2021年12月31日

采访地点：贵州省贵阳市乌当区下坝镇谷金村

采访人：梅世素、吴红燕、张贵容、丰兴康

文章整理、撰写：梅世素

※ 人物小传

杨明秀，女，苗族，省级非物质文化遗产代表性项目印苗服饰制作省级代表性传承人，生于1954年，现居住在贵州省贵阳市乌当区下坝镇谷金村。

杨明秀自幼生活在贵阳市龙里县哪旁乡，在母亲的影响下，七八岁时就开始接触印苗服饰。后来在婆婆侯向珍的传授下，掌握婆婆精湛的手艺，并将印苗服饰制作融会贯通，创造制作出精美的印苗服饰。

自她被列为省级非物质文化遗产印苗服饰传承人之后，积极参加政府举办的活动，配合政府的工作，不断进修，获取灵感，制作出与时俱进的印苗服饰，满足大家的喜欢，同时不忘把技术传授给前来向她请教的学生。

（一）

我叫杨明秀，是贵州省省级非遗代表性项目印苗服饰制作技艺代表性传承人。

卡堡印苗是指居住在下坝镇谷金村卡堡苗寨印苗支系，苗语叫“啊也俩嘎”。在这个山清水秀的原始村落，孕育着独特的卡堡印苗服饰，苗族妇女世世代代相传，苦心钻研，绣出了精美的印章图案。我们大家都知道印苗服饰制作需要经过切麻织布、沉淀剪裁、刺绣缝合等多道工序，上衣为胯肩阔袖贯首服，两臂、后背刺绣方形或三角形印章，下穿百褶裙，内

印苗服饰

打绑腿，外饰挑花围腰，头上为代代相传的发辫大包头。这就是我们苗族独特的衣服，体现了我们几千年的文化精髓。这个民族服饰在吴仕忠先生所著《中国苗族服饰图志》一书中，被称为“下坝式”苗装，是苗族服饰历史最悠久、保存最稀少的服装类型。[①]

我们这个支系女子上衣的方形图案是先祖苗王的印章纹样。苗王以印章为民族标志，是为了让族人在战乱中易于识别本族，既纪念了在迁徙中战死的先祖，又起到了加强民族凝聚力的作用。我们印苗服饰依靠族人勤劳的双手和智慧的头脑，将辉煌灿烂的民族文化呈现于日常贴身所穿的精美服饰，逐渐成为被族人铭记的民族史诗，这也是“印苗”称谓的由来。

我们下坝镇卡堡的印苗服饰，女性的贯头衣式样比较古老，领缘为宽边，左右各一条，与前后交叉呈八字形，穿着时自然翻垂，其交叉形成的线条和夹角恰好与后背的纹样组合成八角星状，颇为巧妙。衣服的正面无装饰，为纯靛蓝色棉布，后背及两袖装饰丰富。在领子和后底摆有以十字挑花、平绣倒三针等技法，绣制的八角星纹、十字纹及边缘装饰。[②]

① 李敏，贺阳，郭哲祺. 印苗贯首衣的结构研究与装饰设计[J]. 设计,2019,32 (06): 104-107.

② 李敏，贺阳，郭哲祺. 印苗贯首衣的结构研究与装饰设计[J]. 设计,2019,32 (06): 104-107.

贯首衣的历史可以追溯到新石器时代晚期，在今甘肃一带的辛店文化中发现部分贯首衣的原始彩绘及原始岩画。《新唐书·南蛮传》记载，“妇人横布二幅，穿中贯其首，号曰通裙”，便是对古时百越民族服饰的描述。

我们这个支系服装形制由青布头帕、上衣、百褶裙、围腰、绑腿、布鞋组成。妇女头饰为绾髻于顶，先在头上缠绕收集的真人假发，再将18米长的青布头帕呈人字形交叉缠于假发之上形成盘状。

腿部打青布绑腿，先用青布包缠整个小腿，再在外层扎上白色刺绣腿带，脚着绣花布鞋。随着时代的迁移，村里年轻人都出去务工，现在村里能够完整制作整套衣服的，唯有我一人。

我于1953年出生，但是户口上错了，比我实际小一岁。自我一出生，我家便一直居住在龙里。可以说我生在龙里，长在龙里，嫁在乌当。我爹是大队支书，管理整个大队，分配大家干活。我妈是务农小工，但她也有读书。除了在家里照顾我们，有时候她也跟着村民一起做活路。我爹和我妈是通过媒人介绍、父母包办认识的。他们性格互补，我妈的脾气比较暴躁，但我爹的脾气比较温和，他总是包容着我妈的小脾气。他们有时候吵架，往往是我爹低头。

在我爹和我妈那个年代，大家都是一生只爱一人，即使吵架了，也会相互着想，隐忍下来。不像现在的年轻人，日子稍微过得不顺心，就想要离婚。那时候他们虽苦，但过得很幸福。生活是晨起暮落，日子是柴米油盐，慢慢过，几十年的光阴便这样过去了。

我们家一共有16个姊妹，但因为小时候医疗卫生条件不发达，我的8个哥哥姐姐们都没能够平安长大，只剩下8个姊妹。我有一个大姐，一个二姐，一个大哥，三个弟弟，两个妹妹。算下来，我是第四个姑娘。小时候，都是我在引娃娃[①]，带弟弟妹妹，闲着无事，我便搓麻，帮助我妈减轻一些负担。后来一懂事，我妈就让我们切麻，刮麻，刮原麻。一大堆麻，

① 引娃娃，贵州方言，带娃娃。

我们年纪小，只能慢慢地整。要去找一种麻（这种麻都不够切），去找活麻来一起切。除了切麻，我们大家一起做鞋。

如何切麻呢？把麻放在手指尖上，挽成一坨，形成一圈又一圈的麻。原先我爹本想让我去读书，但是我妈不让。她重男轻女，觉得养女儿都是帮别人养，便不让我去读书，让我在家里煮饭、引娃娃。我的两个妹妹都没读书。虽然我没读书，但我的童年充满了欢乐。白天我会和小伙伴一起出去放牛，有时候也上山做农活、挖土。恰逢下雨天，不能出去，我和小伙伴便在家里踢毽子，有时候她赢，有时候我赢。除此之外，我们还一起搓麻、做鞋子、跳皮筋、剪纸等。小时候也不敢出远门，看到陌生人，不敢说话，怕客家背娃娃[①]。那个时候还不会说明话（汉族语言），大部分时间都待在自己的家里或者小伙伴的家里。正是在这些时光中，我逐渐对印苗服饰制作产生了浓厚的兴趣。

喜欢是一朝一夕，爱是从心动到古稀。我真的很喜欢制作服饰的过程，特别是当我制作完成一件衣服时，喜悦的心情无以言表。经历过无数个点煤油灯的夜晚，无数挨骂的时光，我才变成了一个比较有成就的人。

（二）

我记事的时候大概六七岁，那个时候我在家带弟弟和妹妹们，我哥和我姐便去读书。我大哥读到六年级，大姐读到五年级，两个兄弟也是一个五年级，一个六年级，小弟只读到二年级，最小的两个妹妹没进过学校。我姐之所以可以读书，是因为那个时候我妈的思想还不像后来那样封建。我的两个妹妹是不会绣花、做衣服的，我妈就带她们去做活路。相当于我们几姊妹中我的手艺是最好的，我姐姐会一点儿，仅仅会切麻比较简单的事。

① 客家背娃娃，贵州苗族一种民间说法，大人为了让小孩子听话，吓唬他们：小孩子不听话，就会被人背着去卖。

还记得小时候，除了引娃娃，我有时也去放牛。由于年龄小，追不上牛就哭，还是小伙伴帮我抓到牛，我才停止哭泣。有一次，牛去吃人家的苞谷，被抓住了，苞谷的主人找我父母赔——原先牛吃到苞谷要赔。父母给苞谷主人家道歉赔礼之后，我就挨打了。两三岁之后，我要和爸妈去挖土，做活路，放牛这些事就交给我长大的兄弟和妹妹。

都说日子慢慢过，只要勤快，都会好起来的。大概是我运气不好，生逢那个时代。三年困难时期也被我遇上了。我们不能自己煮饭吃，那个时候是集体食堂，只能拿着碗去秤饭。那个时候我爷爷和奶奶都在，我奶奶不凶，我爷爷凶得很。

我小时候不懂事，就去桌子上拿东西吃，人矮了够不到，就用手去抓。我爷爷就用筷子打，不准我们这样，因为这样没礼貌。其实食堂里的二两米真的不够吃，我们吃不饱，我大哥他们去坡上挖蕨把的根吃。除了吃蕨把，我们还吃茼蒿、山药、波洛子[①]。那波洛子如何吃呢？就跟现在的板栗一样，需要先煮，煮好之后就晒干，晒干之后我们就可以剥了，里面是白色的果实。拿白色的果实去磨子上推，磨成面粉，之后用甑子[②]蒸，蒸好之后像粑粑一样，可以吃。但是它的味道比不上板栗，没有板栗好吃，有点儿苦，有点儿涩。我们还吃蒿子[③]，挖了后，放在手里揉，把蒿菜和米糠混合在一起，就吃米糠。吃起来真的很苦，但是不吃它们，我们没力气。

那时候，我们村里有几个人就因为没饭吃被饿死在路上。他们因为太饿了只能去山上找野菜吃，来到半路，没力气，就倒在路上。后来才知道他们是饿死的，那个年代真的太困难。

时光飞逝，本以为会迎来转机，然而，想太多了。当时，我们不能做衣服，大家统一上山干活，中间休息半个小时，我就切麻。那个时候我还

---

① 波洛子，地方特产，学名青岗子。

② 甑子，贵州煮饭用的工具。

③ 蒿子，一种菜，学名叫茼蒿。

服饰印章

没有做过一套完整的苗衣服，只会做袖子，其余部分都是我妈来做。

这个时候我十三四岁，对《贫农下中农一条心》这类歌曲，我们是溜溜通[①]，好像跳广场舞一样。队长一喊，我们就去唱歌跳舞。这些歌曲、舞蹈都是关于贫民遭受地主压迫的，观看者、聆听者感同身受，回想被地主欺诈的经历，泣不成声。时隔多年，很多歌曲都已经忘记，被遗忘在记忆的某个角落。现在如果喊我唱，我都不会唱了。

那个时候我爸是大队队长，白天要做农活，我们小孩子的工分是8分，我爸妈他们是12工分。大人是12工分，小孩子是8工分。晚上我就可以和小伙伴一起去跳舞、唱歌。除了表演歌曲，我们村里会举行群众大会，我们家是贫困户，我爹是贫中农，没有谁犯过法，也没有谁被劳改过。

我们小姑娘13岁时需要剪头发，穿小裙子，戴尖尖帽。一到15岁就穿长衣服。我们家是缝长衣服给小姑娘穿，都戴帽子。现在我也缝，给我家这些姑娘穿。王永贵是花棍舞传承人。他喊我缝，我说缝，要缝就缝啊。后来他不在了，我说我也不缝了，于是便没缝。那个尖尖帽的样式，已经深深地印在我脑海里，想忘都忘不掉。现在我正在给我家小孙子做一个帽子，就算奶奶给他的一个念想吧。

① 溜溜通，贵州方言，熟练。

我没做衣服的这些年，我的心里一直惦记着它，有些喜欢，一旦认真，怎么也放不下；有些执念，回首已度过半生。不过任何人与事都有双面性，在失去某些的同时，也会收获一些东西。人呐，就要向前看，向好的方面看，这样日子才能越过越好，不会越过越悲观。所谓“塞翁失马，焉知非福”，就是如此。虽然我做不了衣服，但我也学会了跳舞、唱歌，这便是收获。

我心里一直有一个期待：一个女孩子可以长成的最好的样子——不因过往经历自卑自傲，不因自己拥有的多寡而产生得失心，自信从容，不卑不亢。愿所愿皆可成真。

（三）

关于学做印苗衣服，我妈算是我的启蒙老师。我妈是一个性格比较要强的人，对于刺绣、做衣服这些，她都会。那个时候，村里有一种说法：一个女人不会制作衣服，人家要笑话你是憨婆娘。在她们那个年代，大部分人都会制作印苗服饰。小时候，哥哥姐姐们都长大成家了，理所当然地，我成了家里的老大。我妈要做一大家子人的衣服，一个人忙不过来，便叫我帮忙搓麻、切麻、挑花，日积月累，我逐渐对制作衣服产生了浓厚的兴趣。

此后多年，我一直都是切麻，做一些简单的事。我特别想自己完整地做一件衣服，但我妈担心我不能制作，害怕我浪费材料，一直不让我尝试。但我依然很感激她，因为她激发了我对制作印苗服饰的兴趣，让我在今后的漫长岁月里，有一个精神寄托。

但我真正的老师是我的婆婆。她是一个坚强温和的人。她小时候家境很好，可以说是大小姐了。因为她爹吃鸦片，把整个家都吃垮了。受到这个影响，她开始四处流浪。那个时候，村里有一个师傅印苗服饰技术好，她白天帮那个师傅，晚上自己练习。钻研数年，她创造一种独特的绣法。

头发绳

后来结婚了，她丈夫去世得早，家里娃娃最大的才10多岁。他们以前是从在拐九（乌当区一个村寨）搬到卡堡的，家里并不富裕，还比较穷。十几年来，她没有改嫁，一个人咬着牙抚养两个孩子成人成才。

我刚刚嫁给她儿子时，她并没有立即把她的手艺教给我。等我过门一年，生下大女儿后，她才逐渐把她的技艺传给我。为什么这么晚才教我？有两个原因，其一我是自由恋爱，父母不同意；其二是怕我走，因为年龄小，容易被人带走。她教我哪些呢？比如，我婆婆教我画蜡、织布、染靛（以前的靛要自己染）等。我们家的靛有两种，一种靛是“颗颗”，三四颗就好，形成一把，挖一个窝，种在一起，挖泥巴遮住，会发芽，形成蕨巴疙瘩，再发芽，长成叶子，用指甲掐叶子，之后放在瓶子里泡，用筛子漏，用石灰打。比如，今晚打好放好，第二天沉淀在最底下的那层就是靛。那时候我们姑娘就比较难，必须学会这些。那时候冬天也不好度过，必须穿裙子。还有这头发，一直掉，女孩子最心焦的就是这些。那个时候没有打底裤，就算有也不能穿，只能用筒（苗语音译：绑腿的带子）绑腿。

我人生中做的第一套完整的衣服、裙子就是我婆婆教的。在如此艰难的条件下，我成功制作了人生中第一套衣服。这真的要感谢全身心教我的婆婆，她毫不保留地把她的一生心血教给我。我作为她的儿媳妇兼职徒弟，总不能给她丢脸。我便刻苦学习，白天上工，晚上学习，就这样断断续续两年多，终于把她的技能都学会了。人生得一知己不易，更何况在这样的年代，能够遇到这样优秀、温和的婆婆，我真的很幸福。

（四）

斯人若彩虹，遇上方知有。遇到他之前，我从未想过结婚；遇到他之后，我期待与他一起度过余生。我和我丈夫相识于亲戚的酒席。那是一个喜庆的日子，令我记忆深刻。我们农村办酒，我穿苗衣裳去吃酒。那个时候的小姑娘必须穿苗衣裳，不像现在，穿起便服就可以去吃酒。在酒席上，我与他经小伙伴介绍认识。

有些人，一眼就是一辈子。我一看到他，就知道我是真的好喜欢他呀。我一直都不相信一见钟情，当我亲身经历过，才知道“一见钟情”的含义是什么。那年，我17岁，他18岁，正是情窦初开的年纪。那一天，那一刻，那一个场景，他出现在我生命里，从此以后，我的人生开启了新篇章。

少年本是意气风发，当我遇到他，当他遇到我，恨不识君早些年。我们彼此有好感，便轰轰烈烈地谈起恋爱。我们苗族的正月，就是谈情说爱的时间。我们只谈了一两个月，就结婚了。缘分真的妙不可言，原来冥冥之中，总有一人为你而来。幸运的是，我在最好的年纪遇到了最好的他。

美好的时光总是稍纵即逝，两个月的时间悄然消逝，我们之间的感情随着时间推移，不断升华，于是二月我们就来客（贵州方言：结婚）了。然而，我们的恋情并没有受到我父母的祝福，我父母嫌弃我老公穷，并且我们年龄都还小。

我老公是一个寡仔[①]，他爸爸去世得早。我们谈恋爱时，他还在读初

① 寡仔，贵州方言，孤儿。

中，读完初一上学期就不去读了。现在他们的老师还开玩笑说：“王成学，你结婚了？”（我老公叫王成学。）由于害羞，他就跑开了。

我们是自由恋爱，当时很多人都包办婚姻，我大姐那一辈，还是老人承办。即使父母不认可我老公，我也相信我老公，相信他会给我一个美好的未来。所以，我不顾父母的反对，倔强地嫁了，勇敢地选择了爱情。那个年代的爱情，那个时候的我，真的单纯又美好。

他温文尔雅，我则有点儿暴躁，时常因为一些事生气。他总是默默包容我的小脾气。我和他结婚后，就学织布、切麻、打钩钩针。钩钩针是印苗服饰中的绣法，十字绣与它有相似之处，钩钩针是平绣。但是花样不能变，印章还是印章。这些都是很基础的入门技巧，这个时候婆婆还没倾囊相授。

我结婚穿的这个衣服本来应该是我妈做的，但我妈不同意这门亲事，所以我的婚服是我婆婆请人帮我做的。结婚要穿三套衣服，分别为一套红的、一套蓝的、一套绿的。一套衣服包括一个大包头、一套裙子、两条筒。原先结婚要剃头，妹妹头①从旁边放下来带帕子，如果是唯一的姑娘，就不包帕子。后来结婚生娃娃后，便不用戴帕子，等头发慢慢长长就可以了。头发绳、苗衣服、耳朵上戴的，都不是我妈配置的，是我婆婆请人做的。红衣服是结婚当天穿的，现在已经没这个习俗了，什么时候都可以穿，谁都可以穿。第二天，新郎要在新娘这边坐一天。送亲时，要穿绿色的衣服。回家时，要穿蓝色的衣服。我们要满一个月才回娘家，回娘家都不多坐，都是坐一天歇两夜。穿的衣服就是我穿去苗寨的那件衣服，原先是讲孜古丽②，两件衣服是套着穿——当媳妇都穿这些。

结婚之后我又开始做衣服。还是穿苗衣服，这个地方不准穿汉族的衣服裤子。如果穿汉族的衣裳裤子，人家骂你：“那婆娘憨得很，切麻、理

---

① 妹妹头，贵州方言，刘海，盖住额头的头发。

② 孜古丽，苗族的一种叫法。

红色婚服

线不会做，针线不会做。要骂哪样都不会做。”因为那个时候在苗族里，穿汉装是一件丢脸的事情。我穿去苗寨比赛的裙子就是那个时候做的。

现在生娃娃，街上铺子都有小衣服卖，不需要自己裁、自己做。以前我们生娃娃要自家会裁、自家会缝，现在的媳妇真的好幸福。

甜蜜的日子总是过得如此快，一年后，迎来了爱情结晶——我们的大女儿。坐月子期间，我婆婆帮我洗衣服、带娃娃、煮饭等。我真的很幸运，遇到如此通情达理的婆婆。

爱情再神圣，还得回到现实社会，日子是柴米油盐酱醋茶。结婚后我们就组成了一个小家，总要学着大人的样子撑起这个家。

我老公是木匠，会打椅子、门等。那个时候修房子，市场上没门窗卖，他帮人家做门窗，经常出去。老公去挣钱，我就带着娃娃去犁田。我独自犁土犁田，薅苞谷、种辣椒，生活逼得我成为一位钢铁侠。

我一共有五个子女。大姑娘是1971年农历正月初二出生，第二个姑娘是1973年农历冬月十四；第三个儿子1976年农历三月二十七；第四个姑娘是1978年农历十月十四出生；第五个是儿子，出生于1980年农历六月初九。

我家姑娘儿子都读书，我都供他们读书，读到他们自愿不读为止。大姑娘读书读到四年级时，有一次去花溪跳花棍舞，回来就不去读了。现在她在打工，有四个娃娃。第二个姑娘初三毕业，没考上高中就不读了。老三初三毕业就没读了。他都去打工，帮人家跑车。第四个姑娘，刚刚读到四年级，也不读了。最小的儿子是初三毕业，没考上就不读了。他们没去外省打工，一直都在我们贵州，最远的地方在安顺。他们都很孝顺，时常打电话给我，过年也会接我出去玩，不枉我带他们来到这个世界上。

安稳的日子并没有多久，1979年5月，我老公突然生病，病得悄无声息、毫无预兆。当时我手足无措。原来他身体好的时候，晚上去哪里都怕。他一生病，就到处乱跑。那个坡不高他不爬，那个塘塘水[①]不深他不涉；哪里高往哪里跑，哪里水深往哪里跑。谢谢人家好心把他救出来。我的心情很沉重，没心思上工、带娃，我便让我婆婆帮忙一起带娃。

那个时候我四姑娘才五个多月。以前穿苗衣服头上需要戴大包头。他拿我的头发绳，去勒自己的脖子，我制止不了他，一晚上都抱着他的头睡。有时太累了，便睡熟了。他便悄悄地起，偷偷跑出去，我都不晓得。等我睡醒，就去找他。我家姑娘，一下子摔下床脚了，“砰”的一下，要抱娃也不是，要找他也不是。后面我就抱娃起来，边哄边哭。我的日子怎么这么苦呀。

我很喜欢制作印苗服饰，自从我老公生病，就没再碰过。制作印苗服饰的工具便束之高阁，再未使用过。

在老公生病的日子里，婆婆也没得心思做事。大家都在近忧[②]他，一天到晚，没别的心思。我们那时候是烧火炉坑，在灶里烧柴，要铲火子（已经燃过的煤）在这头烤。有一次，还没等我抱起我家的四个姑娘，我老公就揪起我的衣服一甩。当时我抱起我姑娘，就摔倒了。我又伤心又难过，很难过日子。我妹（老公妹妹）建议我们去他们幺公家住，于是我们一家老小就住到幺公家，我家姑爹也在这里。他也来帮忙，我抱起娃就出

---

① 塘塘水，贵州方言，河流。

② 近忧，贵州方言，服侍。

去了。实在怕得很，去人家家里躲，都怕他找到，怕娃娃哭。

后来不知道怎么回事，他就自己好了。之后我们还是集体做活路，他和我一起推磨、引娃娃。但是我们没睡家里，幺公家有一个厢房，他邀请我们去他家睡。于是，我老公生病期间，我们都住在我幺公家。他家也是好人，好人一生平安。

我老公好之后，就开始着手重新修建房子。农村说（俗话）饭趴怪筲箕，人穷怪屋基，所以，就重新修房子。他好的时候大概是1979年腊月十四，我们的房子还没修好，全家就在幺公的房子里过年。那年冬天土地下放到户。我们超生，小的两个孩子没分得土地，我们得到六个人的土地，小儿子和第四个姑娘没分到土地。我们这个土，一处分两分，另一处分三分的，不是集中在一起。我们这些地方田少，一家才分得三亩。那个土，才分得四亩。他好之后就出去搞木工，挣钱来给娃娃们用。

他好了30多年，又得了阑尾炎，就动手术。阑尾炎好了可能才三四年，又得脑梗死，医不好，我服侍他三年，他就去世了。

（五）

印苗服饰制作技艺是我们苗族独特的一门技艺，以前几乎人人都会。随着社会的发展、科技的进步、成衣店的兴起，我们便不再有以前的习俗，许多习俗都改变了。经济发展速度很快，很多人都不能静下心来做衣服、做裙子。逐渐地，村里只有年龄较大的人会这门手艺，创新就更不用说了，完全还是以前的样子，老年人对外界需求并不了解，我们不知道外面流行什么款式，也不敢轻易尝试，怕制作出来没人喜欢。这真的不是胡编乱造，是我的亲身体验。我当年结婚穿的三件套，即一套红色、一套蓝色、一套绿色，我一直保存到现在。我这些衣服都保存二十多年了，现在他们哪个都不穿，认为太土，对襟衣服也不流行了。现在结婚都穿西装，不穿长衣服。那个长衫衣服我们这一辈人会裁，现在他们年轻人，几乎都不会裁。年轻姑娘都在外求学或者打工谋生，这个衣服没有市场，没人需要，如果贸然生产会得不偿失。

我真的想把这门技艺传承下去，毕竟是苗族文化一种保存的形式。都说苗族是没有文字的，几千年的文化都隐藏在我们的服饰中。如果一个人想要了解我们的苗族文化，就先要了解我们苗族的服饰，小小的衣服蕴藏巨大的文化气息。我也想为苗族文化发展尽一份微薄之力。

这门技艺没人学的原因，除了流行因素，还有意识因素。我们从小生活在山村，住在山村，嫁在山村，没有意识到这门技艺的不同，我们的意识形态还属于过去，未发现它的珍贵之处。还记得，我娘家妈妈去世那一年，是2008年。原来我们苗族老人去世要穿三套衣服。她生前的衣服，只留一件给幺舅。其实她的衣服很多，比如她的围腰、裙子，但是柜子里都没有，衣服全部被她卖掉了。我们有几姊妹，可能她认为我们不起作用了嘛（女娃娃没得用）。

我真的大受打击，我就自己整，我自家画、自家织布。我们的麻、布都磨得很实在。五月间刮头道（第一次），七月间就刮二道，九月间都刮三道，真的很忙。现在织布机、拉线机等，都一起烧了。贵阳市非遗中心要研究图样，我们都找不到了。原来我家老公在的时候，他会木工，会打，后面得病就没打。现在我们的织布机，寨上都很少有，只有我们的支书在寨上买了一个。现在支书死了，就没了，大概只有我姑妈有。那个时候的衣服与现在机子制作的衣服对比，简直不可同日而语。

现在我们都来改装，一改之前缠发的烦琐，使用一种固定好的布圈，直接套在头上，远看效果与盘发包头十分接近。印苗上衣为交叉旗形翻领贯首衣，前后领均为斜向交叉的白色领条，前胸领条较长扎进腰带，后领条较短自由飘垂于背后，衣襟镶蓝白布条，衣背和衣袖装饰丰富的挑花图案，方形框内形成黑底的八角星纹。下着蜡染贴布百褶裙，裙摆上部以蜡染图案为底，在蜡染之上贴补颜色鲜艳的蚕丝面料，虽然贴布用色大胆，但在沉稳的蓝靛土布之下，随着褶裥掩进密密层层的百褶裙里，整体不会

非遗技能大赛合影

显得过于突兀和跳跃。腹前系蜡染挑花围腰，左侧悬飘带。

清闲十多年，我们花也没有挑，麻也没有织。现在也没有染布工具，什么时候要，什么时候做，做完就扔了。织布机我也没有，只有我婆婆有，但是要给小姑子的，媳妇没有，这是自古以来的传统。

我妈有倒是有，但她不想女儿，几姊妹都没有得到她的老古董，也不知道她放哪儿了。她不太关心姑娘，跟我们的感情就淡了点儿。后面她老了，还是到我这边来玩的，我并没有撵她走。虽然她不想我，但我是她九月怀胎生下来的，母女连心。那个时候我们这边没有车，我把他们送到下坝，我们这边的车在师大后面的煤矿村，我要送他们到那里去坐车。送他们走了之后，我才一个人回来。不管她怎么样，始终是我的母亲，我还是想亲近她的。即使我生娃娃的时候她没来，只有我爸爸来。因为我当时和我老公结婚的时候，她不同意，说"用不了这条亲"。我倔强地嫁，我妈妈就认为我扫她的面子，所以一开始她是不愿意理我的。后来，随着时间的消逝，她才慢慢肯理我。

我结婚的时候，她由于生气，都没给我做衣服，我回门的时候，她倒是给我两条裙子、一把头发绳、一张帕子、一张围腰、一对耳珠。我给大家分享我们以前穿耳洞的故事。我们小时候下雪的时候，小姑娘就用那个

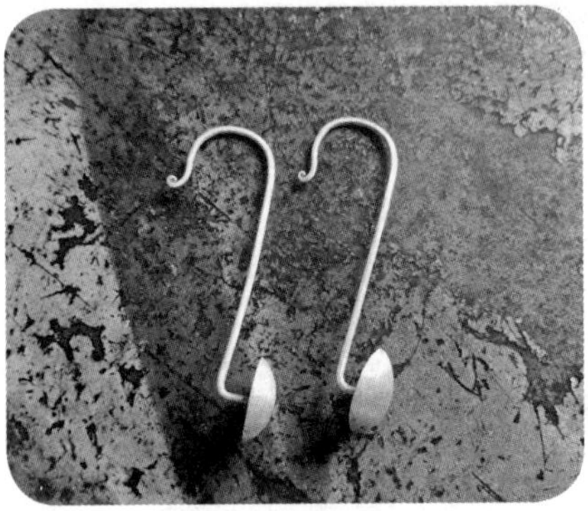

耳珠

雪放在耳朵上，让耳朵麻木，然后用九号针穿过。20多天之后，慢慢地抽动花线、转圈，花线坏了，就用苦蒿耳朵，用高粱秆磨成细细的一小根，穿过耳朵，一发肿，耳朵就慢慢变大，耳洞就这样形成了。以前我们用原始的方法穿耳洞，现在如果要穿耳洞，大家应该都不用这种方法了。以前我们打耳洞会发炎，发炎之后就用柴油去擦，以前是没有酒精的。

我学习了印苗服饰技艺之后，有人想把我申请为传承人，我都不晓得是怎么回事。老专家问这些裙子是咋绣的，问我们是咋挑的花，我们这个过程是咋样的。我一讲述，专家就报上去了。支书就问我，她喊我伯娘，问我家外家那头奶奶叫啥名，老祖叫啥名字。我感到很奇怪，就问支书（支书叫新怪），我说："阿怪，您问这些干吗？"支书说："帮您申请传承人，需要三代人来申请传承人。"我不懂这些。我就告诉他们，老祖叫罗正敏，我奶叫由依妹，我妈叫罗正秀，我老公这边，老祖叫葛啦米（音译，苗族语言），我婆婆叫侯向珍。我只晓得这些，其他我就不知道了。看吧，这就是我，一个平凡的农村手工艺者，若不是政府的政策，我都不知道我赖以为生的手艺竟然是一门珍贵的技艺。真的很感谢政府，记得我们这些渺小平凡的绣娘。

村里人得知我成为非遗传承人后，有些人不屑一顾，有些人则前来向我请教。近几年都有人来找我学，以前年轻人都不喜欢这些老古董，没人来问。有一说一，政府的这个措施真的有利于这门技艺的传承。大家都说老古董好，但是大部分还是喜欢市场上的，便宜便捷。现在的人聪明得很，他们来学，你一传授，他们再勤快点儿，就学会了。但是裙子和衣服需要静下心来慢慢琢磨，没有一两年，学不到精髓的，不能有功利之心。

对于收徒弟，我并没有很高的要求，只要真心想学，我都会教；如果只是敷衍了事，我不会教。在众多徒弟中，我最喜欢杨桂芝，她是从别的支系苗族嫁到寨上的。她性格温柔，不暴躁，虚心好学，不懂就问，不骄不躁的。她现在已经会使用老方法制作衣服、帽子、围裙等，甚至可以独立完成一套裙子服饰，就是画蜡的时候不太会，比如织布。受工具限制，基本不需要织布，织布的步骤真的很烦琐。之前靛这些都是我们自己做，需要很长时间。近几年来，随着社会发展，没小布，都去市场上买宽布使用。现在寨里面也没有人栽靛，寨里以前有一家栽靛的，后来没有生意，就没栽了，就只栽药（可以做靛的药）。如果我需要染，我就去他们家买药，拿回来自己染，一天就可以搞定了。但是如果是靛，要求就比较多，比较烦琐，所以现在大家都用药染了。用土染好点儿，不褪色。我还喜欢我家大媳妇，她既是我的儿媳妇，也是我的徒弟。她可以独立地完成一套裙子，只需要三个月就可以。

我制作一套衣服、裙子大概需要一年，以前并不是一直都在做衣服，而是要去上工，边上工边做衣服。但是做完活路之后很累，一天就做不了多少，大概要半年才能做一套。因为步骤太多了，需要画蜡、制靛、晒干等。如果一整天都在做，大概五个月就可以做好。

师带徒的世代相传

我觉得做衣服就像读书一样，自己要努力、要奋斗，如果自己不去学，上升空间就很小。如果敷衍了事，只是在假装努力，那结局不会陪我们去演戏，学不来就是学不来。所以学习制作印苗服饰，真的需要决心和专心，只有这样才能学会，才能学到真本领。除此之外，还要关注外界，参加一些比赛，去一些学校进修，了解外界流行什么花样，就用这些流行元素与之前的文化相结合，制作出人们喜欢的服饰。

这些年来，我陆续参加了许多比赛，获益多多。比如，我曾参加过观山湖区举办的一个比赛，得了二等奖，也曾参加过乌当区举办的比赛，得特等奖。参加这些比赛之后，我发现天外有天，人外有人，也长了知识。很感谢政府的帮助，如果没有政府的帮助，我去不了这些地方，也参加不了这些比赛。正因为有政府的帮助与补贴，我才能一步步自信起来，见识更广阔的世界。

我真的想把毕生所学都交给我的徒弟，让徒弟去发展。我也老了，管不了这么多，真的好担心这门技艺失传。这毕竟是我这大半生的执念，真的希望它能够传承下去。

其实在民间手工技艺传承和保护过程中，最重要的就是注意保持“活态”传承，因此最理想的方式就是建立传承基地、让传承人传承。我已经年老，心有余力不足。①

我会积极支持政府工作，参加活动，对得起政府、专家给的传承人称号，做到问心无愧。真的希望我的这门技术能够发扬光大。喜欢是一朝一夕，爱是从豆蔻到古稀，自我选择学习印苗服饰制作这门技艺起，在日积月累中，我已经把它当成了我的一个“爱人”，希望它变得更好，被更多人发现、发展、学习、了解、喜欢。

原来有些喜欢，一旦认真，便无法自拔；有些执念，回首已度过半生。

---

① 韩鑫. 非遗视野下“四印”苗的传承与保护[J]. 中国民族博览，2020（02）：8-9.

印苗服饰制作技艺在印苗族群中主要以家庭、家族传承为主，由于缺乏文字的记载，传承谱系很难追溯，目前只能追溯到最近的四代：

第一代：王书妹，女，1903年生，谷金卡堡人，印苗，务农。从小跟着母亲、婚后跟随婆婆学习印苗服饰制作技艺，熟练掌握该技艺后承担全家的服饰方面的制作。

第二代：侯向珍，女，王书妹儿媳妇，也是杨明秀婆婆，1929年生，谷金卡堡人，印苗，务农。从小跟着母亲、婚后跟随婆婆学习印苗服饰制作技艺，熟练掌握该技艺后承担全家的服饰方面的制作。

罗正秀，女，杨明秀母亲，1928年生，龙里县新寨人，印苗，卡堡务农。从小跟着母亲学习印苗服饰制作技艺，熟练掌握该技艺后承担全家的服饰方面的制作。

第三代：杨明秀，女，1954年生在龙里县那旁乡高寨，苗族，初中文化。从小跟随母亲罗正秀学习服饰制作。1983年嫁入谷金村卡堡夫家王成学，在制作印苗服饰方面经常得到婆婆的帮助和指导，熟练掌握印苗服饰制作。由于技艺水平突出，得到村寨群众的广泛认可，很多人都来请教杨明秀如何制作印苗服饰。当前，长期跟随杨明秀学习印苗服饰制作的有大儿媳王碧秀、二儿媳王艳，以及村民杨桂芝等。

陈国梁

以“烙”为笔，以“火”为墨，绘梦之画

传承人：陈国梁

采访时间：2021年3月3日

采访地点：贵州省贵阳市南明区遵义路万象国际-C座　陈国梁工作室

采访人：严丽欣、何俊旺、廖苹菲、丰兴康

文章整理、撰写：严丽欣、丰兴康

※ 人物小传

陈国梁，1948年7月6日出生，男，汉族，大专文化，贵州省非物质文化遗产代表性项目宣纸烙画市级传承人，家住贵阳市南明区红岩东郡14栋15楼5号。

陈国梁自幼喜欢画画，在中学担任宣传委员。1968年到贵州湄潭县插队务农，在农村也充分发挥绘画技能为农民提供绘画服务。1988年毕业于中国函授书画大学贵州分校首届国画班，1989年常到贵阳市喷水池看一位老师烙画（郑极老师），这位老师是陈国梁无形的启蒙老师。1996年毕业于北京师范大学。1998年师从艾琪秀，在贵州独创首用宣纸“绘制”烙画。2005年参加中国美术学院社会美术水平考试，获人物画9级、山水画8级。国家一级美术师、中国书画研究院高级美术师，中国园林设计专家，古建筑设计专家。2006年被贵州省人事厅破格评为“高级工艺师”。2007年荣获国家发明专利“一种在宣纸上烙画根艺字的方法”，专利证号：ZL 200710077940.0，连续十届参加多彩贵州两赛一会艺术家。2008年获“中国书画名家”“中国美术百杰”“中国书画百杰”等称号。2013年成为民革贵州省委员会正式党员，民革中山书画院理事，贵州省老龄产业协会理事。2014年经贵州省职称办评定为“高级工艺美术师”。

我叫陈国梁，是贵州省第五批市级非物质文化遗产烙画（宣纸烙画）代表性传承人。

烙画，在中国又称火笔画、烫画，是以铁作笔，以“火温”为墨在木板、竹黄、葫芦、丝绢、布匹等材料上烙烫出图画，即是利用“火”的温度，在所用的材质上烙烫，使之产生焦化作用而烙烫出图画。

烙画历史悠久，可追溯到西汉时期，兴盛于东汉宫廷。烙画当时被达官贵族奉为至宝，是当时宫廷中的高贵饰品，距今已有2000多年的历史。由于灾荒战乱，也曾沉落，甚至传承无人，一度失传。直到清中叶后逐渐恢复并传播开来，成为朝廷的一大贡品。在20世纪50年代初已经应用于各种家具器皿并流传广泛走向高潮。改革开放后烙画艺术得到发展，烙画材料从木、竹增加到葫芦、布匹、丝绢等，到20世纪90年代初拓展到在宣纸上“绘制”大尺寸的烙画。

我在1949年7月6日出生，那时候招聘空军有年龄限制，我差了一年。刚好我在派出所有一个关系好的朋友，跟他提出我的状况之后，他就帮我把户口的年龄改大了一岁。后来去体检，检查出有鼻窦炎，就没去当兵。现在这个户口本上的年龄也改不了，很难修改，对我的生活影响也不大。所以我就一直按1948年出生，退休的时候也是按1948年来计算。

我在家排行老大，我的妹妹在五六岁时因为得了天花死了，家中就只剩下三兄弟了。我的父亲是贵阳农校食堂里的一名工人，去喂猪的时候，就从猪食里面拿一些食物出来，用水淘干净后，再拿回来给我们吃。我的母亲因为刚进入饭店工作，不敢拿饭店里的东西，就只能靠着父亲带回来的喂猪吃的饲料填肚子。最后，父亲因为营养不良患上“泡肿病”①而过世。父亲过世的时候，我才12岁，小学刚毕业。那时候，家中的生活起居都依靠母亲一个人，母亲为了我们的生活有保障，在南明饭店结识了我的继父，两人一起组建了家庭。我家最小的兄弟从小由继父养大，最后改姓跟了继父，我和老二没有改姓。

我是土生土长的贵阳人，小时候在贵阳市油榨街南郊小学读书，五年

① “泡肿病”又叫脓疱病，俗称黄水疮。是一种常见的化脓性球菌感染引起的炎症性化脓性皮肤病，具有一定传染性。

级时转到贵州省军区八一学校（小学）继续学习。我在八一小学读了两年后，又进到了贵阳十五中。我的初中高中都是在贵阳十五中读的。当时的社会环境很乱，学校都没有给我们颁发毕业证书。后来我去湄潭县插队务农，下乡就是拿户口去签，签了以后就成了知青。

我刚到高中就停课了。在1966年七八月份的时候，我和我的同学一起去北京。那个时候我们坐火车都是不要钱的，见毛主席的时候，有关部门把我们吃的和住的地方都安排好了。刚到北京我们还不能进入市内，负责人是在良乡县①接待站接待的我们，之后再由专门的车把我们1000多人送到市里去。我还记得当时见毛主席的时候人山人海，我们见毛主席三次，实际上看得清楚的只有一次，其他的都是只看到背影。我们前两次看见毛主席是在西长安街和东长安街，第三次是接待站派车子送我们去的。就这样，我在北京前前后后待了一个多月。

那时候班上成绩好的同学，老师就让他们留在学校，另一些就只能去农村。我因为画画好，班上很多宣传工作都是我在做，宋体字、黑体字、艺术字等各种字体我都能写，所以我也留在学校。可是，我继父总是说："你都二十多岁了，还不出去赚钱，天天在家吃闲饭。"于是，我就在1968年偷偷拿了户口本到学校注册，去了农村。

我一共在农村待了八年，刚到农村的时候，每家每户对"三忠于"②的热情都很高涨，大家都邀请我在他们的门上画毛主席的头像、写毛主席的题词，还有"大海航行靠舵手，万物生长靠太阳"这些宣传标语，我在农村的两年时间都是在做这些工作。两年以后即1970年，我才开始去干插秧、挑粪、收禾等农活。后来很多单位去农村招知青参加工作，我在湄潭县和另外一个县的交界处，很偏僻，在半山上工作，很多信息我都不清楚。那时候部队招兵以知青为主，我也报名参军，各项体检都过关了。但

① 良乡县：一个已撤销的县，位于今北京市房山区境内，县治位于今良乡镇。
② 三忠于：指忠于毛主席、忠于毛泽东思想、忠于毛主席的无产阶级革命路线。

是，那时候县武装部不派人来贵阳进行政审，我就没去当兵。两年之后，我收到一封信，当时在农村跟我一个大队的李姓回乡知青，顶替我的名额去了部队当兵，他只要有机会回来一定来拜访我，说我是他的恩人。我觉得这也没什么，我自己当不了兵，他去了，也同样是为国做贡献。1975年，我的户口就被迁回贵阳了。迁回贵阳后，我就在油榨街办事处成立的一个印刷厂里从事印刷工作。我在印刷厂工作了一年多，办事处决定要让我去市场管理委员会搞市场管理，那个时候叫市场管理委员会，即现在的工商行政管理局，但是当时的工资才34.5元。那时候我没有眼界，就没有答应，还是继续留在印刷厂工作。1976年，我的母亲在南明饭店退休了，我就顶替了母亲的工作。1977年，国家下发恢复高考的通知，很多知青都去参加高考了，可是我没得到这个信息，就没有参加高考，错失了人生重要的转折。到了南明饭店以后，我不像其他有关系的人可以到处跳槽。1980年，贵阳市公安局发邀请函到我们单位，借调我到他们公安局工作。我会画画，后来在贵阳市公安局做了两年多的宣传工作。1982年以后，当时的公安局局长樊儒祥到我们单位，了解到我是“以工代干”[①]，没有正规的干部编制，找不到关系去转干部编制，我就回到南明饭店上班了。

我原来的老婆是在杨家花园那儿画油画认识的。她家是农村的，家庭条件不怎么好，家里有八姊妹，她是家里最小的姑娘。当时我看她其他条件还不错，她看我画画，也喜欢我，我们就在一起了。我们没多久就结婚了，当时我也差不多33岁了，也该成家了。之后，我有了两个孩子，姑娘是老大叫陈艳梅，于1984年出生的，儿子是老二叫陈飞，于1988年出生。儿子没工作，也还没结婚，在家里待业，没有经济收入。他妈退休之后，他基本上就和他妈妈在一起生活了。我家姑娘之前和我生活在一起，后来嫁人了。我那个老婆不顾家，喜欢打麻将，也不管家里的小孩子读书，天天只顾打麻将。单位领导对我很好，开门面不用我缴纳费用，只是要我自

① “以工代干”是指未办提干手续选调工人从事干部岗位的工作。

己去办营业执照、找货源。我开起这个门面以后，就叫我老婆来看守门面，结果她“三天打鱼，两天晒网”。那个时候我既要上班，又要管门面。如果我的老婆能坚持两年，1985年我就可以去银行贷款，我的商店门面就可以扩大，以后的日子就能好起来了，可能我就会成为贵阳市的万元户。那时我在外打工的工资也算是高的，但是几乎被老婆赌博败没了。最后，她没能和我一起奋斗、打拼，在2000年，我就跟她离了婚。

1994年，我在广东装饰集团做设计部副经理，老板叫姜荣宇，他看中我的画画技术，对我很好。老板让我去北京师范大学学习，所以在1994年3月的时候，我来到了北京师范大学就读室内外装饰专业。1994年9月，我经过朋友介绍，在河北保定为一个老板搞装修工程的总施工，那个时候我的工资是4800块钱，而且包吃包住，我每个月寄回家2000块钱。我自己留了2000多在身上，那个工程做了三个多月，第四个月我们结账回家。待我回家时，老婆欠别人的赌债要钱，我只得为她还了赌债。我家那个老婆欠了别人1700块钱，最后我就还了1500块钱。后来在1995年春节期间，楼下租房的人春节熏腊肉，把房子烧着了，整栋大楼的11家全部都烧没了。后来给了我40多平方米小二室一厅的房子。同年，我家姑娘出了车祸，我就把房子卖了，得了3万多块钱，付了2万医药费。之后，我就一直在外面租房子住。

1996年，我得到了北京师范大学的大专文凭。麦肯装饰公司看中了我的证书，我就在那里干了三年多，那时麦肯装饰公司老板接了建行大楼的装修工程，公司老板转给他的兄弟来代管，我给他引进合作项目，和他兄弟签了按百分比给我劳务费的合同。后来，公司的老板回来了，说他不知道这个合同，不承认有这个协议，也不按合同给我支付劳务费，我就离开了麦肯装饰公司。

1998年，我所在的南明饭店搞体制改革，后来被贵阳旅行社接管，单位之前的领导也换了。到2000年，我们单位改制。因为当时的一些特殊原因，我就离开了单位。

离开以后，我就在外自谋职业，凭技术吃饭。我一出去就在贵州中央人民广播电台广告公司上班。我主要负责的是绘制大型的广告画，那些都要靠人工来做，不像现在拿喷绘一喷就可以了。

我在1986年成为中国美术家协会贵州分会的会员。在单位里，省文联的朋友经常通知我去参加比赛。我参加了贵州省举办的职工美展，还有贵州省书画展，一等奖、二等奖、三等奖都获得过。之后省文联的一个朋友给我办理的贵州省美术家协会会员证。1994年，我加入贵阳市美术家协会，是我的朋友刘隆基介绍我加入的，他是画木刻板画的，也是市美协的副主席，机缘巧合之下，我加入了市美协。2013年，我应邀加入贵州省民革成为正式党员，民革看中我的宣纸烙画技艺，觉得我是一个人才，民革的组织部发调研函到贵州省工艺美术协会，聘请我为贵州省民革（中山书画院）理事。画画也是我从小的爱好，都是我自己自学琢磨钻研的。一九七几年到八几年的时候，我也经常和一些画家接触，认识了杨守森（化名鲁风），他那时候是贵州省美术家协会的副主席，画花鸟画，也是一个值得我学习的前辈，我们一起画过画。我喜欢和朋友聚集在一起，大家一起学习、讨论、分享绘画经验。绘画无穷无尽的魅力熏陶着我，我也越来越会绘画了。

烙画创作需要耐心和善于发现的眼睛，家乡的秀丽山川、多元的民族文化、厚重的农耕传统等，都给我提供了无穷无尽的创作题材，贵阳大南门的兰花环岛景观是我现场指挥工人制作的假山。当时，一个姓唐的重庆人接过这个项目之后叫我去指导，我就负责起了这个项目的假山制作。2005年，我参加了中国美术学院社会美术水平考试，考取了人物画9级、山水画8级。2006年，被贵州省人事厅破格评为“高级工艺师”，参加“多彩贵州”大赛，获得“能工巧匠”优秀奖、“能工巧匠”三等奖。之后我就一直参加各种比赛，省外以及国际上的比赛也获得了金奖、银奖、铜奖等各种奖项。其间也遇到过许多不称心的事情，但是我都坚持了下来。从接触烙画开始，我就觉得一定能做出成绩。一只电烙铁，陪伴我至今。

我的师父是艾秀琪，我和他是在贵阳认识的。1998年的某一天，我在贵阳看到他在街上画烙画，我觉得很热闹，就走上前去和他说话，毛遂自荐，从此我们的关系就慢慢好起来。他在他贵阳亲戚家待了半年多的时间，我一有空闲时间就去拜访他。兴许是被我的真诚打动，他也愿意教我烙画，和我交流烙画心得。他一边画一边教导我如何去做，后来我也慢慢地掌握了烙画的基本制作工艺和技巧，艾秀琪老师还出版了一本关于烙画的技术书籍。其实很早以前，我就开始接触烙画了，后来遇见他，他又亲自教给我一些技巧，在我迷茫时指点迷津。半年过去，艾秀琪回到了北京，直到现在我还在跟他联系。艾秀琪老师是中国烙画界的专家，如果没有结识艾老师，我现在或许还摸不到烙画的门路。

我的烙画不是祖传的，先是偷师学艺，我自己去钻研学习，后来遇到贵人，才拜师学艺。烙画的历史可能要追溯到铁器时代，因为只有铁器时代才能进行烙印，去烙一些符号花纹图案等类似的东西，慢慢演变成今天的烙画。烙画可以在木板、纸、皮革、葫芦、丝绢等材质上面制作，而我独创的宣纸烙画则填补了烙画中的一大空白，其他人都说，我为烙画做出了巨大的贡献。

我八九岁的时候，就已经开始接触绘画。以前，我家里面住的那个房子外墙中间是竹子，两面是石灰墙，我就在这墙上拿着粉笔和墨水浸泡以后，在墙上涂画，我那个时候喜欢画刀马的人物和四大天王，喜欢看西游记，看到之后我就在那个墙上画。画出来以后，路过的人看过都赞赏说我画得不错。从那时候开始我就对绘画有一种追求和向往，但是家庭环境和经济条件差，买不起纸张。油画材料都很贵，我就用铅笔画线描画，买一点儿颜料，画一些小品画。我从农村当知青回来之后，进了南明饭店工作，依然还是画画，那时候用油漆画了一幅《毛主席去安源》，画的时候很艰难。油漆的味道太刺鼻，而且容易起泡起层，如果第二天起泡了，就得重新铲掉再加上去。但是我还是画出来了，前前后后弄了一个多月。

我正式学习画画是在1988年，在中国函授书画大学贵州分校学习国画。我是国画专业毕业，但是我们的专业课程都是贵阳那些国画老师教的。我小学初中的时候没有系统学习绘画，只是在书上边看边画。后来，我遇见了我人生中的老师——郑极，他在喷水池岗亭那里现场画木板烙画，画了之后就卖。我经常去看他制作烙画，仿照他学烙画，虽然我没有拜他为师，但是1988年以后在烙画方面还是他对我的影响最大。当时看到他画的“贵阳甲秀楼”画得真的非常好，有一种身临其境的感觉。他有一个工作室叫作“郑极工作室”，就在喷水池去师大的桥边上，他的一幅画可以卖到七千到八千块钱，很了不起。后来，我在外打工的时候，老板开了一家五金店，他买了些木板材拿电烙铁给我画烙画，当时画得还不错，老板就叫我画来卖，当时一幅画能卖三四千块钱。我觉得搞这个烙画比较好，比起我画水墨画更有价值，就慢慢转向烙画。当时我白天打工，晚上学习烙画。随着制作工艺和工具的不断改革，之前的“火烧烙”也改为了“电烙”，再发展到“激光烙”，将单一的烙针或烙铁改为专用电烙笔后，较为先进的电烙笔就可以随意调温，加上配有多种特制的笔头，这一古老的创作方式具备了前所未有的表现能力。在烙画领域，绝大多数烙画家都是在木板、树皮、葫芦等材质上烙绘，这些材质较硬且厚实，烙制比较容易控制，但色彩多呈深、浅褐色乃至黑色，显得较为单一。由此，我就产生了不一样的想法，即是否也能在宣纸上烙画呢？

陈国梁参赛获得各项奖杯

将这个木板烙画变为宣纸烙画，是因为木板烙画非常笨重。当时我参加“多彩贵州”大赛，拿来拿去不方便，我在想怎样才能更加方便快捷，就决定在宣纸上作画，慢慢地研究、攻克；一开始在宣纸上作画时浪费了很多纸张，因为温度过高会把这些宣纸都烧了。眼看一幅烙画就要完工了，却因为小小的失误而前功尽弃。我尝试了上百次，在一次又一次的失败中不断总结经验，反复实践摸索，查阅资料，咨询专业的化学老师，最后终于找到方法：将几种化学原料涂在纸的表面，加热以后图案成像更好。就此攻克了在宣纸上作画的难题。艺术创新永无止境，在宣纸上烙画成功后，我又开始尝试用宣纸烙字。烙字简单，但是我追求自成一派的字体。经过反复研究，我创作了烙出酷似树根的字体——根艺字字体，去申报发明专利“一种在宣纸上烙画根艺字的方法”，专利包括纸张处理和烙画技巧两部分；通过三年的审核期，申报成功，2009年就把证书颁发给我了。

榮譽證書

陈国梁 先生/女士：

您的 书画 作品，在迎奥运海峡两岸中国书画邀请赛活动中，经评委会严格审定，荣获 银 奖，并于2009年1月在 [illegible] 展出，特发此证，以为资鉴。

发证机关：北京中华书画艺术研究院
河南名家书画艺术研究学会
二〇〇八年十月

陈国梁参与迎奥运海峡中国书画邀请赛获银奖

我的第一个徒弟是贵州天柱人，叫杨规俊，跟着我学习烙画艺术至今，已经有10年之久了，他现在已经完整学会了烙画的制作技艺，也一直在从事烙画制作工作。后来我家姑娘（陈艳梅）也跟着我学烙画，现在也是我的传承人之一。我还有个徒弟叫杜国丽，是贵州贵阳人，她跟我学习烙画至今，已有三年多，学会了大部分烙画的制作技艺。我的另一个徒弟陈亚林，是在2017年的时候收的，他是贵州贵阳人，本身就有这种美术功底，但是在宣纸上烙画是很不容易掌握的，我就讲了很多技巧。经过很多实际的操作，他现在已经很不错了。宣纸烙画最难的就是掌握温度，这个电烙铁的温度一般都要达到几十度，需要控制在50℃至60℃之间，如果温度不够就要升温，温度高了就要把线拔了，等降温。我徒弟陈亚林之前是做电工的，在这方面很聪明，他悟性很高，我的很多工具都是他制造出来的。他现在是中央电视台书画频道的签约画家，我是艺术顾问。我最得意的作品之一《红色记忆》，也是由我的徒弟陈亚林起的名字。

现在我有五个徒弟，他们也是下一代宣纸烙画传承人。我对徒弟的要求就是对我们传统文化的制作技艺要有恒心、有自信心，还有就是要坚持下去，什么时候都不能放弃，如果你要学就要学到底，要学出成绩来，有一个更好的突破和成就，因为宣纸烙画的发扬和传承需要靠他们。

作品《红色记忆》

宣纸烙画创作在把握火候、力度的同时，要注重“意在笔先、落笔成形”。烙画不仅有中国画的勾、勒、点染、擦、白描等手法，还有用电烙铁烫出的层次的立体感与色调的均匀感，酷似棕色素描和写实油画，能保持传统绘画的风格，使其有独特的艺术魅力，给人以古朴典雅、回味无穷的艺术享受。完成一幅宣纸烙画，创作者要了解宣纸材料的特征，根据构图需要，掌握烙具的速度、控制烙具的温度、把握烙具的角度和压力，使用落、起、止、走、住、叠、圆、回、藏的运烙技巧进行创作。

早在2003年的时候，我就开始研制特殊的药水，在2004年仔细琢磨宣纸烙画。一开始，没有药水，我直接用电烙铁在宣纸上烙，难度很大。不涂药水就会很费劲，弄不好就会把宣纸弄坏。在烙的过程中，底板和宣纸必须很平整，并且要压好，才不容易弄坏宣纸。宣纸下面没有空气就可以烙出黄色这种单色调的颜色。但是，那个时候搞起来很费力，要很小心才能烫出一幅画。过去他们那些人就是用这种很笨拙的办法，在宣纸上烙出浅淡的烙画来了，但是烙出来的效果不行。经过我们特殊配制的药水涂刷宣纸后，再去烫的话就会产生很大的变化。在烙的时候，电烙铁的温度也要掌握好，掌握不好的话，就会一点儿痕迹都烫不出来或烙坏画面。

关于宣纸烙画的创新，我是在宣纸上通过专门的技术处理后，通过我自己研制的特殊药水，涂在宣纸上面。用喷枪喷或者用刷子来刷都是可以的，用喷枪比较均匀，但是有点儿浪费，用刷子刷比较要节约一点儿，但是也不见得节约多少，因为在刷的过程中蘸原料与淡一点儿、深一点儿都有关系。在宣纸上涂上特殊的药水，等到药水干了，就随时可以用电烙铁作画。比之前的宣纸烙画更进一步的是，之前的画面只产生棕黄色、深褐色、棕红色这些焦化的颜色，现在能够直接用电烙铁烫出红、黄、绿、棕、蓝等各种颜色，改变了烙画底基黄焦的观感。我们用特殊的化工原料处理过，就不需要再上国画颜料，它就直接变成彩色了。喷在宣纸上的药水如何控制这个我们还在研究。哪里要什么样的颜色的话，可能要另外用笔蘸这个药水，画到哪里就先用笔涂一下。也就是说，我在用铅笔打稿的时候，要自己刷上想要的颜色，刚开始起稿颜色刷淡一点儿是没有关系的，等电烙铁加热之后，它自然就产生很明显的颜色了。

这种新的研究方式是我自己研制出来的，在现在的文化市场上根本看不见，算是我独创的技术。这个我们还没有完全推广，因为我们还要把技术再继续完善。为了让宣纸烙画得到传承，我们计划成立一个“贵州省书画艺术研究院”，把画家汇聚到一个平台，专门做一些创新和发明，通过这个平台更好地与别人合作，促进宣纸烙画与时俱进，良性发展。

虽然我现在属于市级非遗传承人，但是我更希望能够尽快地成为省级非遗传承人，去提升我们宣纸烙画的知名度，让这项手艺发展得更好。我很看好宣纸烙画未来的发展，因为我经历过那么多的磨难，才使宣纸烙画有今天的成绩。就全国来说，我相信以后宣纸烙画的发展前景肯定不低于木板烙画。如果说要走向市场，那就必须面对一个问题——市场化，但是市场化就要批量生产，而批量生产肯定没有手工画那样自然协调。我喷上特殊药水之后的宣纸烙画也可以批量生产。之前我想过，但是我并没有去这么做。如果和工厂合作的话，我怕到时候他们掌握技术，就把我踢开，而且本身市场化对于艺术来说就不是好的发展方式，所以现在市场上都还没有卖宣纸烙画的。我希望用心创作的手工作品能芳香永存，与时代共进步，最终占领整个市场。

为了更好地传承烙画艺术，我与画画的好朋友们共同创建了贵州省书画艺术研究院，希望政府相关部门能关注、支持、帮助和引导我们多样化发展；创建一个具有科学创新精神的社团组织，把书画艺术创新发展下去，并且更好地把非物质文化遗产项目世代相传下去，成为新时代的先锋团队组织。更希望政府能够解决非遗烙画所需要的资金和场地两个重大问题，扶持发展这一独特的文化艺术——中国宣纸烙画，让我国的书画艺术茁壮成长，奇葩艳丽，永放光芒！

坚守技艺，从未停止烙画的创作

第一代：艾源，男，1863年生于河南洛阳，卒年不详，系艾华之父，艾琪秀祖父，晚清民间烙画艺人，曾有烙画作品及宣纸烙画小品传世。

第二代：艾文华，男，汉族，1904年生于河南开封，系艾源之子，艾源烙画艺术的传承人，自幼跟随父亲学习烙画制作技艺，完整继承了父亲手艺，并将其传给其儿艾秀琪。

第三代：艾秀琪，男，汉族，北京人，1939年生，系艾文华之子，从父亲处学会烙画制作技艺，烙画艺术传承人，中国工艺美术大师，编著了《烙画技法》一书。

第四代：陈国粱，男，汉族，贵阳人，1948年生，师从艾秀琪。在贵州首用宣纸“绘制”烙画，独创“中国宣纸烙画根艺字”，毕生从事烙画的传承教学与创作工作，先后教授弟子学员100余人。

第五代：杨规俊，男，1970年生，贵州天柱人，系陈国粱招收的第一位徒弟，已跟随陈国粱先生学习烙画艺术7年之久，完整学会了烙画的制作技艺，同时一直从事烙画制作工作。

陈艳梅，女，1984年生，贵州贵阳人，系陈国粱之女，已跟随其父学习烙画5年之久，完整学会了烙画的制作技艺。

陈亚林，男，1957年生，贵州贵阳人，系陈国粱徒弟，已跟随陈国粱先生学习烙画3年之久，较为完整地学会了烙画的制作技艺。

杜国丽，女，1959年生，贵州贵阳人，系陈国粱徒弟，已跟随陈国粱先生学习烙画两年半，学会了烙画大部分的制作技艺。

刘启会，男，1958年生，系陈国粱徒弟，已跟随陈国粱先生学习烙画一年半，学会了基本技能。

常德贵，男，1945年生，系陈国粱徒弟，已跟随学习烙画近两年，基本掌握了宣纸烙画的制作技巧。

刘 丽

逆流而上，守得云开见月明

传承人：刘丽

采访时间：2022年3月5日

采访地点：贵州省贵阳市花溪区旧盘村

采访人：丰兴康

文章整理、撰写：丰兴康

※ 人物小传

刘丽，女，苗族，1977年9月23日出生于花溪区燕楼镇坝楼村，初中学历。熟练掌握苗族挑花制作工艺，于2022年1月成功申报为苗族挑花制作工艺市级非遗代表性传承人。

1985年，刘丽开始进入坝楼小学读书，并于1991年小学毕业。之后，刘丽到燕楼中学读初中，后于1992年转到贵州农学院子弟中学就读。1994年，初中毕业后到了坝楼小学代课。2013年5月至2021年12月，刘丽在村委会担任村委委员兼妇联主席。

刘丽7岁时，奶奶就教她和她妹妹用坏了的大麻袋学习挑花，到9岁时，刘丽绣出了第一条“飘带”，并在妈妈的指导下绣制了一件童衣。到12岁的时候，刘丽基本上掌握了挑花的技巧，且能够把看到的别人绣的花样记下来，然后绣出来。1998年，刘丽完成了第一套成人苗族服饰的绣制。

近年来，刘丽的挑花制作工艺得到了广泛的认可。其中，2019年7月12日，刘丽荣获“贵阳市妇女特色手工技能暨创新产品大赛”妇女手工技能特等奖；8月，获得“圆梦锦绣·巧手脱贫”第五届贵州省妇女特色手工技能暨创新产品大赛技能赛刺绣类优秀奖，贵阳市第四届技能之星竞技大赛花溪区选拔赛手工刺绣类项目一等奖；9月获得“甲秀工匠”称号和“贵阳市技术能手”称号；10月获得2019年民博会民族民间手工艺术精品选拔大赛贵阳分赛区比赛二等奖，2019年民博会能工巧匠选拔大赛贵阳分赛区比赛三等奖；12月获得“筑城工匠”称号。2021年4月，获得2021年贵阳市妇女特色手工技能暨创新产品大赛（十佳绣娘）特等奖；9月获得贵州省“最美劳动者”荣誉称号。

2022年2月24日，在花溪区妇联的支持下，刘丽成立了自己的工作室——“燕楼镇刺绣妇女微家”，并举办了第一次苗族挑花技艺培训班。

我叫刘丽，苗族挑花制作工艺市级代表性传承人，1977年9月23日出生，初中学历。我出生于燕楼镇坝楼村6组。据家谱记载①，我们这支苗族是从江西迁过来的，到我这一代已经是第六代了，祖辈都是务农的。我听我奶奶说，实际上我们这个民族是个不断迁徙的民族，我们衣服袖子上的主图案记载着我们是从长江和黄河两岸慢慢迁移的，袖子上主图案的两边都有一条“针孔开花”纹样，“针孔”代表路，在路上走着的代表“手被捆绑在背后”的人，记载的是我们这个民族“手被捆绑在背后”被迫迁移到贵州的历史。

我们这个民族属于花苗，花苗不是指“花溪的苗族”，而是指“用绣花的针法和纹样来记载民族的历史”，所以称“花苗”。我们和花溪周边的凯坝、青岩，以及贵安新区湖潮、凯掌、新寨等地的苗族同属一个支系，喜欢用白、黄、红、粉和绿这5种颜色把图案绣得有色彩。

我们这个民族的标志性服饰是“贯首服”，它同时又是一面旗帜，衣领上的“包杆布”是不能封口的。贯首服的袖子宽大，且和衣服主体只缝合上面部分的小半圈，留出一个较大的开口。我奶奶说：“如果把袖子和衣服全部缝合了，那是不是把你们这些下一代都饿死了？”意思就是，我们这个民族在迁徙的过程中，妈妈们为了方便喂奶，又避免掉队，所以留出袖子和衣服主体之间的大开口。

① 据访谈对象描述，本民族女性不能保管和翻阅家谱。访谈对象曾在正月间家庭聚集时听父亲公开念过，所以知道其家族在坝楼村到她这一代是第六代，并能念出前五代的姓名。

“贯首服”背面

我7岁就开始记事了，那时候家里有爷爷奶奶、父母亲、姐姐、哥哥和妹妹7口人，我在家排行老三，姐姐大我7岁，哥哥大我3岁。尽管妹妹小我2岁，但是因为她个子长得快，跟我差不多高，所以我们俩看起来就像“双胞胎”。我们家的生活条件应该算是很好的，已经解决了温饱问题。我家地特别多，光苞谷一年就收获三四千斤，田比较少，主要用来种旱稻，一年收成大概几百斤。我父亲18岁学的木工，我们小寨子里20多户的木房子都是我父亲参与修建的。到了30岁左右，他开始在村里开供销社的代销店，为人处世不错，农忙的时候，喊一声就能请来十个八个人来帮忙。1986年，我父亲在村里开了煤矿厂，大概是1993年关闭的。我妈妈主要是干家务，最苦的活就是挑水。我们小孩子，“背”“抬”“挑”这样重的活都不用做，但是“薅”“刨”都是要帮着做的。我主要是收拾家里，遇到没人放牛时我就去放牛，但最苦的还是帮我爸爸洗衣服，因为他个子大，衣服就特别大，还没有自来水，要用背篓把衣服背到井边，还要回去拿桶和大盆才能洗衣服。此外，我奶奶对于给我爸爸洗衣服特别讲究，要求也特别高，要用刷子把衣服的每个地方都刷到，漂洗时盆子里的水一点儿都不浑浊才可以，所以真的特别辛苦。

我8岁到坝楼小学上一年级，当时的课程有语文、数学、思想品德、音乐，除了语文和数学，其他的学科都没有书。我们的学校就像一般的农房，冬天特别冷，风也是呼呼地吹，我们也没有棉衣、保暖鞋穿，所以我们就用装尿素的大塑料袋，参照衣服剪出三个洞，穿在衣服外面去上学，这样风就吹不进来，要热乎一点儿。那时候还特别羡慕别人家的父母会给孩子做一个小火盆，可以甩着玩。后来老师觉得小火盆太危险，就不允许学生带火盆到学校，而是让每个学生捡一抱柴，下课的时候在操场上，大家一起烤火。

到了二三年级，我就喜欢上了唱歌。虽然我的声音不好，音调也不准，但是我就是喜欢唱。记得三年级第一次听到《小草》这首歌，我觉得我就是那一棵小草：我不论在家里还是在学校都是最听话的，成绩也很不错；每年春节，爸爸给哥哥、姐姐买新衣服但不给我买，因为他知道我不会哭也不会闹；爸爸常以我成绩好教育哥哥，哥哥就特别烦我，放学回家不让我吃饭，甚至在父母不在家的时候不让我进家。所以在当年的六一儿童节，我自荐到全校师生面前表演了自导自演的歌舞《小草》。跳完的时候，掌声雷动，我的眼泪止不住地流了出来。因为我是那棵小草，风怎么吹我就怎么摆，但是还有春风和阳光、河流与山川，所以我依旧要坚强。

六年级的时候，我也十三四岁了，我爸爸每次给我的一分、二分钱我都要存起来。我是班里年纪最小的，属于既小又可爱的女生，当时遇到了一个特别聪明的同学。有一次他看到我手头有二分钱，就忽悠我："我拿一分给你，你就得到一分。然后你把二分给我，等于我也多得了1分。"我还真的跟他换了。现在想来真的挺好笑的。

那时候虽然调皮，但是我的成绩在班上算是顶尖的了。1991年我小学毕业，开始到燕楼中学上初一。当时我喜欢剪一个学生头，没有住校，住在燕楼卫生院里面。有个同学特别喜欢我，一下课就跑到我们班教室窗外看我，路过燕楼卫生院还用石头砸我住的房间的玻璃，那个房间的玻璃窗户全部被砸碎了。我战战兢兢读完了两个学期，再也忍不住了，跟我爸爸说："如果还让我在燕楼中学读书，我可能这辈子连初中都读不完了。我要求转学。"后来我爸爸把我转到了贵州农学院子弟中学。

到了新学校之后，我就开始转变了思想——我要做一个最丑的女生。所以我一点儿也不打扮自己，从来不穿好的鞋子，都是补了又补，还用剪刀随便地把头发剪短，效果就像头上盖着一个锅盖，还特别不整齐。听到别人说我的头发一点儿都不好看，或者说我没有一点儿欣赏能力，我心里反而很高兴，毕竟不好看就没人来骚扰了。

1994年，我初中毕业。由于父亲的心思已经不在我们这家人身上，我就选择辍学了，机缘巧合下去了坝楼小学代课。1995年5月，我报读了花溪区教师进修学校，把每个月的代课工资86.5元，和村里面开采煤矿给我们的补助每月39元，一共125.5元几乎全部存起来用到教师进修学校读书的费用和生活开支。这样一直到1997年3月，我自己的收入、积蓄都用完了，但马上要缴学费374.5元。刚好家里面卖了一头大肥猪，我就小心翼翼地去跟我爸借学费，表示以后发工资了会慢慢还给他。但是，我爸的回答犹如晴天霹雳："女孩子家，反正读到哪一天你都要去养别人家的，又不会养我，干脆不读了。"这些话太伤我的心了，我睡在家里的沙发上一直哭，哭到晚上，都没有去上课。之后我也厚着脸皮去跟哥哥和嫂子借学费，他们也没有借给我。无奈之下，我最终还是放弃了继续在教师进修学校学习的机会。之后的一段时间，我开始变得叛逆。

没多久，我认识了一位来我们学校操场打篮球的男生，长得还可以，但是家里挺穷，温饱问题都没能解决。我们很快就谈起来了，我爸爸、姐姐他们都很反对，但他们越是反对，我越是坚持。我奶奶特别心疼我，劝我还是赶紧找个人嫁了。她说我这么辛苦地干都是给父母干，最后自己什么都没有，还说我特别勤劳会节约，不会穷一辈子的。因为奶奶的这番话，我很快就决定嫁给这个男生。那时候我就不想嫁有钱的或者更富有的，我立志要找一个最穷的，看我这辈子有多大的力量。我爸知道我要嫁给这个男生，他说："你嫁给他房子不得房子住，饭不得饭吃，你到哪天才出头？"那一刻我心里特别难受，我说："爸爸，你这么有钱又怎么样？我又不能读书，妈妈还不是天天哭？我就是要找一个跟你不一样、没有钱的，看我这辈子过得好不好。”

1997年4月，我和我老公闪婚了，没有婚礼仪式，我们住在那边的老木房子里，现在都垮了，一共几十个平方米，还住着哥哥、嫂子、小姑；吃的饭都是苞谷和米一样一半，日子过得非常窘迫。好在我妈时不时从老远的地方背着半袋苞谷或者米来接济我们。我真的非常感激我妈对我们的恩情，一直默默地帮助我们。相比之下，我婆婆个性很要强，没什么好。我到她家第二天，就让我跟着他们去山上干农活了。我老公也不会体谅人，即使我怀了我儿子，每天都要从家走到坝楼小学上课，他都不会帮我装一下饭菜什么的。我学校的同事们都为我叹气：“你怎么会嫁这么穷的人家？”但我觉得既然路是我自己选的，那就要勇敢面对吧，只要努力一点儿，生活肯定会好起来。

1997年10月，我辞掉坝楼小学代课的工作，在家待产。之前燕楼的接生医生检查说我儿子头大身子小，发育不好，建议打掉。我肯定不会同意，之后我再也没有去医院做检查。1997年12月，我生下了我儿子，是在家里生的。生下我儿子时，我老公家一个鸡蛋都拿不出来，都是我妈从家里带点儿好的过来给我补身体。初为人母，面对给儿子换衣服、尿片这些事，我简直无从下手，害怕弄伤儿子。我婆婆从来不帮忙，甚至都不会来看一眼。后来是我妈赶来了，但由于孩子未满三天，我妈遵从我们当地的习俗，害怕小孩子没奶吃而不敢进房间。她站在门口教我怎么给孩子穿衣服换尿布。孩子的衣服也都是我在上班的时候自己准备的，我婆婆他们什么都没有。我父亲都忍不住叹气：“你是什么命哦，怎么这么苦！”因为家里穷没有钱，我女儿也是于2005年7月在家生产的，刚生下的时候，我女儿被脐带缠住，我担心出不来气没让我嫂子把我女儿抱起来，等我自己剪断脐带后，才抱起我的女儿。

我老公家境不好，挺苦的，5岁就没有了爸爸，和母亲相依为命。我老公没上过学，而我又有点儿文化，他很担心有一天我会走掉，所以他特别小气。我记得儿子才两岁的时候，我背着我儿子去做客，遇上我的一个中学同学，他骑摩托车见我带着孩子手上还提着这么多东西，就提议要载我一程。正巧我和儿子坐在他摩托车上被我老公撞见。我和儿子回来后，我老公就冲我发脾气，趁我和儿子睡在床上，竟然放火点燃了床上的蚊帐，说要把我们烧死。我劝我儿子快下去，他却对我说："老妈，你死我就死，你活我就活。"我老公听到这一番话，最终还是把火灭了，之后我们三个月没有相互讲话，我一个人把106袋苞谷从山上一直搬到家里，两边的肩膀上全部脱了皮。那次是我第一次觉得我儿子特别懂事，他的那一句话让我一直坚持到现在。也就是从那时起，我再苦都不会让我儿子和女儿看到，不想让他们因为我过不好生活伤心难过。

2001年到2005年的4年间，我得了特别严重的类风湿，干不了重活，蹲下去就站不起来，连走路都困难。去了省医院等几个医院，吃了很多激素药、草药都没能好起来，体重却从不到100斤飙到了126斤。

2013年5月，我进入我们村的村委会工作，担任村委委员兼妇联主席。那时候没有工资，我也还是一直努力把负责的工作做好。偶尔工作繁忙或者开会，我很晚才能回家，我老公都不让我进家门。但我没有妥协，一直坚持，从来没有把工作落下，我问心无愧。我们村委会的图书室里有一些中医方面的书籍，有草药的彩图、药效和药方，我就自己学着去山间地头找来草药，用大锅熬好放在大盆里泡澡。在坚持了很长一段时间后，我的类风湿病有了一定的好转。之后我又买了一本《本草纲目》，根据上面对草药的介绍自己找一些认识的来配，还熬了用来泡澡。此外，我父亲和村寨里的一些老前辈也会教我一些老土方，我也都去尝试。这样一直坚持了五六年，现在我的身体基本无大碍了。刚到村委会的那几年，我去献血，一次都没有献成，但从2019年到2021年的三年，我都成功地献了血，这样看来，我得的类风湿病应该是好了的。

我在村委会干了8年，从一开始没有工资做到有工资，直到去年年底村里换届选举，因为政策改变，我不是党员，于去年12月9日从村委会退了下来，燕楼镇党委和人民政府授予我"光荣离任"荣誉。我从村委会退出来到现在也才两个多月吧，但是村委会关于医疗保险等方面的工作，目前还是让我做，村里面每月给我800元钱。我因为熟悉这块工作所以尽量去做好。我觉得一个人来到世上不能只看挣多少钱，更要看活得是否有价值。

一路走过来，我老公都是那样小气。2017年，感觉婚姻已经走到了尽头，我老公让我写好离婚协议，他在上面签字就可以了。我冲他大喊："这个房子的哪一块石头我没有抬过，哪一桶灰沙我没有挑过，你叫我把离婚协议写好你签字就行？"我迫不得已打了个电话给我还在部队服役的儿子："你要不回家一趟吧，不然我跟你老爸离婚了，可能你会觉得我外面有更好的人而怪我。"我儿子一回来就问他爸爸缘由，他爸爸一句话也没有回答。我儿子说："如果你们坚持离婚的话，我就申请调去边疆，永远也不回来了。"之后，我儿子和他爸爸进行了一次非常深入的谈话，还给他爸爸端来洗脚水洗脚。就这样我们一家人的关系缓和了好多，我一个人出去，我老公也理解得多了，不像以前了。在家庭关系上，我最感谢的还是我儿子，正因为他看得懂，看得透，说起话来条条是理句句是道，才让我们这个家庭最终没有破散。我现在就希望儿子和女儿过得开心一点儿，尤其是我儿子现在已经20多岁了，希望他能够找到自己理想的另一半组建一个家庭。

刘丽获得"光荣离任"荣誉

2019年，妇联在网上开展"最美家庭""怎样做一个好媳妇"等主题的答题活动，我积极参加，三次答题都获奖，所以有机会去省政府那边参加为期一周的贵州省妇女手工创业创新带头人培训。我是铁了心要去参加的，我对我老公说："我已经40多岁了，已经没有几个40岁，不管你误会也好，不误会也好，我决定要出去看一看。我该走的时候走，我该回来的时候还要回到这个地方。"

那次是我离开家最长的一次，为期一个星期。

回顾我的过往，我的父亲和母亲对我的影响都非常深远。如果不是我父亲拒绝帮我缴纳读教师进修学校的学费，可能我现在也不会成为非遗代表性传承人，我应该还是站在讲台上传授知识的老师。我虽然站在讲台上一辈子，但是现在也有我自己的讲台。我的母亲特别慈祥，虽然我父亲离开她整整25年，但她一直很坚强，至少在我面前是这样。母亲对待生活的态度一直激励着我从艰苦中走出来，并最终收获了一个温馨幸福的家庭。

我掌握的挑花技艺主要是我妈妈和奶奶教会我的。苗族挑花从我们记事起就一直都有，可能每个年代绣的纹样不相同，但挑花的针法就是一代代传下来的。

挑花一般用蓝布或黑布为底布，以前用麻布，都是自己织的；后来主要用纯棉布，有自己织的，也有买来的，现在用来挑花的棉布大多是买的。其中，麻布又分为大麻麻布、野线麻麻布。野线麻要在清明过后，每个月采一次，用手捻成线后等到立秋过后再洗。大麻要等到立秋之后才割，割了以后要放在户外晒干，晒干以后要等露水打湿到能剥下皮，皮剥下来后再用手捻成线，丢到装满清水的盆里泡起，水面上盖7片南瓜叶，放在房顶上日晒雨淋七天七夜以后才可以洗白，工序非常复杂。麻线准备好了要织成布，还得经过非常复杂的程序，因此现在很少有人会自己制麻线织麻布。挑花用的线以前也主要是用麻线，用猕猴桃根，或"郭贾扫"[①]跟着一起煮过，麻线就会变得柔软。然后用专门的染料可以染成多种颜色，我现在只知道用蓼兰可以染成蓝色。后来慢慢地大家都开始用买来的棉线、丝线或毛线来挑花。我们这个民族挑花也叫"数纱绣""穿纱绣"，

① 苗语音译，指"煮线的药"。

最基本的针法主要是“平纱绣”“斜纱绣”，每种针法根据绣出的最小单元纹样不同，“平纱绣”又有“小豆花”“大豆花”“回针绣”“平绣拉皱”等针法；“斜纱绣”有“××短针”“××长针”“套线绣”“锁针绣”等针法。这样算起来，我们的挑花针法有20多种。根据我们的传说，有些针法的使用还是有讲究的，比如“小豆花”“大豆花”绣出的纹案，女士可以穿，男士不可以穿。因为“小豆花”“大豆花”表示食用的东西，主要表示五谷。女士穿上“小豆花”“大豆花”针法的衣服，意味着家里面不愁吃穿，样样顺心；男士要是穿上这种针法的衣服，意味着这辈子都是劳碌的命。挑花的图案方面，我们这个民族主要有鸡爪花、苞谷花、猪蹄花、蝴蝶花、鸡冠花、鸭冠花，等等。

苗族挑花图案主要用在服饰的衣领、袖子、后背、背带、围腰、裙子、绑腿、鞋子、鞋垫，以及背牌、背扇等地方。其中，衣袖上必须绣有“针孔开花”，衣服后背必须绣“鼠牙相串”和“鼠牙王”，其他地方的图案一般不固定。

我7岁那年的正月初一，奶奶对我们说：“我们这个民族的女孩子从小就要学绣花，学缝衣服，如果你不会绣花，不会缝衣服，那么以后长大了就会嫁不出去。”她生起火堆，用家里坏了的大麻袋洗干净后让我和我妹妹拿来学习挑花，那时候家里面是不允许浪费一尺寸的布的。学习挑花要先学会“数纱”，我第一次学挑花绣的就是“no比馁”。一开始绣我就学会了，一口气就绣了5个，心里特别开心和激动，因此印象就格外深刻。

9岁的时候我就特别聪明了，那时候家里面不是很富裕，妈妈没让我用布来绣花。我就常去帮我们村一个残疾的嫂子带孩子，看她绣花我也特别想绣。一次趁她抱孩子吃奶的时间，我就偷偷地把她正在绣的布拿过来接着锈，还绣得特别好，让这位嫂子大吃了一惊。嫂子跑去告诉我妈：“奶奶[1]，你家阿云会绣花，而且绣得好得很，针法也特别顺畅，为什么不拿布

① 贵州普遍存在父母亲用孩子对长辈的称呼来称呼长辈。

给她绣呢？我这个都是她帮我绣完的。”从此，我妈才舍得把她织好的布拿给我绣花。我便开始利用放学后的时间、放假时间、放牛的时间绣花，几年如一日，乐此不疲。我妈妈的欣赏能力和鉴别能力特别高，哪种纹样好哪种纹样不好，好在哪里不好在哪里，她都可以精准地说出来，但她很难得带着我绣，总是鼓励我自己去琢磨、自己绣。我第一次绣的一块完整的花（男士飘带）我一直都带在身边，不舍得丢。我做的第一件衣服，是一件小孩子的衣服，也是在我9岁的时候绣的，并且是在我妈的指导下缝制而成的。

到12岁的时候，我已经基本上掌握了挑花的技巧了，能够把看到的别人绣的花样记下来，然后把它绣出来。这一年我用红色细布绣了一幅背扇，那幅背扇后来背我儿子的时候被弄坏了。

到了1994—1995年，一方面因为“国际服装”在村寨里越来越流行，另一方面因为治安管理不好，很多人不敢出门和玩跳花场，所以很多人都

刘丽首作：男士飘带和童衣（背面）

没有绣花了，而且越来越多的人把麻布裙、苗族衣服收来卖了。我清楚记得奶奶把一块绣着自来水、鱼等图案的绣片拿去只卖了35块钱。直到现在，不管我走到哪里我都想再看奶奶卖掉的那块绣片，因为那个年代没有自来水，奶奶是凭她自己的想象绣出来的，绣得太精美了。那段时间里我也没有绣花了，开始打毛线，自己织毛衣穿。

1997年，奶奶得了大病，对我说的一番话我一点儿都不敢忘，她说："老三，如果哪一天我突然不在了，那么我的这些东西你要把它捡好，虽然现在很多人都收来卖了，但是以后我们这个国家肯定还会重视起来的。老三，你空的时候还是要继续绣下去，别让手生了。"之后我就把我奶奶结婚前捡好的麻线等东西拿过来收好了。

1998年，这里又开始跳场了，跳场现场就像"服装比赛"一样，重新勾起了大家绣花的兴趣和激情。我自己也是从那时候开始绣花的，一直坚持到现在。实际上在我结婚后，我老公从来不让我绣花，大家都在绣花的时候，我也是要跟着他去干农活的。我一说绣花，我老公就说："你要绣这个来干什么？你忙着绣起来下洞吗？"他专门骂这种最让人伤心的话。后来他去煤矿厂上班，我才有机会趁他晚上不在家，在哄完儿子睡觉后开始绣花。我做的第一套成人服饰就是在1998年完成的，后来送给我侄女做嫁衣，但是她已经不在了。2005年，我们有了小女儿，在她还很小的时候，我也会趁老公不在家把女儿背在背上，把绣片用别针别在腰上扯着绣。很多人都有自己玩的时间、打牌的时间，我没有，因为我要用闲下来的时间做我最喜欢的绣花。

可能因为我有天分，而且长期坚持挑花、缝衣服，越来越多的人都认同我做的服饰，她们不会绣的就来请教我，不会缝的就来请我帮忙。像我嫂子家女儿和儿媳妇的，还有村上很多人家的苗族服饰都是请我帮忙缝制的。对于村上家庭困难、经济收入特别少的，我都免费给他们做，所以在我家需要帮忙时，他们也都非常愿意来帮我。善待别人就是善待自己嘛。

现在，我基本上一年左右能完成一整套苗族服饰。我已经为我的女儿和未来的儿媳妇都准备好了整套的苗族服饰了。

我目前收藏的服饰主要有一块我婆婆的外婆的外婆传下来的可以做围腰、绣子或者壁挂的绣片，应该有近200年的历史了；一条我外婆的外婆传下来的裙子，目前放在村委会的展厅里；一条我奶奶的外婆传下来的麻布裙子；一件我妈妈为我绣的嫁衣；一件我自己9岁时绣的童衣，另外还有外婆传下来的麻布、麻线等。其他的都是我这些年新绣的，谈不上收藏了。要保存好老服饰最主要的就是晒，每次穿完后，或者隔一段时间，就要拿出来晒一晒，晒透了把它裹好放在柜子里面，这样才不会有虫蛀，而且也不会坏。我特别羡慕我们的祖先，他们真的好聪明，虽然没有文字，但是他们能用图案代表文字把历史文化记载下来。

2018年，王燕达老师到我们隔壁村燕楼镇嘎多村做培训，那时我正好在村委会上班，我就带着我们村的几个绣娘到那边去做培训。王燕达老师发现我的挑花技艺很不错，而且对苗族的历史文化的了解也比较深刻，就留了我的电话。2019年7月12日，“贵阳市妇女特色手工技能暨创新产品大赛”在贵阳市妇女儿童活动中心举办，王燕达老师推荐了我并给我报了名，我才有机会代表南明区去参加比赛。比赛现场，我绣的是一块用于袖子的绣片，“小豆花”轮廓，里面是由“××短针”“××长针”组成的纹样，荣获了妇女手工技能特等奖。得奖以后，专家老师问我能不能把我绣的针法和图案意思讲出来，我一口气把“××短针”“××长针”“小豆

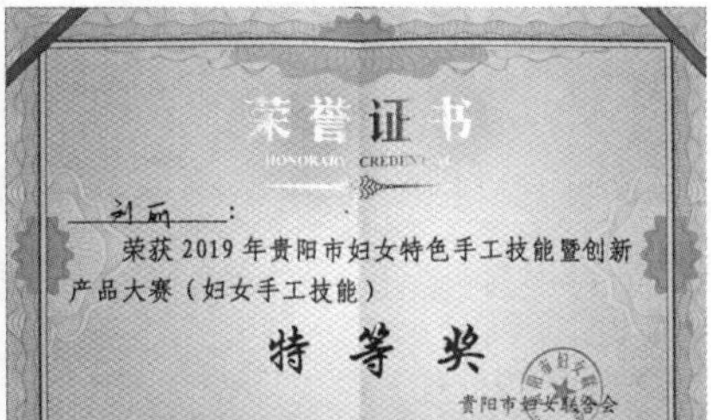

参赛作品（局部）和获奖证书

花”“大豆花”等针法，衣服袖子上面的长江和黄河，针孔开花，衣服后背下方的“转房角”，以及我们民族的迁徙过程等全都讲了出来，得到了很多专家的认可。这是我参加的记忆最深刻的一次比赛。

从这以后，我又参加了好几次比赛活动，也都获得了不错的奖项。2019年8月，我获得“圆梦锦绣·巧手脱贫”第五届贵州省妇女特色手工技能暨创新产品大赛技能赛刺绣类优秀奖，贵阳市第四届技能之星竞技大赛花溪区选拔赛手工刺绣类项目一等奖；9月获得“甲秀工匠”称号和“贵阳市技术能手”称号；10月获得2019年民博会民族民间手工艺术精品选拔大赛贵阳分赛区比赛二等奖，2019年民博会能工巧匠选拔大赛贵阳分赛区比赛三等奖；12月获得“筑城工匠”称号。2021年4月，获得2021年贵阳市妇女特色手工技能暨创新产品大赛（十佳绣娘）特等奖；9月获得贵州省“最美劳动者”荣誉称号。

在我获得2021年贵阳市妇女特色手工技能暨创新产品大赛（十佳绣娘）特等奖时，一位贵安新区的参赛选手冲我说：“我看一下你为什么能得特等奖。”我笑了笑。她又问我是哪里的，我告诉她我是旧盘的，她说：“旧盘的人也能绣出这样的花吗？”我没说话。后来余未人老师发言时说：“其实每个绣娘都绣得特别好，但是刘丽绣的纹案是一个历史符号，是她们民族传承下来的一个纹样。刘丽获得特等奖最主要的是她了解这个民族的历史。”

我非常赞同余未人老师说的，以前留下来的老的服饰上面的图案是有历史文化意义的，就像“嘎阿登缪制人烟”图案就展现了我们民族米花古歌中唱诵的“伏羲姊妹制人烟”的历史神话故事。我曾在上海博物馆、贵州博物馆，以及在花溪顾伟伟老师那里看到一些我们这个民族的老绣片，上面的很多针法、图案纹样在我们村寨里都找不到了，快失传了。而这些图案、针法好像一本字典，如果没有这个字典的话，就会有很多东西找不到。所以，我现在尽量把那些有故事的图案整理出来，并努力绣下来。很多人问我：“你绣的卖不卖？”我说我不卖，我没有太多经济方面的追求，也没有太大的做生意方面的欲望，我想做的就是尽量把这些要失传的针法和纹样收集起来，并把它们绣出来，用汉语和苗语进行注释，做成一个牌匾挂起来流传后世。这就是我心里最大的一个愿望。此外，如果有机会，我还想到每个保存我们这个民族服饰的博物馆，给负责展陈的工作人员讲解服饰的搭配和针法、图案的意义，这样博物馆才能把我们的民族文化宣传得更好。

在传承苗族挑花技艺方面，我主要做的工作包括：

一是宣传普及传统的针法、图案纹样及其所蕴含的历史文化。现在越来越多的人挑花都是自己怎么想就怎么绣，她们对我们苗族的历史知之甚少，且脑中完全没有古老图案的影子，我告诉她们袖子上要绣“针孔开花”纹样，后面要绣“鼠牙王”和“鼠牙相串”，她们反而说我跟不上时代。还有少部分人随意改变贯首服的样式还自认为是“改良”。我认为时代一定要跟上，但是古老的东西也一定要传承，不然我们苗族的文化就会消失。所以，我把宣传普及苗族文化作为自己的使命任务，抓住一切机

花苗服饰传统图案“嘎阿登缪制人烟”

会，甚至创造机会，对传统针法、图案纹样进行宣传和普及。我一有时间就会召集村里面的姐妹们到我家一起挑花，在挑花闲聊的同时给她们讲解苗族传说、针法的寓意和古老图案的来源。目前，已经有好几位姐妹和村寨上的女士开始有意识地在某些相对固定的地方用传统的针法绣传统的图案了。

二是带头营造挑花的良好风气。我们寨子里有个习俗，从大年初一到十五，女人一般不干什么活，连碗都是男子洗。其中大年初一到初三，寨子里的女人不允许去串户，因为当地有传说，初一到初三女人去串户就是踩人家的稻谷，人家种的稻谷、玉米都会长不大，没有收成。因此，寨子里的女人就会随便用几捆柴围起，里面烧着火，老的小的全部围坐在一起绣花。去年春节，我对我老公说：反正春节期间我什么也不做，就专门绣花吧。我每天早早地起床，在我家老房子那边生起一个大火堆，坐在火堆旁就开始挑花。寨上的老老少少，看到我生火做挑花，都聚集过来，围坐在火堆前就开始挑花了。我觉得这样的风气很好，也为非遗的传承保护营造了良好的氛围。

三是培养了3个正式的徒弟。一个是我女儿，另外两个都是侄女。我女儿7岁起，我就开始有意识地教她数纱和一些简单的针法，她在挑花上的天分很不错，属于一点就通、一看就会的那种。现在只要给她一个简单纹样，跟她讲一讲技巧，她就能自己绣出来。但是，一些老图案、复杂的针法，她就不会了。两个侄女一个在坝楼村，一个在同心村。坝楼村的侄女是我的徒弟中挑花水平最高的，基本上所有的针法、图案都能完成；同心村的侄女是服装设计专业毕业的，有自己的工作室，主要是制作和售卖苗族服饰和改良的旗袍。我特别羡慕我们的祖先，他们真的好聪明，虽然没有文字，但他们能用图案代替文字把历史文化记载下来。

2022年1月，我成功申报成为市级非遗代表性传承人，因此有了更大的号召力和影响力。2月24日，在花溪区妇联的支持下，我成立了我自己的工作室——“燕楼镇刺绣妇女微家”，并举办了苗族挑花技艺培训班，近

10位穿着苗族服饰的小孩子、20多位青中老年女士一同参加了培训、体验，年纪最小的才4岁，最大的已经70多岁，她们边挑花，边把心里想说的话编成歌曲唱出来，欢声笑语响彻我们整个村寨。活动结束后，所有的妈妈、奶奶都说这样的活动对于调动大家，尤其是小孩子学习挑花刺绣的兴趣很有好处，希望我能多举行这样的活动。我想我会坚持下去的，我现在是非遗代表性传承人，开展传承、培训活动不仅仅是我的意愿，更是我的责任和义务了。

但是，在实际的传承传播过程中，也还是会存在一些问题，其中最大的问题是来自经济方面的。比如，我们这边很多妇女、姐妹都想参加一个培训班，但是她们没有收入，我也没有能力给她们一点儿务工补贴，所以难得开展一次培训活动。更为可惜的是，王燕达老师本来想把一批订单放在我这边做，可我因为经济方面跟不上，不能承担大家的务工补贴或者工时费，定制产品这事无法落地，最终这个好机会跑到了乌当区的绣娘们手中。

在幼小的心灵上播下一粒种子，静待民族文化的代代相传

第一代：黄陈氏，女，苗族，1907年3月10日，出生于花溪区青岩镇达夯村，从小跟随母亲学习苗绣技艺，出嫁后在夫家也在婆婆的指导下做蜡染，2004年3月在同心村嘎多组家中去世。

第二代：唐秀珍，女，苗族，1926年11月9日，出生于花溪区燕楼镇同心村嘎多组，从小跟随母亲学习苗绣技艺，出嫁后也在婆婆的指导下做蜡染，于2002年11月去世于同心村嘎多组家中。

第三代：黄玉琼，女，苗族，1948年5月2日，出生于花溪区燕楼镇坝楼村葵院冲组。从小跟随母亲学习苗绣技艺，出嫁后也在婆婆的指导下做蜡染。

第四代：刘朝丽，女，苗族，1970年12月21日，出生于花溪区燕楼镇同心村嘎多组。从小跟随母亲学习苗绣技艺，出嫁后也在婆婆的指导下做蜡染。

第五代：刘丽，女，苗族，1977年9月23日，出生于花溪区燕楼镇同心村嘎多组，从小跟随母亲学习苗绣技艺，出嫁后也在婆婆的指导下做蜡染。

第六代：刘光琼，女，苗族，1993年10月1日，出生于花溪区燕楼镇同心村嘎多组，从小跟随刘丽学习苗绣技艺，目前技艺娴熟，绣法精湛。

刘开新，女，苗族，2005年7月4日，出生于花溪区燕楼镇同心村嘎多组，从小受刘丽影响，跟随刘丽学习苗绣技艺。

王朝生

诵传苗年轮，声声赤子心

传承人：王朝生

采访时间：2021年12月28日

采访地点：贵阳市贵安新区高峰镇

采访人：吴红燕、梅世素、何俊旺、杨红、丰兴康

文章整理、撰写：吴红燕

※ 人物小传

王朝生，男，苗族，高峰镇大狗场村上兴堡人，生于1954年。从小受到苗族文化的耳濡目染，在21岁时对苗族开路词产生了浓厚的学习兴趣。从教师岗位退休后，近十年来致力于钻研苗族文化和礼仪习俗。2012年，王朝生开始用汉字翻译“开路词”，并对开路词文字进行梳理，逐步整理形成有文字依据的表述苗族发展历史的传唱资料。2020年，根据苗族群众风俗，经过多年以来的学习研究，直到全部熟悉后，王朝生正式成为开路词苗族祭师，独自挑起苗族祭师的重任。目前王朝生熟悉全套苗族丧葬仪式，成为当地还能完整唱诵开路词全文的唯一一人。

（一）

我出生在一个世代农耕的农民家庭里，从没想到自己居然可以将我们苗族的这些东西传承下来。追因溯果，我还是要感谢我的长辈们，尤其是我父亲。

我父亲可以说是我们家族里最有文化涵养的人，他的文化水平也是最高的。他小的时候先读了私塾，之后又读了官学[①]，官学毕业后，又在当时的凯诚中学读书，即现在的平坝中学。中学毕业后，因为家境贫寒，就没有再继续读下去了。我父亲打算回到家里来做农活，被我爷爷知道之后，

① 官学，中华人民共和国成立初期政府成立的公办学校。

严厉拒绝，他觉得我父亲年纪这么小，还是继续把书读完，只有读书才有出路。

于是父亲又回到私塾，到当时很有名的韩希成老师那里继续学习，不只我父亲，还有一个我的小叔叔，也一起读书。听我爷爷们说，有一天我父亲他们上完早课之后没回家，就在学校老师的一个厢房里午睡。厢房有一个小木窗，他们睡得正熟，突然有人在轻轻敲窗子，一下两下的。父亲他们醒来发现居然是两位解放军。解放军们细声地问我父亲是不是学生，知不知道去县城的路怎么走。他们当时虽然感到很震惊，但还是马上起身，义不容辞地带他们去。他们一行人先是回了我家，父亲跟我爷爷说，他要带这两位解放军去县城。爷爷听到更震惊，又说："你们两个小孩子去什么去，大人去！"就这样，我大爷爷和二爷爷就拿着那时候打猎用的大刀和大叉，护送乔装打扮的两位解放军去了县城。安全到达之后，解放军对我爷爷说："你们家有孩子读书，到时候要找工作就来找我们。"说完留下了一个地址。之后我父亲和叔叔完成了学业，去那个地址，参加了工作。

我父亲参加工作的时候，贵州还很不安定，到处都在剿匪。1950年，我父亲又被调去了安顺市地委处，办公室就设在当时我们贵州省省长谷正能的家里。虽然我父亲现在已经去世了，但是他的地位仍然被那片的老人们认可。等到举国上下平稳安定的时候，在毛泽东主席的号召下，国家开始在民族大学大量培养民族干部，我父亲也被举荐到现在的中央民族大学去进修。在那儿学习了两年之后，回到了贵阳劳改局工作，工作没几年，又调回了地委。去了这么多地方，却还是感觉地委更亲切一些。他还没在地委稳定下来，父亲之前的上级觉得父亲在进修期间表现优异，又想把父亲调回北京工作。我爷爷和母亲都不同意他去这么远，当天就来地委，把他带回家了。结果，他在地委的工作没有了，北京也没去成，在家待了好几年。被上面来调研的人知道了，问道：为什么要把一个高级知识分子留在家里，怎么不给人安排工作！就这样，父亲才从无业游民的队列中解放出来，最后被安排在了马场镇政府当秘书。我也因此去了马场镇学习，直到毕业参加工作之后，才搬来现在的家。

我父亲是一个十分儒雅的人，从来都是温言细语，我很少见他和别人红过脸。他也从不打骂我们，反倒是有时候我生起气来还骂他呢。他唯一不满的就是苗族的这些开路词文化。他是无神论者的党员，政治思想也非常端正。每当我爷爷他们提到开路词的时候，他总会反驳："你们这些都是迷信，要不得！"还有，我父亲曾有几个舅舅被土匪逼上山，和土匪一伙了。虽然是有血脉关系的至亲，但是他也从来没有去认过这些舅舅。他始终拥护党的纲领和国家的号召，这是他心中最神圣的信仰。

我父亲这一生可以说是坎坷辗转，他的事迹和成就在潜移默化地影响我。因为他知识深厚，我身为他的儿子，当然不能不学无术。这也算是我在求学路上的一种动力，那时我也没想到，我所学得的知识和文化，竟然也为我以后学习苗文化打下了坚实的基础。

（二）

我从小就活泼好动，调皮捣蛋，父母都拿我没办法。我母亲很温柔，很包容，大家都想不到，我们家脾气最大的人竟然是我这个小孩儿。因为我和弟弟妹妹相差的岁数比较大，我比我最大的一个弟弟都大了13岁，他们在我的"管教"下长大。时至今日，他们都还常说，小的时候没被爸爸妈妈骂过，倒是经常被大哥骂。我就只能嘿嘿地干笑，我的脾气真是太急躁了。不过这样"无法无天"的我，小时候也差一点儿被收拾。

那时镇上修的路不像现在这样是平整光滑的沥青路，而是用推土机把带有很多小砂石的泥巴，压成的土石子路。因为用料粗糙，走的人和马车多了，路就开始"分崩离析"。于是，我和小伙伴们就经常把铺路的小石子挖出来玩，光滑的最好，不光滑的，我们也会细心打磨光滑，当作弹珠玩。那时候我们还没有弹珠，大家都买不起。我们经常五个一群、三个一伙，围在路中间玩“假弹珠”游戏。因为镇上很少见汽车卡车，我们这样玩也没有人说什么。

直到有一天，不知道是镇上还是县里，开来了一个卡车，那卡车司机看我们围在路中间怎么都不让路，气得直鸣笛，后来我们还是无动于衷，结果他气势汹汹地从车上冲下来，把我们好一顿骂。我们平白无故被这么骂一通，心里当然也不痛快。后来我们就趁他不在的时候，用我们的“弹珠”把他的车窗砸了个稀巴烂。他回来之后，看到车窗的惨样，更是气得大发雷霆，问了周围的人，发现是我们干的之后，直接“杀过来”，把我们一个逮住揍了一顿。马上就要揍到我的时候，旁边的人说了一句：“他可是王秘书的儿子，你还是小心一点儿哦。”他听到之后才慢慢放下揪住我衣领的手，恶狠狠地警告我说，下次再这样他真的不客气了。那时我的心里害怕、庆幸和窃喜，没想到我还能这样“狐假虎威”。

回到家里之后，我不敢提起这个事，大家不知道最好。那时候我父亲晚上忙着处理工作、练字看书，也没空管我，母亲也是。虽然我母亲不识字，只是在家里做做农活、绣绣花，但是她很懂苗族的文化和习俗，苗歌也唱得很好。那时候一到晚上，家里就会来好多人找我母亲学苗歌。柴火一烧起来，大家围坐在柴火旁，你一句、我一句地唱起来。那时我还小，早早地被我母亲安排在屋子的另外一边睡觉。屋子宽，一边做灶房，一边睡觉，我就在另一头，听着歌声入睡，听着听着我就记住了，有些大人们还不会。虽然我爱调皮捣蛋，但是我的脑子也灵活好用，真是应了那句老话：“老天爷给你关了一道门，就会给你开一扇窗。”

到我五六岁，国家困难，我们这个小村镇里也是这样。当时每个人都要拿着一个小竹篓去队上打饭菜，但是饭菜也不多，我们还是经常饿肚子。为了填饱肚子，我们会去田里找“毛拜”[①]推成面来吃。那时候地上还时不时有几颗掉的谷子，我也把它捡起来装着，结果被村上的老人看见

① 毛拜：苗语音译，一种谷作物。

了，说我在田里偷谷子，还把我拉去广场上指给大家看，说我在田里拿东西，破坏大家的规矩。我真是跳进黄河也洗不清啊，毕竟那个年代的粮食太金贵了，大家都很敏感。虽然我父亲有工作，但是从当时的环境来说，也只是杯水车薪，一家人能有东西吃就已经很不错了。我还和母亲去找过车前草，找到之后，在井里淘洗干净，拿回家就着一点儿米和野菜一起煮来吃。我母亲就吃我们找到的野菜，我们小孩儿就吃底下的米浆。除了这些，我还吃过山里刮嫩的树皮，放在石磨上磨成细细的浆，再添水烧开，就着一点儿粑粑吃。我有个爷爷连粑粑都没得吃，就只是吃树皮和谷糠，结果消化不了，死在了特殊年代。那时候的日子真的很难过，虽然我年纪小，但是直到现在，那些日子的苦涩我仍然记得一清二楚。

（三）

我一点点长大，慢慢地，过了调皮捣蛋的年纪，要上学了。我二爷爷常语重心长地对我说："我的乖孙孙，你一定要听老师的话好好学习，今后走在自己的路上，一定要做一个好人，不要学坏啊。"我很喜欢我的二爷爷，因为我爷爷去世得很早，二爷爷看着我长大，就像我的亲爷爷一样。每次我去找他玩，他总是招招手让我过去听他讲故事。时至今日，我知道的很多苗族文化的知识都是他告诉我的。二爷爷真的是我非常敬重爱戴的人。

我17岁的时候从平坝中学毕业了，后来高考取消，就没有再读书了，反而回到家干了三年农活。也就是在那三年里，我开始学习苗族的文化和习俗，并对这些产生了浓厚的兴趣。

那时候我才20岁，寨子上有人结婚，常邀我去接亲，去唱苗歌。那时候我们需要金童玉女去接亲。到了新娘家，还会有人来找我们对歌，要是不会唱、唱不好、接不上，她们就会用油汤即热水，泼在我们身上，让你回去学好一点儿。我年轻的时候帮大家接过18次亲，对苗歌滚瓜烂熟，还学会了苗族的很多婚俗礼仪。我也是在那段时间学会的苗族开路词。

那时候李金文老师[1]号召了寨子里一些人，在后山学这个开路词，因为他老了。当时他就已经80多岁了，担心过世之后，没有人能把开路词再唱下去。开路词是不能断的，因为避免不了生老病死，想要落叶归根，这个仪式就断不得。再加上我们苗族很团结，大家都在一个寨子里，互帮互助。开路词就这么传到了现在。

我们苗族的开路词是苗族祭师为祭祀、悼念死者，并以之沟通“阴间”，为死者引路回归发源地（古中原一带）的古老民俗，流传到现在已经有数千年历史。在苗族的传说中，苗族祖先“斗包斗湖”用金柱开天辟地，先撑天，后制地，开创大自然，然后播种，种五谷粮食开始生活，之后历经天灾、战乱等，苗族人大多被迫迁移到世界各地。为牢记历史，也为了族人死后帮助其灵魂通过各种关隘回到祖地，苗族先民创造了开路词，以独特的民族语言和韵腔，向苗族死者之灵魂阐述历史，指引其“落叶归根”。

它作为苗族人在丧葬仪式上念诵的“经文”，要由苗族祭师以苗语（西部方言）配合独特的苗族唢呐等乐器背景进行唱诵，内容则是从苗族先祖开天辟地起阐述，以苗族历史传说和指引死者灵魂回归祖地两个大部分为主。在苗族历史传说部分，有先祖开天辟地开创人类历史，改造大自然，播种养殖、习武自制兵器等内容，也有苗民得罪龙王，引来洪水滔天，然后苗族姐弟受雷公恩赐葫芦种子，最终以葫芦为船，得以幸存保留了人类火种的传说。还有后来各民族间发生了多次战争，特别是蚩尤与炎帝黄帝发生战争后，苗族人逐渐向西南长途迁徙的过程。在指引死者灵魂回归祖地的部分，包括指引亡者起身出发，其间跋山涉水，历经血河、江、海、雷山、雪山、太阳山、太阴山等38道关隘，终抵阎王殿，最后到达祖屋开始下一个轮回的内容。

---

① 李金文：开路词的第一代传承人。

当时在山上的一个小平地上，有七八个人围坐在一起，我也算是其中一个。不过因为我年纪小，只是在外围旁听。每讲到开路词的一个步骤的时候，李金文老师就会停下来向我们解释，这个步骤是什么意思，这个唱词的意义是什么。那时我才恍然大悟，原来开路词的意义是这样。虽然那时我只听了一遍，但是那些东西已经被我记得差不多了，坐在李金文老师身边的我的那些长辈，包括我的叔叔王甫政，他们都还没有我记得清楚。虽然我学得快，但是我也没有马上就从事这个职业。因为开路词的丧葬仪式是一个非常敦肃的涉及死者的仪式，它整个不苟言笑的过程和大家严肃的状态是非常令人敬畏的。作为苗族人的我，虽然可以说是看着这些长大的，但是在当时我还是非常害怕。后来又因为生肖冲突和其他原因，去学习开路词并继承李金文老师衣钵的人只剩下我的叔叔王甫政。

生肖冲突，其实是因为在唱开路词的这个过程里会祭上猪羊和公鸡。虽然公鸡是用来带指亡灵回家的，但是在仪式结束后也是不能留下的，所以生肖是鸡、猪、羊的人一律是不敢学这个的。我叔叔王甫政虽然学会了，但是因为不识字，有些部分还是没有把握。那时他要去帮别人唱开路词的时候，就会带上我，让我在旁边帮忙。这个过程很漫长，要五个小时。所以用不上我的时候，我会在旁边假装小憩，其实我在认真听叔叔的唱词唱腔，他出现的问题，我都一清二楚。

在家里待的这几年，固然让我在农忙的间隙，学到了很多苗族知识和习俗，但我心里仍觉得千好万好不如读书好。那时候我和伙伴去集市赶集，正巧遇到了曾经和我一起读书的同学在报名考试。听说平坝这里最近要招一批学生去读书，来的学校有师范学校、卫校和交通学校。起初我的意向是去当医生的，但是我父亲希望我当老师，于是我就报名了安顺师范学院的招生考试。即使我们脱离了学习环境几年，大家的文化水平也不是很高，报考的年轻人还是很多。那时候的考试不像现在发下卷子来就让你做，而是老师在现场出题。

记得当时和我们一起去考试的有15个人，录取了3人，我便是其中的一个。1973年，我就去了师范学院读书。我们只需要读两年，1975年的6月我就毕业了，来到了岩孔小学任教。

（四）

之后的二三十年，我还一直在执教，直至退休。退休后，我才把年轻时候想学的开路词“捡起来”。为什么这么晚呢？一是当年年纪小，心里还是害怕。二是工作和生活分去了我大部分时间。即使我有心钻研，也还是分身乏术。我正式开始学习是在2010年，直至完全学成，并开始独立主诵是在2015年。这五年间，我一心一意扑在了这上面。

学开路词首先要知道我们苗族的历史，其次要懂得每个家族有多少代传人，这样你才能带着亡灵沿着历史的路径与他的祖先在黄泉路下汇合。不仅这些，开路词的唱词和仪式的注意事项都是传唱人必须要记得的。但最难的并不是这些，而是如何把握开路词的唱腔和音韵。开路词虽然是词，但它也和京剧、黄梅戏一样，有自己的语气和语调。唱不出来这个韵味，是不能够去帮别人办事的。开路词这一段唱下来，历时五个小时，在这个过程里，祭师是一定不能停的，哪怕别人和你说话，你也不能回答，哪怕你是给至亲的人做事，悲伤得泣不成声也不能停。这是不吉利的象征，很考验祭师的体力和耐力。

我第一次做的时候，唱得不好，虽然整个过程没有出任何差错，但那时我还唱不出来开路词的声韵。所以在那儿之后，我就常到我家后山的平地上去练习。想完整地唱一遍耗时太长了，我只能把它分成几段，有时候甚至要一个星期才能完整得从头唱到尾。光记住词是不行的，必须要把腔调韵味唱出来才行，这是对我自己负责，对别人负责，更是对我们苗族的民俗文化负责。所以在那五年间，只要天气好，我就天天唱。每次我不在家的时候，我妻子就常来后山找我。她知道我肯定又在那里。

说来还是要感谢她，虽然她没读过什么书，但是她一直很支持我，也很喜欢听我给她讲述我们苗族的历史故事。每当我钻研这些东西的时候，家里上上下下可以说都是她在操持的。她性格也很好，非常善良，包容了我的小脾气。

虽然我现在在主持丧葬仪式和唱开路词上，可以说已经是得心应手了，但在过往的经历里，令我最无法忘怀的还是参加自己至亲葬礼的那两次仪式。一次是道别我的二弟，一次是去四川送别我一个同宗的爷爷。

我二弟是在2019年过世的，他身强力壮，才54岁就去世了。我真的很

制作祭祀用具

演示祭祀用具

悲痛，他从小和我的关系最好，可以说他是我看着长大的，也是最敬重我、最听我话的。我从没想到有一天他会走在我的前面。那一次也是唯一一次，我完全没有办法控制我自己，泣不成声，悲从心来。那时我才知道，人在至亲离世的面前，是很难振作起来的。所以他的仪式，是我叔叔王甫政做的。

第二次，送别我这个同宗的爷爷。他已经在四川定居，但是在离世前还是希望落叶归根，举办苗族的丧葬仪式，这是他的遗愿。虽然我们是一个家族的，按理来说应该是要让别人来做的，毕竟人的情绪是很难把控的，但我仍然斩钉截铁去做了。那时我们一行人，就只有两辆车过去，我甚至连我的工具也没带，就只拿了一身衣服。仪式开始之后，在场的人们都屏住呼吸，不敢说话，只是目不转睛地盯着我看。他们四川那边是从来没有见过的，按照那边的习俗，葬礼应该请得是喇嘛，但那些喇嘛看到这样的场景也呆住了。我还是自顾自唱自己的，做到悲伤的地方我也泣不成声，但我不能停。强忍着心中的悲痛，把这个仪式完成了。

这么一别，从未想到再见我的长辈和亲人，竟然是在他们的葬礼上。人世间，变化无常，世事难料。

（五）

在学习和传承开路词的期间，我也在从事着翻译开路词和一些苗族古歌的工作，将苗文转换成汉字并把它记载传承下来，这是很有必要的。越钻研越有价值，因为没有成文的文本记载，苗族的一些文化习俗是老一辈人口口相传留下来的，但随着老一辈人的相继离世，怎样以最完整的形式传承下来就成了难题。另外，很多苗族的语言即使音译过来，也很难找到合适的汉语完整无误地把它的意思表达出来。这些就是我最耗时耗力的地方。

虽然目前我已经把这些东西记载下来，又托人打成了电子稿的形式，但是我最想看到的，还是有一天它能被完整地装订成册，成为一本书出版，让大家都知道我们的苗族文化有多么神秘和灿烂。

我还有很多事要去做。民族文化，这个东西是怎么挖掘都挖掘不完的，钻研也是这样。我只要还在一天，就会继续做一天。单凭好奇和一腔热爱的话，走不远。虽然性格会引导发现自己的爱好，但想要做好一件事，是要抱着负重的决心和奋斗的毅力才能做到的。

苗族的历史文化是非常灿烂的宝藏，我不能让它埋没在这个时代里。

传承人王朝生正在编写《开路词》译本

苗族开路词延续至今，已有数千年历史。王朝生这一脉传承，因无文字记载，起始已不可考，目前仅有百余年历史可证实。

第一代：李金文（1908年—1989年），男，苗族家传祭师，高峰镇大狗场村上兴堡人。

第二代：刘国章（1935年—　），男，苗族，高峰镇大狗场村上兴堡人，曾跟随李金文学唱苗族开路词，并一直从事唱诵开路词的实践。后因身体不佳，把开路词传授给王甫政。

第三代：王甫政（1948年—　），男，苗族，高峰镇大狗场村上兴堡人，在平坝区羊昌乡坝子头招亲。曾跟随刘国章学唱苗族开路词，长期从事这方面的实践。后因年岁偏高，把苗族开路词传授给王朝生。

第四代：王朝生（1954年—　），男，苗族，高峰镇大狗场村上兴堡人。跟随王甫政学唱开路词，逐渐熟悉开路词及苗族丧葬的全部过程。退休后一直从事开路词唱诵工作，有志于把苗族开路词全部翻译成汉文。目前，高峰镇大狗场村村民王朝明、杨国才等人跟随王朝生学习唱诵苗族开路词。

韦　丽

把文化装在心里，把自然穿在身上

传承人：韦丽

采访时间：2022年6月

采访人：鄢永华

文章整理、撰写：鄢永华

※ 人物小传

韦丽，女，布依族，贵阳市非物质文化遗产枫香染代表性传承人，生于1977年12月25日，大学文化，现居住在贵州省贵阳市乌当区新堡布依族乡。

韦丽自七八岁起就跟随母亲学习布依族草木染和刺绣技艺，在大学毕业后拜国家级枫香染非物质文化遗产项目代表性传承人杨光成为师。2022年2月，韦丽被贵阳市文化和旅游局认定为非物质文化遗产代表性项目枫香染的市级代表性传承人。

2017年，韦丽在家乡新堡布依族乡王岗村成立了“骆越魂非遗工艺品工作室”。之后不久，又在乌当区偏坡布依族乡、花溪区青岩古镇建立了枫香染非遗文化体验馆，在贵定县宝山街道高原村东山苗寨成立了蜡染刺绣工房。2021年，韦丽和贵州航空技术学院协商，她负责传授枫香染、扎染等技艺给该院服装专业的学生，同时借助服装专业100多名学生的力量，做产教结合，批量生产旅游商品，并在快手、抖音等网络平台线上推广销售。

（一）

我叫韦丽，是贵州省贵阳市乌当区新堡布依族乡王岗村人，我从小就热爱大自然，对布依族草木织染和刺绣技艺十分感兴趣。草木染，就是提取山里自然生长的草木的汁液做成染料，浸染布料让其上色。板蓝根就是染料靛蓝的原材料之一。

据《周礼·天官·染人》记载，专门从事织品染色工作的人被称作“染人”。

《诗经·郑风·子衿》写道：

青青子衿，悠悠我心。纵我不往，子宁不嗣音？

青青子佩，悠悠我思。纵我不往，子宁不来。

挑兮达兮，在城阙兮。一日不见，如三月兮。

青青的是你的衣襟，悠悠的是我对你的思念……

中国古典文学专家余冠英在《诗经选》中说：“这诗写一个女子在城阙等候她的情人，久等不见他来，急得来回走过不停，一天不见面就像隔了三个月似的。”

“青青”，青色；“子”，对男子的尊称；“衿”，衣裳。

古人的衣服多用草木做原料提取染料染制而成。这首诗里写到男子“青青”的漂亮的“衿”，就是用草木染料染制而成的。

据相关资料介绍，我国草木染的历史可追溯至史前时期，是一项古老的手工技艺。早在新石器时代，我们的祖先就会提取草木的根、茎、叶的汁液来染制衣物了。到了夏朝，先民开始种植蓝草并使用蓝草汁液为衣物染色。

韦丽印染的枫香染和扎染时装、挂画

我对于天然的草木染情有独钟，一如《子衿》中女子对情人的痴恋。我是一个现代的“染人”。经过几十年的学习、研究，我希望能将这门古老的、具有丰厚的中华民族文化底蕴、体现人和自然和谐相融的传统技艺发扬光大。

我传承的这门技艺，充满人文情怀，荡漾着清新的山水田园诗意。

（二）

在某个朝阳和煦的夏日清晨，百鸟啾鸣，山花烂漫，青草茵茵，幼小的我和妈妈在山间采割青青的板蓝根枝叶，准备拿回家提取汁水染布。

我说：“妈妈，这回让我来染布吧。”

妈妈说：“你染得好吗？”

我说：“我已经学会了，你每次染的时候我都跟着学，把每一个步骤都记在了心里。”

妈妈笑着说：“那好吧，让你染。”

我说：“我要把我染的布料做成衣服，绣上最漂亮的荷花！”

尽管我大学学的是经济管理专业，但我始终没有放弃自己心爱的布依族草木织染和刺绣技艺。大学毕业后，我在旅行社工作了十余年，借职业之便领略了祖国的山水风光，学习各地民族民间文化，最后决定回乡传承布依草木染和刺绣技艺。我要用自己多年来掌握的草木染和刺绣技艺制作服饰，把自然之色染印在衣服上，让人们把自然穿在身上，装在心里，和大自然相生相融。

韦丽印染的枫香染时装

2017年，我在家乡新堡布依族乡王岗村成立了“骆越魂非遗工艺品工作室”，以工作室为阵地，潜心钻研草木染之枫香染和扎染技艺。

（三）

1083年（元丰六年），宋神宗为布依族枫香染亲笔御题“天染”二字。我即是“天染”的传承人之一。布依族枫香染传承年代久远，布依族《造物古歌》中记载了一个关于枫香染的美丽传说。

很久很久以前，在一个布依山寨里，一个叫茶维哨苗的布依族姑娘如天仙般美丽，她心灵手巧，尤擅织布，常常为本民族服饰款式单一而发愁。

一个秋日的中午，茶维哨苗照常将织布机摆到枫香树下，不料一滴枫香树油正好滴到织好的土布上。茶维哨苗很着急，急忙去洗，却怎么都洗不掉，无可奈何之下，只能将就着染布。布料在靛蓝缸里浸染漂洗后，枫香树油滴落处竟然出现了一朵蓝底白花。

枫香染由此被发现，枫香树于是被尊为神树，茶维哨苗被尊为枫香染始祖。

我要将枫香染学好，传承好。

韦丽获得的枫香染市级传承人证书

当我第一次看到枫香染服饰时，就被那如青花瓷般高雅清丽的美所震撼，决定要学习这种美丽的技艺。于是我搜集有关枫香染制作工艺的资料，潜心学习、实验，染出的作品也有比较满意的，但我想精益求精。

枫香染的工艺流程是，将

枫香脂加热、过滤、提纯，与适量牛油均匀混合，文火煎熬后过滤形成枫香油，然后用毛笔蘸取枫香油，在自织的白布上描绘花草、树木、飞鸟等图纹或布依族传统图案、图腾，再用蓝靛浸染，沸水脱去油脂，清水漂洗，晒干、碾平即可。

其制作工艺说起来简单，但只有深入学习、实践才能做出精品。于是我拜师枫香染专家杨光成，学习正宗的枫香染技艺。

杨光成老师是布依族，贵州省惠水县雅水镇播潭村小岩脚组人，国家级枫香染非物质文化遗产项目代表性传承人。枫香染是杨光成的家传技艺，他是第四代传人。

2006年，贵州省举办民间工艺评选活动，杨光成制作了一幅枫香染作品，获得贵州省十大民间工艺美术精品奖。2007年12月，被评为高级工艺师。2008年，获得贵州省文学艺术界联合会十大民间精品工艺大师称号。同年，杨光成枫香染作品被人民大会堂贵州厅收藏。2015年，杨光成枫香染作品“布依铜鼓”被北京民族文化宫收藏。

我的拜师之路几经坎坷。

2018年至2019年，我数次前往小岩脚，想拜访杨光成老师。第一次，杨老师不在家。第二次，杨老师自称生病了，无心收徒。第三次，杨老师说自己身体不好，无力收徒。我思虑再三，决定请人帮忙转达自己想学好、传承好枫香染技艺的渴望和决心。

韦丽正在听杨光成老师指导

杨老师了解到我在织染和刺绣工艺方面的表现，以及我对传承本民族优秀文化的信心后表示可以收我为徒，但要经过3年考核期，若考核合格方正式收为徒弟。

2022年2月4日，农历正月初四，我考核合格，杨光成老师正式收我为徒弟。之后不久，我被贵阳市文化和旅游局评为非物质文化遗产代表性项目枫香染的市级代表性传承人。

接连得到认可，极大地增强了我想传承这门技艺的信心。

为了制作出更加精美的服饰，除了枫香染之外，我还掌握扎染、蜡染等技艺。

扎染，分为扎与染两个步骤。先扎后染，用纱、线、绳等对织物用力扎、缝、缚、缀、夹、打结后再进行染色，染色完成后将线绳拆除，被扎住的部分会留白。这种染色方式注定织物的染色不可复制，由于每次染色时绑扎部位不可能完全一致，因此染出的布料都具有唯一性。

（四）

为了传承枫香染技艺，我在乌当区偏坡布依族乡、花溪区青岩古镇建立了枫香染非遗文化体验馆，在贵定县宝山街道高原村东山苗寨成立了蜡染刺绣工房，定期为前来学习、体验枫香染、扎染和蜡染制作的人提供指导。

我在制作枫香染作品时尽量“守正创新”，在守住布依文化“正统”的同时，力求对工艺进行创新，在制作香包、服饰时采用现代时尚元素，既蕴含浓郁的布依文化气息又颇为个性、新潮，深受顾客好评。

韦丽教游客学做扎染作品

为了创新设计图纹，我废寝忘食、夜不能寐，先在纸上绘制设计稿，再反复修改直至满意为止。有时睡梦中还在构思某幅图画，灵感涌现，醒来立马翻身下床，把梦中的图画画出来。

我制作的一枚被送到迪拜参展的盘扣，其设计灵感就来自梦境。

由于我的枫香染、扎染技艺在贵阳地区小有名气，如新堡布依族乡民族中小学、乌当区实验小学、乌当区新天一小等学校定期邀请我去给学生讲授、示范、指导枫香染和扎染、刺绣技艺，贵州航空技术学院聘请我长期任教。

为了让更多的人穿上、用上枫香染、扎染时装、香包及小饰品，我着手以“产教”结合的模式，批量生产枫香染、扎染制品。这样既能满足顾客对枫香染和扎染制品的需要，也能进一步推广布依族文化。

韦丽点评学生的扎染作品

2021年，我和贵州航空技术学院协商，我负责传授枫香染、扎染等技艺给该院服装专业的学生，同时借助服装专业100多名学生的力量，批量生产枫香染、扎染制品，并在快手、抖音等网络平台推广销售。

韦丽指导徒弟种植板蓝根

“青青子衿，悠悠我心。”数十年来，我痴迷于“青青”自然之色，掌握了“衿”的各种制作技巧，精益求精的自我要求，使我永远在路上。

新堡布依族乡王岗村布依族以罗姓、韦姓、陈姓为主，枫香染制作技艺主要在家族女性之间传承，母亲传女儿、婆母传媳妇，也有祖母传孙女、孙媳，以及妯娌之间相互传承。

第一代：刘氏（1850—1909）：新堡乡陇上村人，布依族，韦达利之妻。从小跟随母亲学习枫香染技艺，出嫁后跟随婆母张氏为全家人制作服饰用品。

第二代：罗氏（1873—1935）：新堡乡陇上村人，布依族，韦态吉之妻，韦达利侄媳。从小跟随母亲韦氏学习织布及枫香染技艺，出嫁后跟随婆母韦氏为全家人制作服饰用品。

第三代：韦氏（1896—1951）：新堡乡陇上村人，布依族，韦明理之妻，韦态吉之二儿媳，从小跟随母亲学习织布及枫香染技艺，出嫁后跟随婆母罗氏为全家人制作服饰用品，由其制作的枫香染制品小有名气。

第四代：罗永芬，生于1951年，布依族，新堡乡王岗村人，新堡乡陇上村韦廷满之妻，韦明理之大儿媳。从小跟随母亲韦氏学习刺绣及蜡染技艺，出嫁后跟随婆母韦氏为全家人做衣被，尤以刺绣和枫香染技艺为优。

第五代：韦丽，生于1977年12月，布依族，新堡乡陇上村人。罗永芬、韦廷满之独女，自幼受母亲影响，喜爱织布、刺绣、枫香染等传统技艺。由于在旅游行业工作多年，对传统技艺和旅游产品开发非常熟悉，回乡后创办了非遗文创工作室。

第六代：李昌兰，生于1977年12月，贵阳市乌当区新添寨新添村人。自2013年起拜师韦丽，学艺至今。对于枫香染、植物扎染很有天赋，基本掌握枫香染工艺全部流程。

潘 锦

传鬼斧神工，承悠长古艺

传承人：潘锦

※ 人物小传

潘锦，女，汉族，1978年10月出生于贵阳市，大学本科学历，现居贵州省贵阳市观山湖区，贵阳市非遗代表性项目银饰制作技艺的市级代表性传承人，贵州省古印彩品牌创始人。

潘锦自小喜欢银饰，一开始只是单纯地喜欢银饰"美的声音和造型"，后来成立工作室，用现代美学视角审视传统银饰工艺，将银和绣相结合进行创新设计，赋予银饰瑰丽色彩及全新款式。2018年，潘锦被选为贵州省锦绣计划智库专家，荣获贵阳市"十佳巾帼锦绣之星"等称号。她曾带着自己的银饰作品前往意大利、美国、匈牙利、奥地利、捷克等国家参加推介会及各类比赛。迄今为止，她设计开发了多种银饰产品，其中多款产品获省内外大奖，如"第五届贵州省妇女特色手工技能暨创新产品大赛技能赛创新产品优秀奖""2019年贵阳市妇女特色手工技能暨创新产品大赛一等奖"等。

我叫潘锦，是贵阳市级非遗代表性项目银饰制作技艺的市级代表性传承人，银饰是苗族装扮自身的一种重要物品，是苗族同胞最喜爱的传统饰物，主要用于穿戴装饰，品种多样，从头到脚，无处不饰，可谓"无苗不银"。苗族银饰的图案、样式多沿袭自清代，纹饰极为细密，栩栩如生，且创造性地在银饰外部镶嵌绣品，不复素银的单调。

银饰制作技艺工序复杂：第一步是熔银，即将银料放入坩埚，加温，待银料熔化后冷却凝固；第二步是捶打，即将热银锤打成薄片、银条或银丝；第三步是拉丝，即将银条做好尖头，用拉丝眼板拉丝；第四步是焊接，即将图案焊接起来，并将银珠镶嵌在特定位置；第五步是錾刻，即用

银饰制作（錾刻）

小锤敲击金属錾子形成不同的纹理；第六步是编结，即将各种银饰组件合成完整的银饰作品。每一工序都要求严格，丝毫不得马虎。

我的祖籍是四川，爷爷是一位铁路工作者，他们主管单位是中铁五局。那时他在成都铁路局参与成渝铁路修建工作，铁路修通后便留在贵阳铁路分局。1957年，我爷爷被调到凯里，为了照顾子女入学，就此定居下来。

1978年10月，我出生在一个非常温馨和睦的家庭。我的父亲是贵阳市第十二中学教师，他经常邀请院子里的小孩玩一个叫“手牵手心连心”的游戏。尽管我们家并不富裕，但他还是会准备铅笔、本子、橡皮等小奖品，让我们通过参与夹弹珠、钓鱼、猜谜语等比赛赢得奖品。所有比赛道具都是他亲手制作的，比如小鱼是用纸折的，鱼钩是用铁丝弯的……我们其实没有太多的游戏可以玩，所以这样的体验对于每个孩子来说都是非常宝贵的。

我的母亲在人防上班。她有一双巧手，善烹饪，会裁衣。小学时，某次参加歌唱比赛，需要穿白衬衫，母亲连夜给我做了一件。次日醒来，我无比欣喜。这件事深深地烙印在我的脑海里。或许是遗传了母亲的心灵手巧，我从小就喜欢做手工，比如给洋娃娃做衣服等。自从父亲买了相机后，我经常给家人拍照，拍完以后在暗房洗照片，见证时光被定格在底片上的神奇。之后偶然参加了少儿摄影比赛，我拍摄的荷花获得少儿组一等奖，登上某杂志封面。

1982年全家福（骑木马的小女孩是潘锦）

1984年，我就读于贵阳市太慈桥小学，正式成为一名小学生。小学课程主要有数学、语文、英语、历史、地理等，班级间也会进行体育和学科竞赛。由于作业不多，我放学后常常与小伙伴一起捉迷藏、跳皮筋、跳绳、打飞盘。节假日，我们会去捉小虫子、游泳、骑单车或者爬山。父亲将我当儿子养，所以我从小就不是一个文静的女孩儿，他教我骑摩托车，教我滑冰，带我爬山探险，带我下河游泳。这让我愈发阳光、自信。我也成了孩子王，教小伙伴们骑车、滑冰。

1990年，我就读于贵阳市第十二中学，一所升学率很高的中学。到我毕业时，我们班就有8个人考入贵阳一中。我们遇到了一个教育方式很独

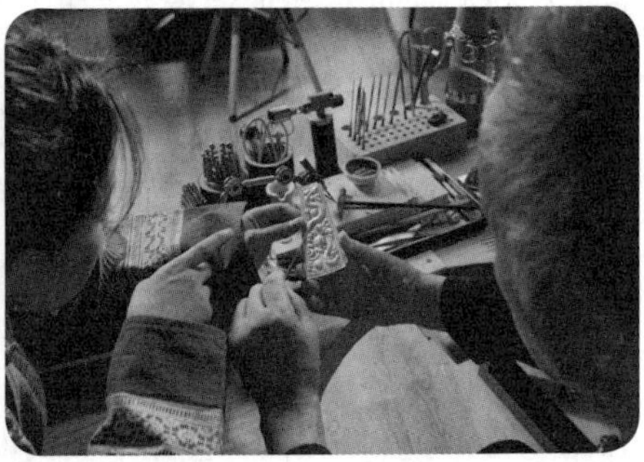
与父亲探讨银饰制作工艺

特的班主任。初二那年，老师为了减轻我们的学习压力，带着全班去凯里，和凯里三中的同学做了一场交流活动，又带着我们去了镇远，让我们感受大自然的美，带着我们去了村寨，我们分小组住到农户家。十三四岁的我们很调皮，晚上到田里偷玉米，以为无人知晓，实际上老师什么都知道，只是没有戳穿我们的小伎俩。他默默地帮我们付了玉米钱。直到现在，我们这个班都保持着联系，感情不减当年。这些经历对我产生了深刻的影响。

中学时期的潘锦回凯里参加节日游行活动

每年的寒暑假，父亲都会带我回凯里探望爷爷奶奶。爷爷会做银饰，他捶打银料时中间不停回火，说这样可以让银子软一些，少用点力气，捶打、压片、拉丝，又用錾刻刀在银片上雕刻花鸟鱼虫等苗族经典纹样，再裁下纹样装在头冠上。一点一点组装好这些配件后，一个传统头冠就做好了。爷爷还会做竹编家居用品，当时他们做这些，也仅仅是为了自己佩戴或使用。

我跟着爷爷学做手工，后来又学习素描、油画。艺术作品是人类文化的重要组成部分，艺术是美的体现，美是每个人都能感受到的一种情感。学习美术可以让我们更好地理解艺术作品，从艺术作品中感受到美；培养艺术素养，提升审美水平及创造力、想象力；拓宽视野和思维，有助于我们了解历史、文化，提高我们的文化素质和社会责任感。通过绘画、雕塑、摄影等多种艺术形式，我们可以创造自己的作品。此外，美术还可以丰富我们的精神生活。在快节奏的都市生活中，艺术能给我们带来一份宁静和舒适，艺术可以陶冶情操，激发灵感，使我们感受到生命的美好。总之，学习美术对我有着非常重要的意义和作用。

在初中时期，跟随爷爷学习银饰制作让我收获良多。我学着拉丝，由于力气不够，经常在中途停顿，丝线中间留有痕迹，后期缠丝时影响美观，所以大多数情况下我就用现成的丝盘出我喜欢的花瓣和蝴蝶形状。有了拉丝的小昆虫小花朵，还需要做一些錾刻的叶子陪衬，于是也学着爷爷的样子把银片固定在蜡盘上，目的是在錾刻过程中不会因为外力移动，錾刻一定不是一次成型的，它需要正反面反复轻刻，这样浮雕效果才会特别生动。我慢慢地学会了银饰的基本制作流程，如熔银、捶打、拉丝、錾刻、焊接、打磨。银饰制作需要高度的细心和耐心，毕竟每一个细节都关系到最终的效果。通过那段时间的学习，我不仅初步掌握了这门手工技艺，也变得更有耐心了。

1997年，我考入贵州大学设计系，开始系统学习设计理论并付诸实践。其实我最初选择的是室内设计，因为我想把自己的房子设计成童话城堡，可每天用CAD软件画图非常枯燥，所以在大一下学期我选择了平面设计专业。学习期间，我们经常给产品做附加设计和外包装设计，包括logo及企业VI。毕业后，为了锻炼自己的设计能力，我积极争取机会，给贵阳星力百货荔星名店和瑞金店设计了很多期杂志及企业VI。荔星名店沿用至今的logo就是我当年设计的。直到2008年，我走进村寨，看到精致的刺绣服饰后，产生了一个大胆的想法——制作银和绣结合的饰品，并很快设计制作出第一款作品，新颖的款式赢得了很多朋友的赞赏，这件处女作一直被我珍藏着。经过多次实践，我明白了创新设计和传统工艺可以完美结合，并应用于诸多领域，既能传承古老的技艺又使产品更加新潮时尚，在一定程度上提高了经济和文化效益。

非物质文化遗产是民间流传下来的珍贵的文化信息资源，具有重要的历史文化价值。随着时代的变迁，非物质文化遗产逐渐显得陈旧和过时。通过设计创新和传统工艺相结合，古老的文化艺术经过现代的设计加工，以更具吸引力和创意的形式呈现出来。以金属工艺品为例，现代工业生产方式往往是大批量生产；在传统工艺中，通过手工加工的方式，金属工艺品更加个性化，具有唯一性。总之，创新设计与传统工艺相结合这种模式既凸显了产品的文化价值，又为现代化产业创新赋能。

2000年大学毕业后，由于不喜欢周而复始地做相同的事情，所以我果断辞去了按部就班的工作，拥抱自由自在的生活。2006年，贵州电视台招聘，我想电视台的工作经常会外出拍片子，这就是我想要的工作，于是入职电视台并学会了剪辑。在贵州电视台工作的近十年时间里，我做过平面、后期、制片，参与拍摄多部宣传片及公益广告。十年的努力和奋进，让我取得了一定成绩，多部作品获得国内外大奖。

但渐渐地，我又过上了周而复始的生活，于是萌发了做一些自己喜欢的事情的想法。我开始设计饰品，我想将银饰和不同材料结合，让银饰美得独特，但是用什么材料混搭呢？我尝试过将银饰和石头、玉器结合，但是效果并不理想。银饰本身有刚硬之态，石头和玉器也质地坚硬，所以最终否定了硬碰硬的做法。后来又想将银饰跟蜡染结合，但是蜡染色彩比较单一，而我希望成品色彩更丰富一些，于是想到了刺绣。我的第一个混搭作品是用黑底配红色绣花，银饰的底座做得非常薄，成品显得不够挺拔，手工痕迹太重，这样的产品肯定不能在市场上流通。因此，我改进工艺，加厚底座，尽量统一标准，不断推出新款。这也是我创建自己的品牌并成立公司的契机。

一直以来，我坚持磨炼技艺和设计的创新，因为我热爱大自然喜欢田野，喜欢原生态的一切。

在28岁那年，我怀孕了，既兴奋又慌乱，既幸福又不安。我重新审视我的生活、我的身份，尤其是我的职业。因为从小受到爷爷、父亲的影响，我一直对银饰制作技艺的保护与传承有着抱负，为了提高技艺，我怀着身孕走村串寨，寻找优秀的手艺人，学习他们的精湛技艺和匠心精神。我去过九摆村、控拜村、台江施洞等大小村落，最终决定向师公穆武当学习银饰制作，他们这辈人往往只用“一根管子”、两个腮帮子控制火候，这样的控火技术是年轻人很难掌握的。我师公会走水焊接，可以不损耗金银的重量，焊接好了以后不含任何杂质，可惜现在很少有人能掌握了。在走村串寨、制作银饰的过程中，我的腰会疼、手会酸、脚会肿，但我并没有放弃我的梦想，我仍然想成为一名非遗传承人，我坚持记录着传统文化中的点滴，寻找田野中的秘密。我相信，我的热爱和执着会帮助我实现理想。

向师公求教

我认为，学习不仅是提升技艺的过程，更是自我反思和自我启迪的过程。我思考自己的价值和生活的意义。当然，我的热情和执着不可能凭空生发。在我成为一名传承人之前，我在大学学习理论知识，在乡村学习技法。我不断地探索、搜集、研究、学习，终于发现了自己的真正价值，我发现了自己可以做的事情，以及如何帮助农村妇女、匠人利用自己的手艺实现自己的价值，做到就地增收，让手艺传承，让父母膝下儿孙围绕，让孩子有父母陪伴。

许多人和物种都会遇到困难，包括我。但我相信，只要足够努力，终将成为更好的自己。2010年，我创立“古印彩”品牌，并带着“古印彩”品牌和自己设计制作的作品走出国门，向世界推广展示中国贵州的手工银饰。从那时起，我的公司每年都会推出多款新式银饰产品，迄今为止共设计了300多款银饰产品，其中多款产品获得奖项。

2015年，贵州省商务厅组织省内手工艺企业赴意大利米兰参加巡展和手工艺文化推介会。外国人很喜欢手工艺品，愿意为手工艺产品买单。因此，我们的手作银饰得到了非常多的关注。那一年的展会上，有两家公司和我签订了供货协议。

2017年，我在贵州省商务厅组织下带着“古印彩”手工银饰到匈牙利、奥地利、捷克等欧洲国家进行推介。匈牙利的展会让我记忆犹新。展会在一个百年城堡中举办，很多当地手艺人也是家族传承手工技艺，如吊坠、皮具、木雕、水晶，他们关注细节、追求精致，作品都非常优秀，我也不远千里带回一把手工椅子。当然，我带来的银和绣相结合的银饰别具特色，所以我们的展位在匈牙利展会上也是非常火爆的。

此外，我还参加了2019年澳门妇女体育嘉年华、2019年洛阳河洛文化旅游节、2020年长沙文旅推介会等。我们设计制作的产品获得了多个奖项，如“第五届贵州省妇女特色手工技能暨创新产品大赛技能赛创新产品优秀奖”“2019年贵阳市妇女特色手工技能暨创新产品大赛一等奖”“2019中国妇女手工创业创新大赛全国100强”等。我的公司也取得了一定成绩，被评为“贵州省巾帼脱贫基地”“贵州省锦绣计划巧手脱贫基地”“贵州妇女特色手工创新研发基地”“贵州省妇女手工协会理事单位”“‘黔系列’民族文化产业品牌”等。

2020年，潘锦被聘为“锦绣计划智库专家”

其工作室被评为“贵州省锦绣计划巧手脱贫基地”

手工艺是人类社会发展过程中的重要产物，也是与手工劳动紧密相连的艺术表达形式。手艺人依靠丰富的经验、深厚的技艺和无限的创造力创作作品，并将自己的技艺和经验传承

获得奖项

给后人。传统手工艺品凝结着手艺人的独特智慧与中华优秀传统文化，可满足人们的生产和生活所需，成为当地或族群的文化符号。在传统手工艺的传承过程中，手艺人的作用至关重要。他们拥有技能和经验，使手工艺得以传承并得到发展。手艺人内部传承是通过祖辈或父辈教授的方式进行的。大部分手艺人都是在家学习技艺。家族制也是许多行业长久不变的传承方式。父母将自己的技艺教授给孩子，孩子从小，直至掌握技艺。

随着时代的变迁和科技的发展，很多传统手工艺逐渐被机械生产所替代，传承和发展面临着许多问题。首先，手工艺传承的可持续性受到影响。许多手工艺人已经过了技能传承的年龄，受制于经济因素和人口迁移，家族传统技艺无人继承。其次，受技艺水平、创新能力和营销技巧等因素影响，一些手工艺产品很难得到市场广泛认可。最后，机械加工的方式被越来越多地应用于手工艺品的生产，影响了手工技艺的可持续发展。

经过多年的积累和沉淀，我认为要切实推动传统手工艺发展需要做到以下几个方面：

一是传统手工艺与现代科技相结合，打破传统的形式、尺寸和样式限制，使产品在现代市场上更具竞争力。

二是提高营销和品牌力，扩大客户群体。

三是跨学科合作，推动产业创新。

总之，我国非物质文化遗产的传承和发展面临着无数挑战。传承非物质文化遗产对于繁荣发展文化事业和产业、推进文化自信具有重要意义。

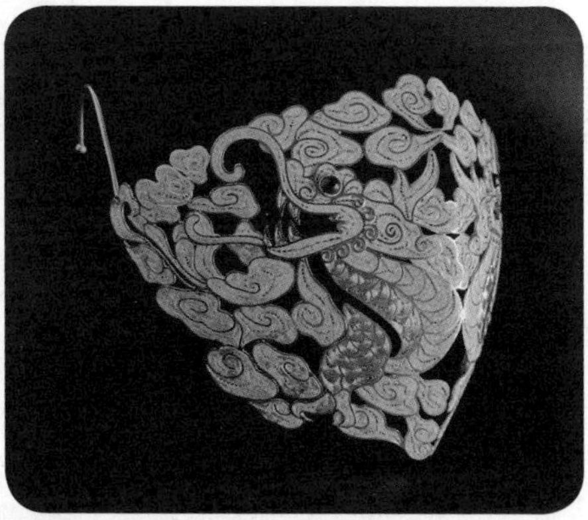

潘锦制作的装饰性口罩——《勇士》

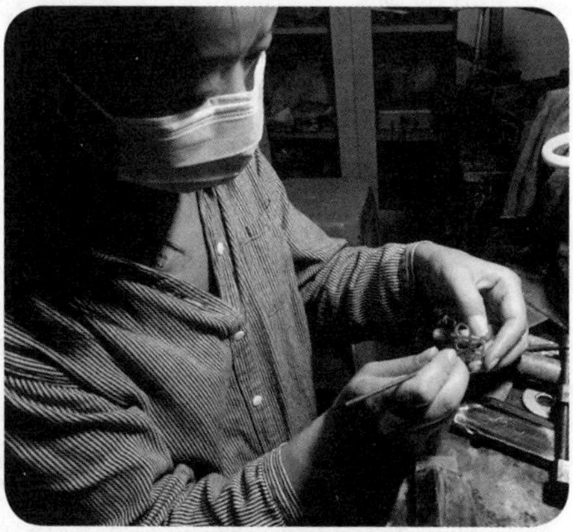

设计和创作是幸福的日常工作

当前，越来越多的传统手工艺品走入大众视野，其市场需求也越来越大。手艺人可以利用自己的技能和创造力制作出独一无二的手工艺品，通过个性化、差异化的设计，赢得市场和消费者的认可，从而发展自己的手工艺品事业。在当今社会，手工艺品行业已成为一个重要的创业方向，手艺人不仅能获得不菲的收入，还可以实现自己的职业梦想。因此，坚守、传承和发展自身掌握的手工艺，对于手艺人来说既是一种文化责任，也是一种经济责任。

第一代：穆榕晒，生于1879年，雷山县控拜村人，为穆家在控拜村始祖，在当地向祖辈学会了银饰制作技艺。

第二代：穆栋榕，生于1899年，雷山县控拜村人，受教于父亲穆榕晒，跟随父亲学习并继承了苗家传统银饰制作全套技艺。

第三代：穆当栋，生于1921年，雷山县控拜村人，受教于父亲穆栋榕，跟随父亲学习并继承了苗家传统银饰制作全套技艺。

第四代：穆武当，生于1953年，雷山县控拜村人，受教于爷爷穆栋榕，继承了苗家传统银饰制作全套技艺。穆武当经常到贵阳地区销售银饰，期间将银饰制作技艺传给了潘贵林。

第五代：潘贵林，生于1950年，四川人，幼年随父迁居贵州凯里，从小喜爱手工艺品的他看到银饰制作过程后，产生了浓厚的兴趣，后拜师穆武当，学习苗家传统银饰制作技艺。

第六代：潘锦，生于1978年，为潘贵林之女，自幼受父亲影响，学会了简单的银饰制作技艺。为提高银饰制作技艺，曾前往雷山控拜村，跟随师公穆武当学习了一段时间。精通錾刻、拉丝工艺，技艺精湛，并在传承银饰传统技艺的基础上，结合时尚潮流推出了多款新式银饰作品，作品多次获得大奖。2010年，创立银饰品牌“古印彩”。

第七代：邓丹，生于1986年3月24日，自2013年开始跟随潘锦学习，坚持传统工艺，又有所创新。

罗琴，生于1996年6月12日，自2016年开始跟随潘锦学习，坚持传统工艺，吸收现代观念，创作了一些符合现代人审美的作品。

陈冲，生于1980年6月12日，自2017年开始跟随潘锦学习，精通银饰制作所有工序，包括绘图、雕刻、铸炼、捶打、焊接、编结、洗涤等。

唐官玲，生于1986年5月16日，自2015年开始跟随潘锦学习，根据传统习惯、审美情趣，在银饰细节、局部的刻画上推陈出新，使银饰各具特色。